此防伪页系专门制造

※此防伪页内有多层次固定水印，透光看水印清晰，水印凹凸立体感明显。

※此防伪页上有开天窗安全线，安全线在可见光下改变角度可变色，线上印有“自学考试”激光字。

全国高等教育自学考试指定教材
经济管理类专业

基础会计学

（含：基础会计学自学考试大纲）
（2014 年版）

全国高等教育自学考试指导委员会　组编
主编　徐泓

中国人民大学出版社
·北京·

图书在版编目（CIP）数据

基础会计学/徐泓主编. —北京：中国人民大学出版社，2014.10
全国高等教育自学考试指定教材
ISBN 978-7-300-20032-3

Ⅰ.①基… Ⅱ.①徐… Ⅲ.①会计学-高等教育-自学考试-教材 Ⅳ.①F230

中国版本图书馆 CIP 数据核字（2014）第 220314 号

全国高等教育自学考试指定教材
经济管理类专业
基础会计学
（含：基础会计学自学考试大纲）
（2014 年版）
全国高等教育自学考试指导委员会　组编
主编　徐泓
Jichu Kuaijixue

出版发行	中国人民大学出版社		
社　　址	北京中关村大街 31 号	**邮政编码**	100080
电　　话	010－62511242（总编室）		
网　　址	http://www.crup.com.cn		
印　　刷	北京市鑫霸印务有限公司		
规　　格	185 mm×260 mm　16 开本	**版　　次**	2014 年 10 月第 1 版
印　　张	15	**印　　次**	2025 年 12 月第 22 次印刷
字　　数	344 000	**定　　价**	46.00 元

官方淘宝店　网址:http://shop136348527.taobao.com

本书如有质量问题，请与教材供应部门联系 。

组编前言

21 世纪是一个变幻难测的世纪，是一个催人奋进的时代。科学技术飞速发展，知识更替日新月异。希望、困惑、机遇、挑战，随时随地都有可能出现在每一个社会成员的生活之中。抓住机遇，寻求发展，迎接挑战，适应变化的制胜法宝就是学习——依靠自己学习、终生学习。

作为我国高等教育组成部分的自学考试，其职责就是在高等教育这个水平上倡导自学、鼓励自学、帮助自学、推动自学，为每一个自学者铺就成才之路。组织编写供读者学习的教材就是履行这个职责的重要环节。毫无疑问，这种教材应当适合自学，应当有利于学习者掌握和了解新知识、新信息，有利于学习者增强创新意识，培养实践能力，形成自学能力，也有利于学习者学以致用，解决实际工作中所遇到的问题。具有如此特点的书，我们虽然沿用了“教材”这个概念，但它与那种仅供教师讲、学生听，教师不讲、学生不懂，以“教”为中心的教科书相比，已经在内容安排、编写体例、行文风格等方面都大不相同了。希望读者对此有所了解，以便从一开始就树立起依靠自己学习的坚定信念，不断探索适合自己的学习方法，充分利用自己已有的知识基础和实际工作经验，最大限度地发挥自己的潜能，达到学习的目标。

欢迎读者提出意见和建议。

祝每一位读者自学成功。

全国高等教育自学考试指导委员会

2013 年 7 月

目　　录

基础会计学自学考试大纲

基础会计学

基础会计学

自学考试大纲

出版前言

为了适应社会主义现代化建设事业的需要，鼓励自学成才，我国在 20 世纪 80 年代初建立了高等教育自学考试制度。高等教育自学考试制度是个人自学、社会助学和国家考试相结合的一种高等教育形式。应考者通过规定的专业考试课程并经思想品德鉴定达到毕业要求的，可获得毕业证书；国家承认学历并按照规定享有与普通高等学校毕业生同等的有关待遇。经过 30 多年的发展，高等教育自学考试为国家培养并造就了大批专门人才。

课程自学考试大纲是国家规范自学者学习范围、要求和考试标准的文件。它是按照专业考试计划的要求，具体指导个人自学、社会助学、国家考试、编写教材、编写自学辅导书的依据。

随着经济社会的快速发展，新的法律法规不断出台，科技成果不断涌现，原大纲中有些内容已过时、知识陈旧。为更新教育观念，深化教学内容方式、考试制度、质量评价制度改革，使自学考试更好地提高人才培养的质量，各专业委员会按照专业考试计划的要求，对原课程自学考试大纲组织了修订或重编。

修订后的大纲，在层次上，专科参照一般普通高校专科或高职院校的水平，本科参照一般普通高校本科的水平；在内容上，力图反映学科的发展变化，增补了自然科学和社会科学近年来研究的成果，对明显陈旧的内容进行了删减。

全国高等教育自学考试指导委员会经济管理类专业委员会组织制定了《基础会计学自学考试大纲》，经教育部批准，现颁发施行。各地教育部门、考试机构应认真贯彻执行。

全国高等教育自学考试指导委员会
经济管理类专业委员会
2014 年 8 月

Ⅰ 课程性质与课程目标

一、课程性质和特点

“基础会计学”是高等教育自学考试会计专业方向的专业基础课程，同时是自学考试经济管理类专业的共同基础课，因此，自学考试会计专业方向和经济管理类专业方向的绝大部分学员，都应首先学习“基础会计学”课程，然后学习有关的会计专业课程和其他课程。“基础会计学”在自学考试会计专业方向和经济管理类专业方向课程中均处于基础课程的地位，只有学好“基础会计学”课程才能为学习其他相关课程奠定坚实的基础。

“基础会计学”作为会计专业方向基础课程设置的目的：为会计专业学员向专业课程过渡奠定基础，学好“基础会计学”课程是顺利地学习“财务会计学”等其他课程的前提；“基础会计学”作为经济管理类专业方向基础课程设置的目的：既为了使学员掌握会计的基本方法，又引导学员在经济管理中树立任何经济活动均可通过会计核算的理念，进而依据会计信息进行经营管理。

通过本课程的学习，使学员掌握会计的基本理论和基本技术。

二、课程目标

1. 掌握会计的基本理论，包括会计定义及职能、会计对象、会计要素、会计等式、会计基本前提、会计记账基础、会计信息质量要求、会计计量属性。

2. 掌握会计基本技术，包括设置会计科目和账户、复式记账、填制和审核会计凭证、登记账簿、财产清查、编制财务报表。

3. 理解会计工作组织的内容，包括会计机构的设置、会计人员的配置、会计法规、会计档案等。

三、与相关课程的联系与区别

学习“基础会计学”课程，是通过对企业经济活动过程中主要经济业务实例进行会计核算来完成的，因此，为了有效地掌握会计基本技术，学习本课程前应对企业的经济活动过程及主要经济业务有一般性的了解。

本课程依据现行会计准则、现行税法阐述会计基本理论、基本技术，同时兼顾会计学科教学规律以及综合考虑了后续课程的衔接问题。

“基础会计学”作为专业基础课程，是学习其他相关课程的基础，只有掌握了会计的基本理论、基本技术，才能开展其他相关课程的学习。

四、课程的重点和难点

本课程的重点：会计的基本理论和基本技术。会计基本理论包括：会计定义、会计职能、会计基本目标、会计对象、会计要素、会计等式、会计基本前提、会计信息质量要求；会计基本技术包括：设置会计科目和账户、复式记账、填制和审核会计凭证、登记会计账簿、财产清查、编制财务报表。

本课程的难点：借贷记账法、期末账项调整、报表编制。

Ⅱ　考核目标

本大纲在考核目标中，按照识记、领会、简单应用和综合应用四个层次规定学员应达到的能力层次要求。四个能力层次是递进关系，各能力层次的含义是：

识记：识别和记忆有关基础会计学的概念、原理、方法等主要内容，并能正确认识和表达。例如“会计职能的含义是什么?”、“会计核算形式的含义是什么?”等知识点。

领会：在识记的基础上，能全面地掌握“基础会计学”课程中的基本概念、基本原理和基本方法，并能进行表述，分析相关问题的区别和联系，并做出正确的判断。例如“固定资产”账户的用途、结构和反映的内容。

简单应用：在领会的基础上，能运用基础会计学的基本概念、基本原理、基本方法等知识，对经济业务进行分析，并做出正确的会计处理。例如根据给定的资料进行应付账款和预付账款的总分类核算。

综合应用：在简单应用的基础上，能用学过的多个知识点，综合分析和解决比较复杂的问题。例如根据各账户的总分类账和明细分类账分析填列资产负债表、利润表等财务报表项目。

Ⅲ　课程内容与考核要求

第一章　总论

一、学习目的与要求

本章的学习目的是掌握学习会计学所必须了解的基本概念、基本理论。

通过本章的学习，要求掌握会计含义、会计职能、会计基本目标、会计对象、会计要素、会计基本前提、会计信息质量要求等内容；理解会计核算方法的内容；了解会计的产生和发展。

二、课程内容

1.1　会计的含义、职能与目标

1.1.1　会计的含义

1.1.2　会计的职能

1.1.3　会计的目标

1.2　会计对象、会计要素和会计等式

1.2.1　会计对象

1.2.2　会计要素

1.2.3　会计等式

1.3　会计核算的基本前提、记账基础和会计信息质量要求

1.3.1　会计核算的基本前提

1.3.2　会计记账基础

1.3.3　会计信息质量要求

1.4　会计核算方法

1.4.1　会计确认

1.4.2　会计计量

1.4.3　会计记录

1.4.4　财务会计报告

1.5　会计循环

三、考核知识点与考核要求

（一）会计的含义、职能与目标

会计是通过收集、加工和利用以一定的货币单位作为计量标准来表现的经济信息，对经济活动进行组织、控制、调节和指导，促使人们比较得失、权衡利弊、讲求经济效益的一种工作。

会计职能包括核算职能和监督职能。会计核算是通过价值量对经济活动进行确认、计量、记录，并进行公正报告的工作。会计监督是通过预测、决策、控制、分析、考评等具体方法，促使经济活动按照规定的要求运行，以达到预期的目的。

会计基本目标是向会计信息使用者提供与企业财务状况、经营成果和现金流量等有关的会计信息，反映企业管理层受托责任的履行情况，有助于会计信息使用者作出经济决策。

识记：①会计核算职能；②会计监督职能；③会计核算与会计监督的关系；④会计基本目标。

领会：①会计信息；②会计信息使用者。

简单应用：①根据会计职能理解会计在经济管理中的作用；②根据会计基本目标理解会计信息对会计信息使用者决策的影响。

（二）会计对象、会计要素和会计等式

会计对象可概括为能够用货币表现的经济活动，会计要素是对会计对象按照经济性质所做的基本分类，即资产、负债、所有者权益、收入、费用、利润。会计各要素之间的关系形成会计等式。

识记：①会计对象；②会计要素；③会计等式。

领会：①经济活动与会计要素的关系；②各会计要素的特征。

简单应用：①会计要素在会计核算中的作用；②会计恒等式的基本原理。

综合应用：经济业务发生对会计恒等式的影响。

（三）会计核算的基本前提、记账基础和会计信息质量要求

会计核算的基本前提是：会计主体、持续经营、会计分期、货币计量。

会计记账基础是在会计载体中记录会计事项的原则，包括权责发生制和收付实现制。

会计信息质量要求是对企业所提供的会计信息质量的基本要求，是使会计信息对会计信息使用者决策有影响所应具备的基本特征，包括可靠性、相关性、可理解性、可比性、实质重于形式、重要性、谨慎性和及时性等。

识记：①会计主体；②持续经营；③会计分期；④货币计量；⑤ 会计记账基础；⑥权责发生制；⑦收付实现制；⑧可靠性；⑨相关性；⑩可理解性；⑪可比性；⑫实质重于形式；⑬重要性；⑭谨慎性；⑮及时性。

领会：①会计主体与法律主体；②持续经营与会计分期；③会计分期与会计记账基础。

简单应用：①各项会计核算基本前提的具体应用；②各项会计信息质量要求的具体应用。

综合应用：权责发生制与收付实现制的应用。

（四）会计核算方法

会计核算方法是确认、计量、记录、报告等具体方法的总称。

识记：①会计核算方法；②会计核算方法的内容。

领会：①会计确认；②历史成本；③重置成本；④可变现净值；⑤现值；⑥公允价值。

简单应用：历史成本在会计核算中的应用。

（五）会计循环

从填制会计凭证到登记账簿再到编制出财务报表，一个会计期间的会计核算工作即告结束，然后按照上述程序进入新的会计期间，如此循环往复，直至企业停业清算。

识记：会计循环。

四、本章重点、难点

本章重点：①会计的含义及职能；②会计基本目标；③会计对象；④会计要素；⑤会计等式；⑥会计基本前提；⑦会计记账基础；⑧会计信息质量要求；⑨会计计量。

本章难点：①会计记账基础；②会计信息质量要求的应用；③会计计量属性的应用。

第二章　会计科目与账户

一、学习目的与要求

本章的学习目的是能够运用会计科目对经济业务进行分类，并通过账户反映经济业务。

通过本章的学习，要求掌握会计科目与会计对象、会计要素的关系，熟悉常用的会计科目；明确会计科目与账户的关系，账户的结构、特点、分类。

二、课程内容

2.1　会计科目

2.1.1　设置会计科目的意义

2.1.2　设置会计科目的原则

2.2　会计账户

2.2.1　设置账户的意义

2.2.2　账户的格式

2.2.3　账户的特点

2.2.4　账户的分类

三、考核知识点与考核要求

（一）会计科目

会计科目作为会计对象进一步分类的标识或项目，是会计核算的重要方法。

识记：会计科目。

领会：①设置会计科目的意义；②会计科目与会计要素的关系。

简单应用：运用会计科目对经济业务进行分类。

（二）会计账户

账户是具体记录会计信息的载体，所以账户应有一定的结构，通过账户记录的增加数量、减少数量以及增减变动后的结果，反映经济业务的发生及变动的结果。账户按照会计要素分类，一般分为资产类、负债类、所有者权益类、损益类、成本类五类；账户按照提供指标的详细程度分类，分为总分类账户和明细分类账户。

识记：①会计科目；②会计账户；③会计科目与账户的关系；④账户按照提供指标详细程度的分类。

领会：①账户的结构；②账户按照会计要素的分类。

简单应用：运用账户的平衡公式检验账户记录的正确性。

综合应用：运用账户的各个要素记录经济业务，并进行试算平衡。

四、本章重点、难点

本章重点：①会计科目；②会计账户。

本章难点：会计科目与会计账户之间的关系。

第三章　复式记账原理

一、学习目的与要求

本章的学习目的是熟练掌握借贷记账法。

通过本章的学习，要求掌握复式记账的基本原理及作用；掌握借贷记账法的理论基础、记账符号、账户结构、记账规则及试算平衡；掌握账户按用途和结构的分类；熟悉账户的对应关系；了解单式记账法、借贷记账法的发展。

二、课程内容

3.1　复式记账原理概述

3.2　借贷记账法

3.2.1　概述

3.2.2　理论基础

3.2.3　记账符号

3.2.4　账户结构

3.2.5　记账规则

3.2.6　试算平衡

3.3　账户按用途和结构分类

3.3.1　盘存账户

3.3.2　资本账户

3.3.3　结算账户

3.3.4　期间账户

3.3.5　成本计算账户

3.3.6　计价对比账户

3.3.7　财务成果账户

3.3.8　调整账户

三、考核知识点与考核要求

（一）复式记账原理概述

复式记账法是在每一项经济业务发生后需要记录时，同时在相互联系的两个或两个以上的账户中，以相等的金额进行登记的一种记账方法。

识记：复式记账。

领会：①复式记账的特点；②复式记账法与单式记账法的区别。

（二）借贷记账法

借贷记账法是以“借”、“贷”二字作为记账符号，记录会计要素增减变动情况的一种复式记账法。借贷记账法的内容包括：①理论基础；②记账符号；③账户结构；④记账规则；⑤试算平衡。

识记：①借贷记账法；②借贷记账法的记账符号；③借贷记账法的账户结构；④借贷记账法的记账规则；⑤会计分录；⑥借贷记账法的试算平衡。

领会：①借贷记账法的理论基础；②试算平衡表的作用。

简单应用：运用账户对应关系分析经济业务。

综合应用：运用借贷记账法的原理编制会计分录。

（三）账户按用途和结构分类

账户按用途和结构分类，可分为盘存账户、资本账户、结算账户、期间账户、成本计算账户、计价对比账户、财务成果账户、调整账户八类。

识记：①盘存账户；②资本账户；③结算账户；④期间账户；⑤成本计算账户；⑥计价对比账户；⑦财务成果账户；⑧调整账户。

领会：①账户的用途；②账户的结构；③结算账户的特点；④调整账户的特点。

简单应用：运用结算账户的原理编制会计分录。

综合应用：运用调整账户的原理编制会计分录。

四、本章重点、难点

本章重点：①借贷记账法的内容；②账户按用途和结构的分类。

本章难点：“累计折旧”等调整账户的运用。

第四章　复式记账原理的应用

一、学习目的与要求

本章的学习目的是熟练掌握借贷记账法的应用。

掌握借贷记账法的应用，包括根据供应过程、生产过程、销售过程、利润形成及分配、其他经济业务等的特点设置账户并进行会计处理；掌握具体业务会计分录的编制。

二、课程内容

4.1　购进业务的核算

4.1.1　购进业务

4.1.2　购进业务核算需设置的账户

4.1.3　购进业务的账务处理

4.2　生产业务的核算

4.2.1　生产业务

4.2.2　生产业务核算需设置的账户

4.2.3　生产业务的账务处理

4.3　销售业务的核算

4.3.1　销售业务

4.3.2 销售业务核算需设置的账户

4.3.3 销售业务的账务处理

4.4 利润形成及分配业务的核算

4.4.1 利润形成及分配

4.4.2 利润形成及分配核算需设置的账户

4.4.3 利润形成及分配的账务处理

4.5 其他经济业务的核算

4.5.1 投资者投资或追加投资业务

4.5.2 债务业务

4.5.3 税款缴纳业务

三、考核知识点与考核要求

（一）购进业务的核算

根据购进过程经济业务的内容，设置“原材料”、“在途物资”、“库存现金”、“银行存款”、“应付账款”、“预付账款”等账户。

识记：“原材料”、“在途物资”、“库存现金”、“银行存款”、“应付账款”、“预付账款”等账户的核算内容和结构。

领会：购进业务与所设置账户的联系。

简单应用：“原材料”、“在途物资”、“库存现金”、“银行存款”、“应付账款”、“预付账款”等账户的应用。

综合应用：根据购进业务编制会计分录。

（二）生产业务的核算

根据生产过程经济业务的内容，设置“生产成本”、“制造费用”、“管理费用”、“固定资产”、“累计折旧”、“库存商品”、“银行存款”、“应付职工薪酬”等账户。

识记：“生产成本”、“制造费用”、“管理费用”、“固定资产”、“累计折旧”、“库存商品”、“银行存款”、“应付职工薪酬”等账户的核算内容和结构。

领会：生产业务与所设置账户的联系。

简单应用：“生产成本”、“制造费用”、“管理费用”、“固定资产”、“累计折旧”、“库存商品”、“银行存款”、“应付职工薪酬”等账户的应用。

综合应用：根据生产业务编制会计分录。

（三）销售业务的核算

根据销售过程经济业务内容，设置“主营业务收入”、“其他业务收入”、“主营业务成本”、“其他业务成本”、“销售费用”、“营业税金及附加”等账户。

识记：“主营业务收入”、“其他业务收入”、“主营业务成本”、“其他业务成本”、“销售费用”、“营业税金及附加”等账户的核算内容和结构。

领会：销售业务与所设置账户的联系。

简单应用：“主营业务收入”、“其他业务收入”、“主营业务成本”、“其他业务成本”、“销售费用”、“营业税金及附加”等账户的应用。

综合应用：根据销售业务编制会计分录。

（四）利润形成及分配业务的核算

根据利润形成及分配业务的内容，设置“本年利润”、“利润分配”、“应付股利”、“盈余公积”、“营业外收入”、“营业外支出”、“所得税费用”等账户。

识记：“本年利润”、“利润分配”、“应付股利”、“盈余公积”、“营业外收入”、“营业外支出”、“所得税费用”等账户的核算内容和结构。

领会：利润形成及分配业务与所设置账户的联系。

简单应用：“本年利润”、“利润分配”、“应付股利”、“盈余公积”、“营业外收入”、“营业外支出”、“所得税费用”等账户的应用。

综合应用：根据利润形成及分配业务编制会计分录。

（五）其他经济业务的核算

其他经济业务包括所有者投资、发生债务、税款缴纳等。企业应设置“实收资本”、“长期借款”、“短期借款”、“财务费用”、“应交税费”等账户反映所有者投资、发生的债务和税款缴纳情况。

识记：“实收资本”、“长期借款”、“短期借款”、“财务费用”、“应交税费”等账户的核算内容和结构。

领会：其他经济业务与所设置账户的联系。

简单应用：“实收资本”、“长期借款”、“短期借款”、“财务费用”、“应交税费”等账户的应用。

综合应用：根据其他经济业务编制会计分录。

四、本章重点、难点

本章重点：运用借贷记账法核算工业企业的主要经济业务。

本章难点：会计分录的编制。

第五章　会计凭证

一、学习目的与要求

本章的学习目的是理解会计凭证的作用，掌握会计凭证的填写和审核。

通过本章的学习，要求掌握原始凭证的作用、分类、审核；掌握记账凭证的作用、分类、填制、审核；掌握会计凭证的传递；熟悉会计凭证的种类、内容和填制要求。

二、课程内容

5.1　会计凭证概述

5.2　原始凭证

5.2.1　原始凭证及其种类

5.2.2　原始凭证的填制

5.2.3　原始凭证的审核

5.3　记账凭证

5.3.1　记账凭证及其种类

5.3.2　记账凭证的填制

5.3.3　记账凭证的审核

5.4　会计凭证的传递

5.4.1　会计凭证传递的作用

5.4.2　会计凭证传递的组织

三、考核知识点与考核要求

（一）会计凭证概述

会计凭证是在会计工作中记录经济业务、明确经济责任的书面证明，是用来登记账簿的依据。填制、审核会计凭证的意义为：如实反映经济业务的内容，有效监督经济业务的合理合法性，明确经济责任，并将会计凭证作为记账的依据。

识记：①会计凭证；②填制和审核会计凭证的意义和作用。

领会：会计凭证的分类。

（二）原始凭证

原始凭证是在经济业务发生或完成时取得或填制的，用以记录、证明经济业务已经发生或完成的原始证据，是进行会计核算的原始资料。原始凭证按其形成分为外来原始凭证和自制原始凭证。原始凭证审核的内容有真实性、合法性、合理性、完整性、正确性、及时性等。

识记：①原始凭证及其作用；②外来原始凭证；③自制原始凭证。

领会：①原始凭证的基本要素；②原始凭证的填制要求。

简单应用：①原始凭证的填制；②原始凭证的审核。

（三）记账凭证

记账凭证是会计人员根据审核无误后的原始凭证进行归类整理并确定会计分录而编制的凭证，是直接登账的依据。记账凭证分为通用记账凭证和专用记账凭证，专用记账凭证又分为收款凭证、付款凭证、转账凭证。记账凭证的审核内容有：内容是否真实、项目是否齐全、科目是否正确、金额是否正确、书写是否正确等。

识记：①记账凭证及其作用；②收款凭证；③付款凭证；④转账凭证。

领会：①记账凭证的基本要素；②记账凭证的填制要求；③记账凭证与会计分录的关系。

简单应用：①记账凭证的填制；②记账凭证的审核。

（四）会计凭证的传递

会计凭证的传递是指会计凭证从编制时起到归档时止，在单位内部各有关部门及人员之间的传递程序和传递时间。组织会计凭证传递的核心是贯彻内部牵制制度。内部牵制制度是单位内部的一种管理制度，是指单位的领导、各职能部门、基层机构及其人员之间，在处理各项经济业务时相互联系、相互制约的管理制度体系。

识记：会计凭证传递。

领会：传递会计凭证应考虑的问题。

简单应用：设计会计凭证的传递程序。

四、本章重点、难点

本章重点：①原始凭证及其作用；②原始凭证的审核；③记账凭证及其种类；④收款

凭证、付款凭证、转账凭证的特点及填制；⑤会计凭证传递及其意义。

本章难点：原始凭证和记账凭证在会计信息确认、计量、记录、报告中的作用。

第六章　会计账簿

一、学习目的与要求

本章的学习目的是理解会计账簿的作用，掌握会计账簿的登记。

通过本章的学习，要求掌握日记账、总分类账、明细分类账的登记方法；掌握会计核算组织程序；掌握错账的更正方法、平行登记的方法；熟悉会计账簿的作用、分类；熟悉登记账簿的规则；了解会计账簿的设置原则、启用规则，备查账的设置与登记。

二、课程内容

6.1　会计账簿概述

6.1.1　设置会计账簿的意义

6.1.2　设置和登记账簿的作用

6.1.3　账簿的种类

6.2　会计账簿的基本要素、设置原则和登账规则

6.2.1　会计账簿的基本要素

6.2.2　设置账簿的原则

6.2.3　启用账簿的规则

6.2.4　登记账簿的规则

6.3　会计账簿的设置与登记

6.3.1　日记账的设置与登记

6.3.2　总分类账的设置与登记

6.3.3　明细分类账的设置与登记

6.3.4　备查账的设置与登记

6.4　更正错账及平行登记

6.4.1　更正错账

6.4.2　总分类账与明细分类账的平行登记规则

6.4.3　账簿更换

三、考核知识点与考核要求

（一）会计账簿概述

会计账簿是由具有一定格式、互有联系的若干账页所组成，以会计凭证为依据，用以全面、系统、序时、分类记录各项经济业务的簿记。从外表形式上看，账簿是由若干预先印制成专门格式的账页所组成的。账簿按用途分类，可以分为序时账簿、分类账簿和备查账簿；账簿按形式分类，可以分为订本式账簿、活页式账簿和卡片式账簿。

识记：①会计账簿；②设置和登记账簿的意义。

领会：①账簿按用途的分类；②账簿按形式的分类。

（二）会计账簿的基本要素、设置原则和登账规则

会计账簿的基本要素包括封面、扉页、账页。

设置账簿的原则。

登记账簿的规则。

识记：①会计账簿的基本要素；②设置账簿的原则；③登记账簿的规则。

（三）会计账簿的设置与登记

现金日记账和银行存款日记账是专门记录货币资金收支情况的特种日记账，必须采用订本式账簿，其账页格式一般采用三栏式。根据收付款凭证采用日清日结的方法逐日逐笔登记。

总分类账是按照总分类账户分类登记全部经济业务的账簿，一般采用借方、贷方、余额三栏式的订本式账簿。

会计核算组织程序是规定凭证、账簿的种类、格式和登记方法，以及各种凭证之间、账簿之间和各种凭证与账簿之间，各种报表之间和各种账簿与报表之间的相互关系的程序。会计核算组织程序包括记账凭证核算组织程序、科目汇总表核算组织程序和汇总记账凭证核算组织程序。

明细分类账是按照明细分类账户详细记录经济业务的账簿，其格式主要有：三栏式明细账、数量金额式明细账、多栏式明细账。各种明细分类账的登记方法，应根据各单位的业务量大小、人员多少、经济业务内容以及经营管理的需要而定。

备查账是对某些不能在日记账和分类账中记录的经济事项或记录不全的经济业务进行补充登记的账簿。备查账一般采用订本式，没有统一的格式，直接根据经济业务登记。

识记：①现金日记账；②银行存款日记账；③总分类账；④会计核算组织程序；⑤记账凭证核算组织程序；⑥科目汇总表核算组织程序；⑦明细分类账；⑧备查账。

领会：①各会计核算组织程序的特点、使用范围；②各种明细账格式的应用范围。

简单应用：①现金日记账的登记；②银行存款日记账的登记。

综合应用：①总分类账的登记；②明细分类账的登记。

（四）更正错账及平行登记

更正错账的方法有：划线更正法、红字更正法、补充登记法。

平行登记是指经济业务发生后，根据会计凭证，一方面要登记有关的总分类账户，另一方面要同时登记该总分类账户所属的各有关明细分类账户。其要点概括为：依据相同，方向一致，金额相等，期间相同。平行登记之后产生了下列数量关系：总分类账有关账户本期发生额与其所属各明细分类账户本期发生额的合计数必然相等；总分类账有关账户期末余额与其所属各明细分类账户期末余额之和必然相等。

每年都应更换账簿，但有些特殊的账簿也可以不更换，如固定资产明细账。

识记：①划线更正法；②红字更正法；③补充登记法；④平行登记。

领会：总账与明细账的关系。

简单应用：错账更正方法的应用。

综合应用：总账和明细账的平行登记。

四、本章重点、难点

本章重点：①掌握各种账簿的作用及登记；②会计核算组织程序；③错账的更正；④总账和明细账的平行登记。

本章难点：①理解并掌握错账的更正方法；②理解并掌握总账和明细账的平行登记。

第七章　编制报表前的准备工作

一、学习目的与要求

本章的学习目的是理解编制报表前准备工作的意义，明确编制报表前需要进行的准备工作。

通过本章的学习，掌握期末账项调整的内容、结账的方法、对账的内容、财产清查结果的会计处理；熟悉财产清查的方法；了解编制报表前准备工作的意义。

二、课程内容

7.1　编表前准备工作的意义和内容

7.1.1　编表前准备工作的意义

7.1.2　编表前准备工作的内容

7.2　期末账项调整

7.2.1　应计收入的账项调整

7.2.2　应计费用的账项调整

7.2.3　收入分摊的账项调整

7.2.4　费用分摊的账项调整

7.3　财产清查

7.3.1　财产清查概述

7.3.2　财产清查结果的会计处理

7.3.3　具体项目的清查

7.4　结账和对账

7.4.1　结账

7.4.2　对账

三、考核知识点与考核要求

（一）编表前准备工作的意义和内容

为了保证会计报表所提供的信息能够满足报表使用者的要求，编制报表前，应做好下列准备工作：期末账项调整、财产清查、结账和对账。

识记：①编表前准备工作的意义；②编表前准备工作的内容。

（二）期末账项调整

按照权责发生制原则，正确地划分各个会计期间的收入、费用，为正确地计算并结转本期经营成果提供有用的资料。期末需调整的账项内容分为以下几类：①应计收入的账项调整；②应计费用的账项调整；③收入分摊的账项调整；④费用分摊的账项调整。

识记：①应计收入；②应计费用；③收入分摊；④费用分摊。

领会：期末账项调整与权责发生制。

简单应用：①应计收入账项调整的会计处理；② 应计费用账项调整的会计处理；③收入分摊账项调整的会计处理；④费用分摊账项调整的会计处理。

综合应用：①期末运用权责发生制对账项进行调整；②期末账项调整后损益的结转。

（三）财产清查

财产清查是通过对各项财产物资进行盘点和核对，确定其实存数，查明实存数与账存数是否相符的一种专门方法。

财产清查的内容包括：库存现金实存数与账面数是否一致，企业银行存款账面数与银行对账单是否一致；结算款项是否存在，是否与债务债权单位的债权债务金额一致；各项存货的实存数与账面数是否一致，是否有报废损失和积压物资等；各项投资是否存在，是否按照规定进行确认、计量；各项固定资产的实存数与账存数是否一致；其他需要清查、核实的内容。财产清查的会计处理是通过“待处理财产损溢”账户进行的。

识记：①财产清查；②永续盘存制；③实地盘存制；④财产清查的分类；⑤财产清查的内容；⑥财产清查的方法。

领会：①永续盘存制和实地盘存制的比较；②未达账项及其种类。

简单应用：①库存现金清查的会计处理；②存货清查的会计处理；③固定资产清查的会计处理。

综合应用：未达账项的调整。

（四）结账和对账

结账，即结出本期发生额和期末余额。

对账，即通过对账保证账证、账账、账实相符。

识记：①结账；②对账；③账证核对；④账账核对；⑤账实核对。

领会：①对账的意义；②对账的内容。

简单应用：结账方法。

四、本章重点、难点

本章重点：①期末账项调整；②存货盘存制度；③发出存货的计价；④对账；⑤财产清查结果的会计处理。

本章难点：①期末账项调整及调整的内容；②发出存货的计价方法；③财产清查结果的会计处理。

第八章　财务报表

一、学习目的与要求

本章的学习目的是理解资产负债表和利润表在会计核算中的地位，掌握资产负债表和利润表的编制。

通过本章的学习，要求掌握财务会计报告的构成、编制基础；掌握资产负债表的定义、结构、编制方法；掌握利润表的定义、结构、编制方法；熟悉财务会计报告的作用，财务会计报告的报送、汇总和审批；了解财务会计报告与会计账簿的关系。

二、课程内容

8.1　财务会计报告概述

8.1.1　编制财务会计报告的意义

8.1.2　财务会计报告的组成

8.1.3　财务报表的分类

8.1.4　财务报表的编制要求

8.2　资产负债表

8.2.1　资产负债表的结构和内容

8.2.2　资产负债表的编制

8.3　利润表

8.3.1　利润表的结构和内容

8.3.2　利润表的编制

8.4　财务会计报告的报送、汇总和审批

三、考核知识点与考核要求

（一）财务会计报告概述

财务会计报告是会计核算工作的结果，是企业对外提供的反映企业某一特定日期财务状况和某一会计期间经营成果、现金流量的文件。财务会计报告主要包括对外报送的财务报表、附注和其他需要披露的资料。

识记：①财务会计报告；②财务会计报告的组成；③财务报表的编制要求。

领会：财务报表的分类。

（二）资产负债表

资产负债表是反映企业在某一特定日期财务状况的报表。它根据“资产＝负债＋所有者权益”这一会计等式，依照一定的分类标准和一定的次序，把企业在某一特定日期的资产、负债和所有者权益项目予以适当排列编制而成。资产负债表具体项目的填列方法可归纳为以下几种：①直接根据总账科目的余额填列；②根据几个总账科目的余额计算填列；③根据有关明细科目的余额分析计算填列；④根据总账科目和明细科目的余额分析计算填列；⑤根据总账科目与其备抵科目抵消后的净额填列。

识记：资产负债表。

领会：①资产负债表的作用；②资产负债表的结构。

简单应用：资产负债表各项目的填列方法。

综合应用：编制资产负债表。

（三）利润表

利润表是反映企业在一定会计期间的经营成果的会计报表。一定会计期间可以是一个月、一个季度、半年，也可以是一年，因此将利润表称为动态报表。经营成果是指企业进行经营活动产生的结果，主要用利润及其构成表示。利润表根据“收入－费用＝利润”这一会计等式，依照一定的标准和次序，把企业一定时期内的收入、费用和利润项目予以适当排列编制而成。利润表的填列方法可归纳为以下两种：①根据账户的发生额分析填列，利润表中的大部分项目都可以根据账户的发生额分析填列；②根据报表项目之间的关系计算填列。

识记：利润表。

领会：①利润表的作用；②利润表的结构。

简单应用：利润表各项目的填列方法。

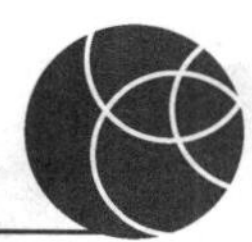

综合应用：编制利润表。

（四）财务会计报告的报送、汇总和审批

企业应当根据规定向有关的会计信息使用者报送财务会计报告。根据隶属关系，主管部门需要根据个别报表编制汇总报表。有关部门或注册会计师需要对报送的财务会计报告进行审核。

识记：①财务会计报告的报送；②财务会计报告的汇总；③财务会计报告的审批。

四、本章重点、难点

本章重点：①资产负债表的编制；②利润表的编制。

本章难点：①资产负债表中根据总账科目和明细科目的余额分析计算填列的项目；②资产负债表中根据总账科目与其备抵科目抵消后的净额填列的项目。

第九章　会计工作组织

一、学习目的与要求

本章的学习目的是理解会计工作组织是会计核算得以进行的保证。

通过本章的学习，要求掌握会计机构设置的基本原理，会计工作的组织形式，会计工作岗位，会计人员的职责；熟悉会计的主要法规；了解组织会计工作的意义和要求。

二、课程内容

9.1　组织会计工作的意义和要求

9.1.1　组织会计工作的意义

9.1.2　组织会计工作的要求

9.2　会计机构

9.2.1　会计机构的设置

9.2.2　会计工作的组织形式

9.2.3　内部控制

9.2.4　会计监督体系

9.3　会计人员

9.3.1　会计人员的职责与工作权限

9.3.2　会计人员的条件

9.3.3　总会计师

9.3.4　会计人员的法律责任

9.4　会计法规

9.4.1　会计法规的意义和种类

9.4.2　《会计法》

9.4.3　会计准则

9.5　会计档案

9.5.1　定期整理归类

9.5.2　造册归档

9.5.3 制定使用及借阅手续

9.5.4 严格遵守保管期限和销毁手续

三、考核知识点与考核要求

（一）组织会计工作的意义和要求

从广义上讲，凡是与组织会计工作有关的一切事项都包括在会计组织之内。从狭义上讲，会计工作组织仅包括会计人员的配备、会计机构的设置、会计法规的制定与执行，以及会计档案的保管。

识记：①组织会计工作的意义；②组织会计工作的要求。

（二）会计机构

会计机构是直接从事和组织领导会计工作的职能部门。企业、事业等单位都要设置从事会计工作的专职机构。在一些规模小、会计业务简单的单位，如果不单独设置会计机构，应在有关机构中设置会计人员并指定会计主管人员，以保证会计工作的正常进行。独立核算单位会计工作的组织形式，一般分为集中核算和非集中核算两种。

识记：①会计机构；②会计工作组织形式；③内部控制；④会计监督体系。

（三）会计人员

会计人员是从事会计工作、处理会计业务、完成会计任务的人员。会计人员的职责主要有以下几方面：进行会计核算，实行会计监督，拟定本单位办理会计事务的具体办法，参与拟定经济计划、业务计划，考核、分析预算、财务计划的执行情况，办理其他会计事务。总会计师是一个行政职位。总会计师必须是取得会计师任职资格后，主管一个单位或者单位内一个重要方面的财务会计工作时间不少于 3 年的会计人员。

识记：①会计人员；②会计人员的职责；③会计人员的职业道德；④会计人员的法律责任。

领会：①会计人员的工作权限；②会计人员的专业技术职务；③总会计师。

简单应用：会计人员职业道德的判断。

（四）会计法规

会计法规是管理会计工作的各种法律、法令、条例、规则、章程、制度等规范性文件的总称。会计法规按其内容可分为四类：第一类是关于会计核算方面的法规，如会计准则、行业会计制度、企业会计制度等；第二类是有关会计监督方面的法规；第三类是有关会计机构和会计人员方面的法规，如《会计人员职权条例》、《会计专业职务试行条例》和《总会计师条例》等；第四类是会计工作管理方面的法规，如《会计档案管理办法》、《会计电算化管理办法》等。

识记：①会计法规的种类；②会计法。

领会：①会计法规的意义；②会计准则。

（五）会计档案

会计档案是指会计凭证、会计账簿和会计报表等会计核算专业资料，它是记录和反映经济业务的重要史料和证据。各单位必须加强对会计档案的管理，建立和健全会计档案的立卷、归档、保管、调阅和销毁等管理制度，切实把会计档案管好。

识记：①会计档案；②各类会计档案的保管期限。

领会：①定期整理归类；②造册归档；③制定使用及借阅手续；④严格遵守保管期限和销毁手续。

四、本章重点、难点

本章重点：①会计人员的职责；②会计工作的组织形式；③会计法、会计准则的主要内容；④会计档案使用和保管的规定。

本章难点：会计人员职业道德的判断。

Ⅳ 关于大纲的说明与考核实施要求

一、课程自学考试大纲的目的和作用

课程自学考试大纲是根据专业自学考试计划的要求，结合自学考试的特点而确定的。其目的是对个人自学、社会助学和课程考试命题进行指导和规定。

课程自学考试大纲明确了课程学习的内容及其深度和广度，规定了自学考试的范围和标准。因此，它是编写自学考试教材和辅导书的依据，是社会助学组织进行自学辅导的依据，是自学者学习教材、掌握课程内容知识范围和程度的依据，也是进行自学考试命题的依据。

二、课程自学考试大纲与教材的关系

课程自学考试大纲是进行学习和考核的依据，教材是学习掌握课程知识的基本内容与范围，教材的内容是大纲所规定的课程知识和内容的扩展与发挥。

大纲与教材所体现的课程内容应基本一致；大纲里面的课程内容和考核知识点，教材里一般也要有。反过来，教材里有的内容，大纲里就不一定体现。

三、关于自学教材

《基础会计学》，全国高等教育自学考试指导委员会组编，徐泓主编，中国人民大学出版社出版，2014 年版。

四、关于自学要求和自学方法的指导

本大纲的课程基本要求是依据专业考试计划和专业培养目标而确定的。课程基本要求明确了课程的基本内容，以及对基本内容掌握的程度。基本要求中的知识点构成了课程内容的主体部分。因此，课程基本内容掌握程度、课程考核知识点是高等教育自学考试考核的主要内容。

为有效地指导个人自学和社会助学，本大纲已指明了课程的重点和难点，在章节的基本要求中一般也指明了章节内容的重点和难点。

本课程的学习方法：(1) 宏观学习法。这种学习方法从全局着眼，是从事物发展全过程中把握其本质规律和内在联系的学习方法。学习第一章时，采用宏观学习法可以较快地掌握会计基本理论。(2) 归纳学习法。这种学习方法将点、线、面相结合。“由点构成线，由线构成面”，即将复杂的知识分解为不同的方面、部分、特性、因素等，然后通过分析、综合、抽象、概括、归纳的思维加工，形成整体的认识，如会计分录的学习。(3) 循序渐进学习法。是指按照科学知识的逻辑体系，有计划、有步骤地进行学习的方法。其基本要求是：第一，遵循学科知识结构的规律，学习知识要按照学科的严密系统和层次，由浅入深、由初级到高级；第二，遵循人对事物的认识规律；第三，遵循自己智能发展的规律；第四，遵循知识积累的规律。对会计核算方法宜采用这种学习方法。(4) 学用结合学习

法。即学和用、知和行相结合的学习方法，借贷记账法的应用宜采用这种学习方法。(5) 总结学习法。是指通过一个阶段的学习，进行自我反思、自我评价，发扬成绩，找出和弥补不足的学习方法。

五、对社会助学的要求

要针对重点章、次重点章和一般章节分别提出自学或助学的基本学时建议和要求（详见章前的说明），在助学活动中应注意的问题。要注意正确引导、把握好助学方向，正确处理学习知识和提高能力的关系。

六、对考核内容的说明

1. 本课程要求考生学习和掌握的知识点内容都作为考核的内容。课程中各章的内容均由若干知识点组成，在自学考试中成为考核知识点。因此，本大纲中所规定的考试内容是以分解考核知识点的方式给出的。由于各知识点在课程中的地位、作用以及自身的特点不同，自学考试将对各知识点分别按四个认知层次确定考核要求。

2. 在考试之日起 6 个月前，由全国人民代表大会和国务院颁布或修订的法律、法规都将列入相应课程的考试范围。凡大纲、教材内容与现行法律、法规不符的，应以现行法律、法规为准。命题时也会对我国经济建设和科技文化发展的重大方针政策的变化予以体现。

七、关于考试命题的若干规定

1. 本课程采取闭卷笔试考试方式，试卷满分为 100 分，60 分及格，考试总时长为 150 分钟。考试时因有些数据需要计算，故可携带无记忆存储功能以及无通讯功能的计算器，考试前必须经监考人员检查合格后方能进场使用。

2. 本大纲对各章所规定的基本要求、知识点及知识点下的知识细目，都属于考核的内容。考试命题既要覆盖到章，又要避免面面俱到。要注意突出课程的重点、章节重点，加大重点内容的覆盖度。

3. 命题不应有超出大纲中考核知识点范围的题目，考核目标不得高于大纲中所规定的相应的最高能力层次要求。命题应着重考核自学者对基本概念、基本知识和基本理论是否了解或掌握，对基本方法是否会用或熟练使用。不应出与基本要求不符的偏题或怪题。

4. 本课程在试卷中对不同能力层次要求的分数比例大致为：识记占 20%，领会占 25%，简单应用占 40%，综合应用占 15%。

5. 要合理安排试题的难易程度，试题的难度可分为易、较易、较难和难四个等级。每份试卷中不同难度试题的分数比例一般为 2∶3∶3∶2。

必须注意试题的难易程度与能力层次有一定的联系，但二者不是等同的概念。在各个能力层次中，对于不同的考生都存在着不同的难度。在大纲中要特别强调这个问题，应告诫考生切勿混淆。

6. 课程考试命题的主要题型一般有单项选择题、辨析题、简答题、业务核算题、综合题等题型。

V 参考样卷

一、单项选择题（本大题共 20 小题，每小题 1 分，共 20 分）

在每小题列出的四个备选项中只有一个是符合题目要求的，请将其代码填写在题后的括号内。错选、多选或未选均无分。

1. 下列各项中，属于资产的是（　　）。

A. 应收职工的借款　　B. 应付职工的薪酬

C. 支付的管理费用　　D. 从银行借入的款项

2. 下列各种情况中，可以应用谨慎性要求的是（　　）。

A. 实际支付水电费　　B. 投资者对企业投资

C. 发出存货的计价　　D. 取得存货入账价值的确定

3. 同一企业不同时期发生的相同或相似的经济业务，应当采用一致的会计政策。其依据的会计信息质量要求是（　　）。

A. 可靠性　　B. 可比性

C. 可理解性　　D. 重要性

4. 设置会计科目的目的是（　　）。

A. 对会计对象进行监督　　B. 对会计账户进行分类

C. 对会计账户进行监督　　D. 对会计要素进行分类

5. 企业从银行借入期限为 1 年的借款。对此项经济业务进行核算时，应设置的会计科目是（　　）。

A. 短期借款　　B. 长期借款

C. 财务费用　　D. 应付账款

6. 根据已编制的记账凭证，将每项经济业务涉及借方账户和贷方账户的发生额分别登记到分类账簿所开设的相应账户中。对此过程，会计上称为（　　）。

A. 编制会计分录　　B. 过账

C. 设置账簿　　D. 设置会计科目

7. 企业发生的下列经济业务中，属于期末账项调整的是（　　）。

A. 将销售商品的款项存入银行　　B. 汇总核算发出材料

C. 摊销报刊费　　D. 支付销售费用

8. “实收资本”账户的借方发生额反映的内容是（　　）。

A. 经批准减少的注册资本　　B. 企业的实收资本

C. 公积金转增资本　　D. 企业接受投资者投入的注册资本

9. 下列账户中，属于集合分配账户的是（　　）。

A. 销售费用　　B. 财务费用
C. 管理费用　　D. 制造费用

10. 下列各种原始凭证中，属于外来原始凭证的是（　　）。

A. 销售商品开出的增值税专用发票　　B. 购进材料的增值税专用发票
C. 发出材料汇总表　　D. 制造费用分配表

11. 如果企业的业务量较少、凭证不多，则该企业适宜采用的记账凭证格式是（　　）。

A. 通用记账凭证　　B. 收款凭证
C. 付款凭证　　D. 转账凭证

12. 一般会计凭证的保管期限为（　　）。

A. 5年　　B. 10年　　C. 15年　　D. 20年

13. 按照经济业务发生或完成时间的先后顺序，逐日逐笔进行登记的账簿，称为（　　）。

A. 备查账簿　　B. 明细分类账簿
C. 总分类账簿　　D. 序时账簿

14. “应收账款”账户所属明细账户适用的账簿格式是（　　）。

A. 三栏式　　B. 数量金额式
C. 借方多栏式　　D. 贷方多栏式

15. 下列各种账簿中，每年可以继续使用，不需要更换的是（　　）。

A. 固定资产总账　　B. 固定资产明细账
C. 本年利润总账　　D. 利润分配明细账

16. 某企业“应收账款”总账借方余额为200万元，其所属明细账“应收账款——甲”借方余额为150万元；“应收账款——乙”借方余额为100万元；“应收账款——丙”贷方余额为50万元。如果不考虑其他因素的影响，该企业资产负债表中“应收账款”项目的期末余额为（　　）。

A. 150万元　　B. 200万元　　C. 250万元　　D. 300万元

17. 企业采用记账凭证会计核算组织程序时，登记总分类账的依据是（　　）。

A. 日记账　　B. 科目汇总表
C. 记账凭证　　D. 明细分类账

18. 企业对债权债务进行清查，适宜采用的清查方法是（　　）。

A. 实地盘点法　　B. 技术推算法
C. 日清月结法　　D. 查询核实法

19. 下列资产负债表的项目中，可以根据总分类账户的期末余额直接填列的是（　　）。

A. 应付账款　　B. 预收账款
C. 应付职工薪酬　　D. 应收账款

20. 将整个单位的会计工作由会计部门负责的核算组织形式，称为（　　）。

A. 内部牵制　　B. 会计核算

C. 非集中核算　　　　　　　　　　　D. 集中核算

二、辨析题（判断正误，并说明理由。本大题共 5 小题，每小题 3 分，共 15 分）

21. 企业销售商品取得 50 000 元货款存入银行的业务发生后，由于不涉及负债和所有者权益项目，因而会破坏会计恒等式的平衡。

22. 总账与明细账核对的依据是“收入－费用＝利润”。

23. 某会计人员对购进材料的原始凭证进行审核时，发现发票中的购货单位名称书写错误，因此不予接受，并向单位负责人报告。

24. 某会计人员对账时，发现由于记账人员笔误，将“管理费用”账户的 6 500 元误写成 5 600 元。因此采用红字更正法对其进行更正。

25. “固定资产”账户借方余额为 65 万元，“累计折旧”账户贷方余额为 20 万元，则固定资产的净值为 45 万元。

三、简答题（本大题共 2 小题，每小题 5 分，共 10 分）

26. 简述会计记账基础。

27. 简述“固定资产”账户的结构。

四、业务核算题（本大题共 2 小题，第 28 小题 30 分，第 29 小题 10 分，共 40 分）

28. 甲企业发生下列经济业务：

(1) 20×2 年 3 月 2 日，仓库发出材料如下：A 产品耗用材料 300 000 元，B 产品耗用材料 400 000 元，车间一般耗用材料 100 000 元。

(2) 20×2 年 3 月 6 日，以银行存款 60 000 元缴纳税款。

(3) 20×2 年 3 月 6 日，以银行存款 30 000 元预付保险费。

(4) 20×2 年 3 月 8 日，以现金支付办公费 1 000 元。

(5) 20×2 年 3 月 10 日，购进 A 材料，价款 300 000 元。材料已验收入库，款项尚未支付。

(6) 20×2 年 3 月 13 日，宣告分配利润 500 000 元。

(7) 20×2 年 3 月 20 日，投资者追加投资 450 000 元，存入银行。

(8) 20×2 年 3 月 22 日，将借款 5 000 000 元转为对企业的投资。

(9) 20×2 年 3 月 23 日，预收货款 30 000 元，存入银行。

(10) 20×2 年 3 月 25 日，结算本季度利息 20 000 元（该企业于结算期计入当期损益）。

(11) 20×2 年 3 月 26 日，进行财产清查时发现 A 材料盘亏 500 元。

(12) 20×2 年 3 月 31 日，计算分配本月职工薪酬，其中生产 A 产品职工的薪酬为 100 000 元，生产 B 产品职工的薪酬为 80 000 元，车间管理人员的工资为 50 000 元，企业行政管理人员的工资为 150 000 元。

(13) 20×2 年 3 月 31 日，计提折旧共 14 000 元，其中生产车间固定资产应计提折旧 10 000 元，行政管理部门应计提折旧 4 000 元。

(14) 20×2 年 3 月 31 日，以银行存款 8 000 元支付行政部门的办公费用。

(15) 20×2 年 3 月 31 日，结转本月发生的制造费用 160 000 元。

要求：根据上述经济业务编制会计分录。

29. 某企业 20×3 年 3 月 20 日至 31 日的有关银行存款的经济业务如下：

(1) 20 日，开出支票，支付购进材料款 14 000 元。

(2) 21 日，存入销货款 24 000 元。

(3) 24 日，开出支票，支付材料运杂费 700 元。

(4) 26 日，开出支票，支付本季度的房租 16 000 元。

(5) 27 日，收到销货款 97 000 元。

(6) 30 日，开出支票，支付零星费用 2 000 元。

(7) 31 日，银行存款日记账余额为 330 060 元。

取得的银行对账单所列该企业 20×3 年 3 月 20 日至 31 日的所有经济业务如下：

(1) 20 日，结算银行存款利息 792 元。

(2) 22 日，收到企业开出的支票，划出款项 14 000 元。

(3) 24 日，收到销货款 24 000 元。

(4) 26 日，代企业支付水电费 13 200 元。

(5) 27 日，收到企业开出的支票，划出款项 700 元。

(6) 30 日，代收货款 14 000 元。

(7) 31 日，银行对账单余额为 252 652 元。

要求：根据上述资料，编制银行存款余额调节表。

五、综合题（本题 15 分）

30. 某企业有关损益的资料及经济业务如下：

【资料 1】20×2 年 6 月 25 日的部分科目余额如下所示：

部分科目余额表

单位：万元

会计科目	借方余额	贷方余额	会计科目	借方余额	贷方余额
主营业务收入		2 100	财务费用		2
主营业务成本			营业外收入		15
营业税金及附加	100		营业外支出	20	
销售费用	50		所得税费用	100	
管理费用	84				

【资料 2】6 月 25 日—30 日发生下列经济业务：

(1) 结转本月销售产品的成本 1 100 万元。

(2) 结转本月的损益。

要求：(1) 根据【资料 2】中的经济业务编制会计分录。

(2) 根据【资料 1】和【资料 2】编制 6 月份的利润表（不要求列报累计数）。

Ⅵ　参考样卷答案

一、单项选择题（本大题共 20 小题，每小题 1 分，共 20 分）

1. A　2. C　3. B　4. D　5. A　6. B　7. C　8. A　9. D　10. B　11. A　12. C　13. D　14. A　15. B　16. C　17. C　18. D　19. C　20. D

二、辨析题（判断正误，并说明理由。本大题共 5 小题，每小题 3 分，共 15 分）

21. 判断：错误。

理由：将销售商品取得的款项存入银行虽然不涉及负债和所有者权益项目，但实现的收入最终会增加所有者权益，故不会破坏会计恒等式的平衡。

22. 判断：错误。

理由：总账与明细账核对的依据是总账与明细账平行登记的原理。

23. 判断：错误。

理由：购货单位名称书写错误，应退回给有关经办人员更正错误后再办理正式的会计手续。

24. 判断：错误。

理由：记账凭证正确，只是会计人员登账时发生笔误，应采用划线更正法对其进行更正。

25. 判断：正确。

理由："固定资产"账户借方余额反映固定资产的原始价值，"累计折旧"账户作为"固定资产"的调整账户，其相减后的金额即固定资产的净值。

三、简答题（本大题共 2 小题，每小题 5 分，共 10 分）

26. 简述会计记账基础。

会计记账基础是指会计处理过程中确认收入、费用归属期间的基本方式。包括权责发生制和收付实现制。

权责发生制是指对于会计主体在一定期间内发生的交易或事项，凡是符合收入确认标准的本期收入，不论款项是否收到，均作为本期的收入处理；凡是符合费用确认标准的本期费用，不论款项是否支付，均作为本期的费用处理。

收付实现制是指对于收入和费用按照首付款的日期确定其归属期，将收入在收到款项的期间确认，将费用在支付款项的期间确认。

27. 简述"固定资产"账户的结构。

"固定资产"账户属于资产类账户，其借方登记增加固定资产的原价，贷方登记减少固定资产的原价，期末余额反映企业固定资产的原价。

四、业务核算题（本大题共 2 小题，第 28 小题 30 分，第 29 小题 10 分，共 40 分）

28. 根据题目中的经济业务编制的会计分录如下：

(1) 借：生产成本——A 产品	300 000	
——B 产品	400 000	
制造费用	100 000	
贷：原材料		800 000
(2) 借：应交税费	60 000	
贷：银行存款		60 000
(3) 借：预付账款	30 000	
贷：银行存款		30 000
(4) 借：管理费用	1 000	
贷：库存现金		1 000
(5) 借：原材料	300 000	
贷：应付账款		300 000
(6) 借：利润分配	500 000	
贷：应付股利		500 000
(7) 借：银行存款	450 000	
贷：实收资本		450 000
(8) 借：长期借款	5 000 000	
贷：实收资本		5 000 000
(9) 借：银行存款	30 000	
贷：预收账款		30 000
(10) 借：财务费用	20 000	
贷：银行存款		20 000
(11) 借：待处理财产损溢	500	
贷：原材料		500
(12) 借：生产成本——A 产品	100 000	
——B 产品	80 000	
制造费用	50 000	
管理费用	150 000	
贷：应付职工薪酬		380 000
(13) 借：制造费用	10 000	
管理费用	4 000	
贷：累计折旧		14 000
(14) 借：管理费用	8 000	
贷：银行存款		8 000
(15) 借：生产成本	160 000	
贷：制造费用		160 000

29. 编制的银行存款余额调节表如下所示：

银行存款余额调节表

20×3 年 3 月 31 日　　　　单位：元

项目	金额	项目	金额
企业银行存款日记账余额	330 060	银行对账单余额	252 652
加：银行已收，企业未收		加：企业已收，银行未收	
存款利息	792	存入转账支票	97 000
银行代收款	14 000	减：企业已付，银行未付	
减：银行已付，企业未付		开出支票支付房租	16 000
银行代付水电费	13 200	开出支票支付零星支出	2 000
调节后的存款余额	331 652	调节后的存款余额	331 652

五、综合题（本题 15 分）

30. 编制的会计分录如下：

（1）借：主营业务成本　　11 000 000
　　贷：库存商品　　11 000 000

（2）借：主营业务收入　　21 000 000
　　　营业外收入　　150 000
　　　财务费用　　20 000
　　贷：本年利润　　21 170 000

借：本年利润　　14 540 000
　贷：主营业务成本　　11 000 000
　　营业税金及附加　　1 000 000
　　销售费用　　500 000
　　管理费用　　840 000
　　营业外支出　　200 000
　　所得税费用　　1 000 000

根据上述资料编制利润表如下：

利润表

编制单位：某企业　　　　20×2 年 6 月　　　　单位：元

项目	本月数
一、营业收入	21 000 000
减：营业成本	11 000 000
营业税金及附加	1 000 000
销售费用	500 000
管理费用	840 000
财务费用	－20 000

续前表

项目	本月数
二、营业利润	7 680 000
加：营业外收入	150 000
减：营业外支出	200 000
三、利润总额	7 630 000
减：所得税费用	1 000 000
四、净利润	6 630 000

后　记

2013 年 7 月，由全国高等教育自学考试指导委员会办公室召开了全国高等教育自学考试课程大纲、教材编前会，会上确定了“基础会计学”课程自学考试大纲编写的指导思想、基本原则和要求。

本大纲由中国人民大学徐泓教授在 2009 年版本的基础上重新修编。大纲完成后，北京工商大学欧阳爱平教授、中国人民大学赵宇斌参加审稿工作，由全国高等教育自学考试指导委员会经济管理类专业委员会审定。

全国高等教育自学考试指导委员会
经济管理类专业委员会
2014 年 8 月

基础会计学

编写说明

《基础会计学》作为会计系列教材之一，历经一年的编写，终于以崭新的面目问世了。本书编写的宗旨：遵循基础会计的教学规律、自学学生的特点，增强可操作性和实用性。本书具有如下特点：

1. 通过贯穿全书始末的案例，深入浅出地阐述会计核算方法。依据基础会计教学规律和初学会计专业学生的特点，通过案例由浅入深、由表及里阐述会计基本理论和基本技术。如会计核算、会计记账基础、会计信息质量要求、试算平衡表的编制、科目汇总表的编制等，特别是账簿的登记方法，以及每一个账簿项目的登记依据。

2. 以簿记学为主线，阐述会计的基本理论和基本技术。为了帮助初学者系统地掌握会计基本技术，通过对小型工业企业的具体经济业务的核算，使初学者全面了解企业经济业务的过程及与之相适应的会计核算。同时，按照会计实务操作的逻辑顺序说明会计基本技术，如介绍序时账、总分类账、明细分类账时，均按照格式、登记方法进行阐述，便于初学者掌握。

3. 为缩短学生从书本到实践的距离，本书采用了实际工作中应用的真实凭证、账簿，如收款凭证、付款凭证、转账凭证、总账、明细账等。

4. 本书最大的亮点在于，在每章前设置章前案例，通过案例，引出本章的内容，使初学者明确每章需要解决的问题。此外，在阐述重要的概念时，增加了相应的思考问题，使初学者通过对问题的思考加深对概念的理解。

本书由中国人民大学徐泓、蒋砚章编写，由徐泓总纂。在编写过程中，得到北京工商大学欧阳爱平、中国人民大学赵宇斌的鼎力支持，在此表示感谢。我们期望本书能够得到广大读者的认可，同时也殷切期待热心读者提出批评和建议，以便我们不断完善本教材，为读者提供更好的服务。

编者

2014 年 8 月

第一章　总　　论

学习目标

通过本章的学习，掌握会计的定义、会计的基本职能、会计的基本目标、会计对象、会计要素、会计核算的基本前提、会计记账基础、会计信息质量要求、会计计量属性；理解会计核算与会计监督的关系、会计核算方法；了解会计处理方法及会计循环。

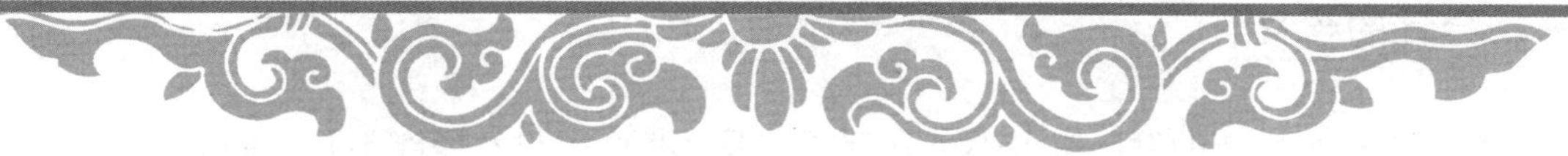

建议学时：6学时

教师导读：

1. 案例

李同学毕业后准备自主创业，研发并生产3D打印产品。按照要求，设立公司时需要投入一定数量的资金，并将其存入指定的银行，然后到工商局进行注册。公司成立后应建立会计机构，配备会计人员，按照会计准则的规定对公司的经营活动进行核算，定期向会计信息使用者提供财务报表。为此，李同学思考了一些问题：

- 什么是会计？
- 会计人员的工作对象是什么？
- 什么是会计信息？什么是会计信息使用者？
- 什么是资本？什么是经营成果？
- 什么是会计核算？
- 什么是财务报表？

……

本书将以一个小型的工业企业为例说明会计的基本理论与基本方法；本章则从探究什么是会计开始介绍基础会计的相关知识。

2. 学习方法

(1) 通过预习，对本章的学习内容有初步的了解，对工业企业的经济活动有初步的了解。

(2) 宏观学习法。会计的基本理论贯穿于会计核算的全过程，据此特点宜采用宏观学习法，即从会计的整体着眼，把握会计基本理论的本质规律和内在联系。

(3) 完成本章后面的思考题。

完成本章的学习之后，可以掌握继续学习会计所必须了解的会计基本术语、基本理论，理解企业经济活动与会计的关系。

第一节 会计的含义、职能与目标

一、会计的含义

会计与社会生产的发展有着不可分割的联系，其产生与发展离不开人们对生产经营活动进行管理的客观需要。社会物质财富的生产是人类社会得以存在和发展的基础，人们在进行生产活动时，一方面要创造物质财富，有一定的所得；另一方面要投入和耗费一定的财产物资及劳动，有一定的耗费。不论在何种社会形态下，人们进行生产活动时总要力求以最少的劳动耗费来取得最大的劳动成果，提高经济效益。为达到此目的，人们在社会生产中除了不断地采用新技术、新工艺，还必须加强经营管理，对劳动耗费和劳动成果进行

记录和计算、分析和比较，借以掌握生产活动的过程和结果，促使人们的生产活动按照预期的目标进行。会计的记录和计算是文字与数字的结合，它计量经济活动过程中占用的财产物资及劳动耗费，通过价值量的变化来描述经济过程，评价经济上的得失。正是因为在社会生产中人们很早就注意到提高经济效益的重要性，客观上就需要有以提供经济数据的记录、计算、分析、控制、审核等信息为内容的经济管理工作。会计就是在这种需要的基础上应运而生，并发展成为一种对生产经营活动进行核算与监督的经济管理工作。会计的产生和发展可以分为三个阶段，各个阶段及其特点如表1—1所示。

表1—1　会计产生和发展的三个阶段

阶段	经济环境	会计特点
古代会计阶段	（1）生产力十分低下。 （2）企业规模很小。	（1）以实物和货币作为计量单位。 （2）是生产职能的附带部分。 （3）以官厅会计为主。 （4）会计核算采用单式记账法。
近代会计阶段	（1）生产力水平有所提高。 （2）企业规模不断扩大。 （3）竞争日益激烈。	（1）以货币作为主要计量单位。 （2）具备独立的管理职能。 （3）以企业会计为主。 （4）会计核算采用复式记账法。 （5）形成一套完整的会计核算方法。
现代会计阶段	（1）生产力水平有较大提高。 （2）企业规模越来越大。 （3）竞争越来越激烈。	（1）分为财务会计和管理会计。 （2）会计理论逐渐形成。 （3）会计规范逐渐国际化。 （4）出现注册会计师。

思考： 根据个人的经验和本书的会计定义，理解会计含义与经济环境的关系。

随着社会经济的发展，会计的内涵和外延都在不断地丰富和发展。现代会计可以表述为：会计是通过收集、加工和利用以一定的货币单位作为计量标准来表现的经济信息，对经济活动进行组织、控制、调节和指导，促使人们比较得失、权衡利弊、讲求经济效益的一种工作。会计的特点是：主要利用货币量度对经济活动过程中使用的财产物资、劳动耗费、劳动成果进行系统的记录、计算、分析、检查，以为会计信息使用者提供有用的信息，其中记录、计算、分析、检查都是手段。通过货币量度，计算和分析利用财产物资的有效程度以及劳动耗费的合理程度，可据以判断得失，调整偏差，采取相应措施改进经营管理。

二、会计的职能

会计的职能是指会计作为经济管理工作所具有的功能或能够发挥的作用。会计的职能可以有很多，但其基本职能可概括为两个：核算与监督。

（一）会计核算

会计核算是会计的首要职能，也是全部会计工作的基础。任何经济实体要进行经济活动，都要求会计提供真实的、正确的、完整的、系统的会计信息，这就需要对经济活动进行记录、计算、分类、汇总，将经济活动的内容转换成会计信息，成为能够在会计报告中概括并综合反映各单位经济活动状况的会计资料。因此，会计核算是通过价值量对经济活动进行确认、计量、记录，并进行公正报告的工作。下面通过一项经济业务来说明会计核算的内容，如图1—1所示。

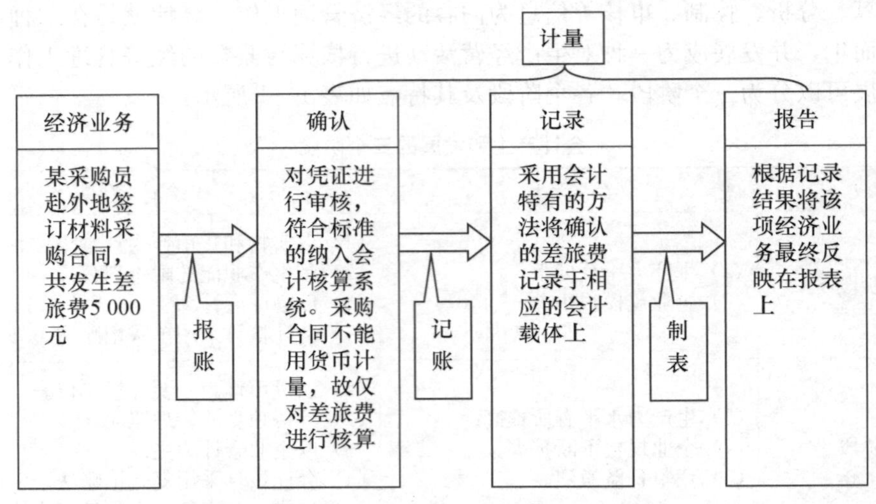

图1—1　举例说明会计核算的内容

根据上述案例，可以得出会计核算职能的基本特点：

（1）会计核算主要从价值量上反映各单位的经济活动状况。由于经济活动的复杂性，人们不可能简单地将不同类别的经济业务加以计量、汇总，只有通过按一定程序进行加工处理后生成并以价值量表现的会计数据，才能掌握经济活动的全过程及结果。虽然会计可以采用三种量度（货币量度、实物量度、劳动量度），从数量上反映经济活动，但是只有利用货币量度，通过价值量的核算才能综合反映经济活动的过程和结果。所以，会计核算从数量上反映各单位的经济活动状况，是以货币量度为主要量度，以实物量度及劳动量度为辅助量度来进行的。

（2）会计核算具有完整性、连续性和系统性。会计核算的完整性，是指对所有能够用货币计量的经济活动都要进行确认、计量、记录、报告，不能有任何遗漏；会计核算的连续性，是指会计的确认、计量、记录、报告要连续进行；会计核算的系统性，是指要采用科学的核算方法对会计信息进行加工处理，保证所提供的会计数据资料能够成为一个有序的整体，从而可以揭示客观经济活动的规律性。

（3）会计核算要对各单位经济活动的全过程进行反映，在对已经发生的经济活动进行事中、事后核算的同时，还可以预测未来的经济活动。会计核算对已经发生的经济活动进行事后的记录、核算、分析，通过加工处理后提供大量的信息资料，反映经济活动的现实状况及历史状况，这是会计核算的基础工作。但是，随着商品经济的发展，市场竞争日趋激烈，企业经营规模不断扩大，经济活动日益复杂化，经营管理需要加强预见性。为此，会计要在事中、事后核算的同时，进一步发展到事前核算、分析和预测经济前景，为经营管理决策提供更多的经济信息，这样才能更好地发挥会计的管理功能。

（二）会计监督

任何经济活动都要有既定的目的，按一定的目的运行。会计监督就是通过预测、控制、分析、考评等具体方法，促使经济活动按照规定的要求运行，以达到预期的目的。仍然以会计核算的案例说明会计监督职能。

> **案例**：采购人员报账时，会计人员依据一定的标准对能够以货币计量的凭证进行审核，即实现会计的监督职能；为了确定标准，事前应进行预测，如预测费用标准；事中应进行控制、分析，看看费用是否超出预算；事后应进行考评，评价企业的费用水平。

根据上述案例，可以得出会计监督具有以下几个方面的特点：

（1）会计监督主要通过价值指标来进行。会计核算通过价值指标综合地反映经济活动的过程及结果，会计监督的主要依据就是这些价值指标。为了便于监督，有时还需要事先制定一些可供检查、分析的价值指标，用来监督和控制有关经济活动，以避免出现大的偏差。由于基层单位进行的经济活动同时都伴随着价值运动，表现为价值量的增减和价值形态的转化，因此，会计监督与其他各种监督相比较，是一种更为有效的监督。会计监督通过价值指标可以全面、及时、有效地控制各个单位的经济活动。

（2）会计要对单位经济活动的全过程进行监督，包括事后监督、事中监督及事前监督。会计的事后监督是对已经发生的经济活动以及相应的核算资料进行的审查、分析；事中监督是对正在发生的经济活动过程及取得的核算资料进行审查，并以此纠正经济活动进程中的偏差及失误，促使有关部门合理组织经济活动，使其按照预定的目的及规定的要求进行，发挥控制经济活动进程的作用；事前监督是在经济活动开始前进行的监督，即审查未来的经济活动是否符合有关法令、政策的规定，是否符合经济规律的要求，在经济上是否可行。

（3）会计监督的依据是合法性及合理性。合法性的依据是国家颁布的法令、法规；合理性的依据是客观经济规律及经营管理方面的要求。会计监督的目的就是保证企业的经济活动合法、合理。

会计的核算职能与监督职能是相辅相成的，只有在对经济业务活动进行正确核算的基础上，才可能提供可靠资料作为监督依据；同时，也只有搞好会计监督，才能保证经济业务活动按规定的要求进行，并且达到预期的目的，才能发挥会计的核算职能。

三、会计的目标

（一）会计基本目标

会计基本目标是指会计工作所要达到的最低目的。会计基本目标是向会计信息使用者提供与企业财务状况、经营成果和现金流量等有关的会计信息，反映企业管理层受托责任的履行情况，有助于会计信息使用者作出经济决策。主要包括：

（1）向会计信息使用者提供对决策有用的信息。企业进行会计工作的主要目标是满足会计信息使用者的信息需要，有助于会计信息使用者作出经济决策。因此，向会计信息使用者提供对决策有用的信息是会计工作的基本目标。如果企业提供的财务会计报告对会计信息使用者的决策没有价值，则财务会计报告就失去了编制的意义。

(2) 反映企业管理层受托责任的履行情况。在企业所有权和经营权相分离的情况下，企业管理层是受委托人之托对企业及其各项资产进行经营管理，负有受托责任，即企业管理层所经营管理的企业各项资产基本上均由所有者投入或者向债权人借入的资金形成的，企业管理层有责任妥善保管并合理、有效地运营这些资产。因为企业的所有者、债权人等要及时或经常地了解企业管理层保管、使用资产的情况，以便于评价企业管理层受托责任的履行情况和业绩情况，并决定是否需要调整投资或信贷政策，是否需要加强企业内部控制和其他制度建设，是否需要更换管理层等，因此，会计基本目标之一是反映企业管理层受托责任的履行情况，以有助于评价企业的经营管理责任和资源使用的有效性。

(二) 会计信息

会计信息是会计所提供各种资料的总称。对会计信息的需求来自企业内部和外部两个方面。

(1) 企业内部管理对会计信息的需要。企业要实现其经营目标，必须对经营过程中所遇到的重大问题进行正确的决策，而决策的正确与否，关系到企业的生存和发展。正确的决策通常建立在客观、有用的会计信息基础上，会计信息在企业决策中起着极其重要的作用。为此，企业会计应采用一定的程序和方法，将企业发生的交易或事项转化为有用的会计信息，以便为企业管理提供依据。

(2) 外界对会计信息的需求。企业在生产经营过程中必然与外界发生各种各样的经济关系，进行信息交流，因而凡是与企业存在这种经济关系的利害关系人都可能对企业的会计信息产生需求。对于企业来说，决策者和管理人员需要掌握成本管理资料和销售收入情况，以便了解公司的盈亏状况，并且根据这些会计信息结合其他业务统计信息决定生产规模及发展途径。

会计信息按照与货币计量是否有关分类，分为财务信息和非财务信息；会计信息按照内容分类，分为反映财务状况的会计信息、反映经营成果的会计信息和反映现金流量的会计信息。

(三) 会计信息使用者

会计信息使用者是指所有与企业存在利害关系的关系人，包括投资者（股东及其他形式的权益投资者）、债权人（银行及其他形式的债权人）、供应商及客户、企业内部员工及管理者、政府部门。

1. 企业的投资者

在经营权与所有权相分离的情况下，企业的投资者需要利用会计信息进行有关的投资决策。股东们需要根据企业的经营成果和利润分配情况，作出是否对企业追加投资或者其他决策。

2. 企业的债权人

以借款形式将资金投入企业的投入者，称为债权人。债权人需要利用会计信息进行是否借款的决策，如银行可以根据企业的财务状况、经营成果，判断企业的偿债能力，以便作出是否继续贷款或收回贷款的决策。

3. 供应商及客户

企业上下游的原材料供应商和客户是供应链中与企业关系密切的主体，需要根据企业会计信息判断其是否能够持续经营，并据此决定自身是否扩大生产，或者调整生产经营方向。

4. 企业内部员工及管理者

企业内部员工是生产经营的直接参与者，现代企业管理激励理论认为，员工的劳动、劳动态度、劳动所得与企业业绩之间存在重要的关系，只有全体员工作为主人翁积极参与管理，管理职能才可能发挥到最优。员工需要了解会计信息（如成本管理信息）才能参与到管理中。随着企业规模的扩大，经营管理者不可能了解企业的全部经济活动，他们也需要通过会计信息全面了解企业的经营活动情况。

5. 政府部门

政府部门在一定程度上依靠会计信息进行决策，如税务部门利用会计信息了解公司履行纳税义务的情况，环境保护部门可以根据会计信息判断公司环境保护投入的情况。

由于生产社会化程度的提高，专业化生产分工以及由此产生的相互依赖性，关注企业会计信息的不仅有“投资者和潜在的投资者”，而且包括与企业存在经济交往的利益相关者，或者说是价值形成和实现链条上的利益相关者。总之，企业内外部的会计信息使用者都需要利用会计信息进行决策，且不同的会计信息使用者对会计信息的需求是不同的，会计只能为其提供通用的会计信息。一般来说，通用的会计信息可以归纳为：财务状况、经营成果以及相应的现金流量。

思考：会计在会计信息使用者决策中的作用。

第二节　会计对象、会计要素和会计等式

一、会计对象

会计对象即会计核算和监督的内容。

任何一个企业要进行经济活动，必须具备一定的物质条件，如货币资金、材料、产品或商品、设备、房屋等。这些物质基础虽然具有不同的形态，但它们均具有以下特点：(1) 为企业所拥有或控制；(2) 能够用货币表现；(3) 能够给企业带来未来的经济利益。在会计学中，把具备上述特点的物质基础称为资产。资产最显著的特征是能够为其拥有者或控制者带来未来的经济利益。

企业所拥有的资产总是有一定来源的，要有投资者投入一定量的资本。投资者以一定的方式对企业投资后，对企业的要求权是不一样的。有的投资者对企业投资后，仅要求企业按期偿还本金并按照规定的利息率偿还利息。对于这种投资者，会计上称为债权人。债权人通常以借款、应付款的形式对企业进行投资。债权人对企业的投资形式不同，但各种

投资形式均具有以下特点：(1) 能够用货币计量；(2) 由过去的交易或事项形成；(3) 企业承担偿债义务。会计学中将具备上述特点的债权人投资称为负债。

有的投资者对企业投资后，要求参与企业的经营管理并按投资比例获取一定的报酬。对于这种投资者，会计上称为所有者（或股东）。所有者通常以投入货币、设备、材料等资产的形式对企业进行投资。所有者对企业的投资具有如下特点：(1) 不要求偿还，企业可在存续期间内长期使用；(2) 要求参与企业的经营管理；(3) 按投资比例承担风险；(4) 分享剩余利润及资产；(5) 能够用货币计量。会计学中将具备上述特点的所有者投资称为所有者权益（或股东权益）。

企业通过所有者和债权人的投资获得各种形式的资产，其目的是进行经济活动，也就是为社会提供商品或劳务。在市场经济条件下，提供商品或劳务的目的必然是获得一定量的经济利益流入。这种经济利益流入具有如下特点：(1) 企业在日常活动中形成；(2) 会导致所有者权益增加；(3) 与所有者投入资本无关。会计上将具有上述特点的经济利益流入称为收入，如销售产品取得销售收入，提供劳务取得营业收入等。

企业为取得一定数量的收入，必然要付出相应的代价，如为销售商品要发生生产销售人员的工资，设备、房屋要损耗，材料等要耗费，也就是说，要获得一定量的经济利益流入，总是要有相应的经济利益流出或耗费。与经济利益流入相对应的经济利益流出具有如下特点：(1) 在日常活动中发生；(2) 会导致所有者权益减少；(3) 与向所有者分配利润无关。会计上将具有上述特点的经济利益流出称为费用。

会计从产生开始就具备了记录、计量所得及耗费，评价得失的功能。所得和耗费分别为收入和费用，收入大于费用的余额，会计上称为利润；反之，称为亏损。如果出现利润，所有者将要求分享利润中的一部分，即利润分配；如果出现亏损，所有者应承担亏损造成的损失并采用一定的方式进行弥补，以保证经济活动在原有的规模上进行，即亏损弥补。由于收入和费用都能够用货币计量，故由此计量的利润及利润分配、亏损及亏损弥补也能够用货币表现。上述经济活动见图 1—2。

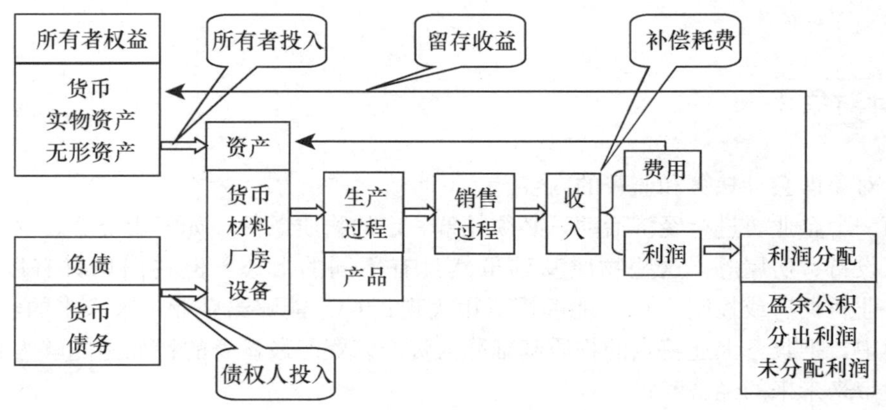

图 1—2　企业经济活动

企业的经济活动根据其特点分为资产、负债、所有者权益、收入、费用、利润（亏损）等会计要素。

二、会计要素

会计要素是按照交易或事项的经济特征所作的基本分类，是会计核算和监督的具体对象和内容。会计要素按照经济特征分类，分为资产、负债、所有者权益、收入、费用和利润。

（一）资产

资产是指过去的交易、事项形成并由企业拥有或者控制的资源，该资源预期会给企业带来经济利益。资产可具有实物形态，如房屋、机器设备、现金、商品、材料等，也可不具有实物形态，如以债权形式出现的各种应收款项，以特殊权利形式出现的专利权、商标权等无形资产。

资产按其流动性可分为流动资产与非流动资产。流动资产是指在一年或者超过一年的一个营业周期内变现或耗用的资产，包括库存现金、银行存款、交易性金融资产、应收及预付款、存货等。非流动资产（一般）是指不符合流动资产定义的资产，或者是超过一年变现或耗用的资产，通常包括长期投资、固定资产、在建工程、无形资产和其他财产。长期投资是指不准备在一年内变现的投资，包括长期股权投资、持有至到期的债券投资和其他投资；固定资产是指使用年限在一年以上，单位价值在规定标准以上，并在使用过程中保持原来物质形态的资产，包括房屋、建筑物、机器设备、运输设备、工具器具等；无形资产是指可供企业长期使用、无实物形态且价值较高的资产，包括专利权、商标权、著作权等。资产的分类如图1—3所示。

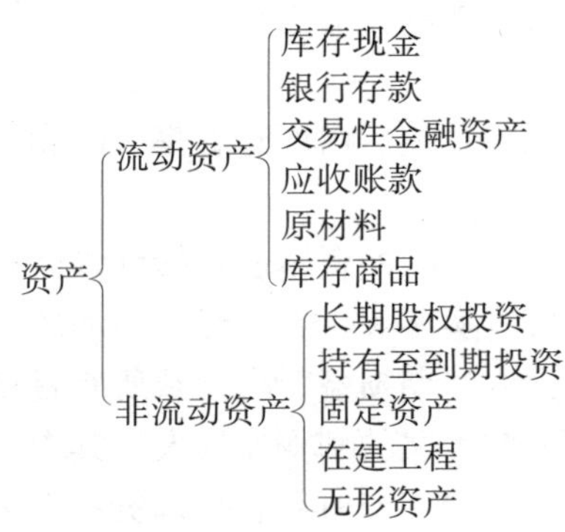

图1—3　资产的分类

资产的特征表现为：

（1）资产必须是企业拥有的或控制的。拥有是指拥有某项资源的所有权；控制是指虽然不享有某项资源的所有权，但该资源能被企业所控制，如从银行取得借款存在自己的账户上，应该将该项借款列为本企业的资产。

（2）资产是能为企业带来经济利益的资源，它的形态各异，但都能够给企业带来经济利益，即具有直接或间接导致现金或现金等价物流入企业的潜力。

（3）资产是由过去的交易或事项形成的，未来交易可能形成的资产不能加以确认。

（二）负债

负债是指由过去的交易、事项形成的现时义务，履行该义务预期会导致经济利益流出企业。现时义务是指企业在现行条件下承担的义务。未来发生的交易或者事项形成的义务，不属于现时义务，不应当确认为负债。

负债按其流动性分类，分为流动负债和非流动负债。流动负债是指将在一年或者超过一年的一个营业周期内偿还的债务，包括短期借款、应付票据、应付账款、预收账款、应付职工薪酬、应交税费、应付股利、应付利息等。非流动负债是指偿还期在一年或者超过一年的一个营业周期以上的债务，包括长期借款、应付债券、长期应付款等。负债的分类如图 1—4 所示。

- 负债
  - 流动负债
    - 短期借款
    - 应付款项
    - 预收账款
    - 应付职工薪酬
    - 应交税费
  - 非流动负债
    - 长期借款
    - 应付债券
    - 长期应付款

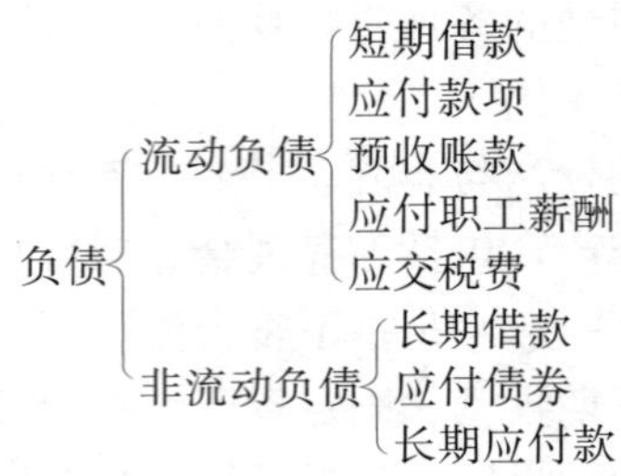

图 1—4　负债的分类

负债的特征表现为：

（1）负债是由过去的交易或事项形成的现时义务，是实实在在的偿还义务，潜在的义务不能确认为负债。

（2）偿还义务的履行会导致经济利益流出企业。

（三）所有者权益

所有者权益是指企业资产扣除负债后由所有者享有的剩余权益，其金额为资产减去负债后的余额。

所有者权益的来源包括所有者投入的资本、直接计入所有者权益的利得和损失、留存收益。所有者投入的资本是投资者实际投入企业经营活动的各种财产物资。直接计入所有者权益的利得和损失是指不应计入当期损益、会导致所有者权益发生增减变动的、与所有者投入资本或者向所有者分配利润无关的利得或损失。其中，利得是指由企业非日常活动所形成的、会导致所有者权益增加的、与所有者投入资本无关的经济利益流入；损失是指由企业非日常活动所形成的、会导致所有者权益减少的、与向所有者分配利润无关的经济利益流出，如处置固定资产的损益。留存收益是指在企业经营活动形成的利润中提取盈余公积和向所有者分配后留归企业的部分。所有者权益的分类如图 1—5 所示。

- 所有者权益
  - 所有者投入的资本
  - 直接计入所有者权益的利得和损失
  - 留存收益

图 1—5　所有者权益的分类

所有者权益的特征表现为：所有者仅对企业的净资产享有所有权。净资产是资产减去

负债后的余额。

（四）收入

收入是指企业在日常活动中形成的、会导致所有者权益增加的、与所有者投入资本无关的经济利益的总流入。企业取得收入意味着或者增加了资产，或者减少了负债，或者二者兼而有之。对企业来说，收入是补偿费用、取得利润的源泉，是企业经营活动取得的经营成果。收入按照经营活动的性质分为销售商品收入、提供劳务收入和让渡资产使用权收入；按照经营活动在企业经营中的地位不同分为主营业务收入和其他业务收入。收入的分类如图 1—6 所示。

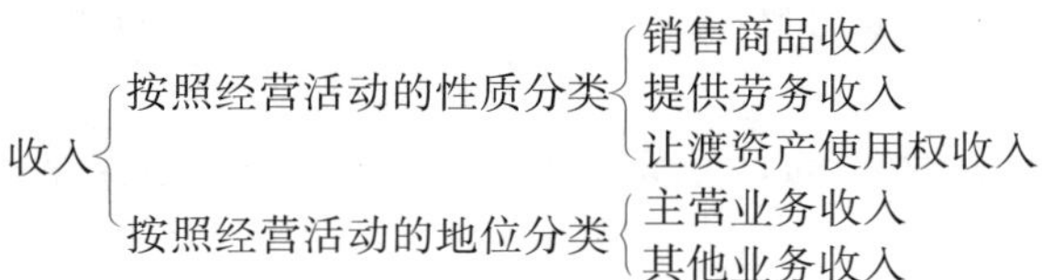

图 1—6 收入的分类

收入的特征表现为：

（1）收入是日常活动中产生的经济利益流入，偶然活动产生的经济利益流入只能形成利得，不是这里所讲的收入。

（2）形成经济利益的流入，即日常活动能够形成企业实实在在的经济利益，如果只能形成名义上的经济利益，则不能确认为收入。

（3）收入的形成总是伴随着资产的增加或负债的减少。

（五）费用

费用是指企业在日常活动中发生的、会导致所有者权益减少的、与向所有者分配利润无关的经济利益的总流出。费用与收入是相对应的概念，也可以说费用是企业为取得收入而付出的代价，如企业销售商品收取货款 10 万元，即实现了 10 万元的收入，为实现 10 万元的收入而付出商品的成本是 7 万元，则 7 万元形成费用。费用有多种表现形式，但其本质是资产的转化形式，是企业资产的耗费，如上述 7 万元的商品销售成本，在销售之前以存货资产的形式存在，一旦销售实现，7 万元的商品销售成本便从存货资产的形式转化为费用。费用作为补偿尺度，确定应从实现的收入中扣除多少才能够补偿耗费，如上述商品销售实现 10 万元收入后，应从 10 万元中分出 7 万元用于补偿生产产品发生的耗费，保证经营活动在原有的基础上进行。费用的分类与收入基本一致。

费用的特征表现为：

（1）费用是为取得收入而付出的一种代价，因此费用的确认应与收入配比，配比的方式有直接配比和期间配比。

（2）费用表现为企业经济利益的流出，或者说是企业收入的一种扣除。

思考： 描述资产与费用的关系。

（六）利润

利润是指企业在一定会计期间内的经营成果，全部收入减去全部费用的结果为利润

（如果是负数，则为亏损）。企业的生产经营活动都是以盈利为目的的，所谓盈利，是取得利润，利润是收入与相应费用相比较的结果。如果收入大于费用，则形成利润；如果收入小于费用，则产生亏损。如商品销售收入为10万元，费用为7万元，如果不考虑其他因素的影响，该项销售实现的利润为3万元（10－7）。企业通过销售商品或提供劳务，以现金或者应收账款的形式形成经济利益的流入，导致企业资产的增加或负债的减少，当然也导致所有者权益的增加。企业为了获得收入需要支付费用，费用必须由收入补偿，所以会导致收入的减少。费用是一个特定的概念，它与资产有着密切的关系，将经营过程作为一个动态过程来看，一切费用都可以视为一瞬间的资产，而取得资产也是为了得到收入，一旦资产投入使用，就从资产形态转变为费用形态。利润可以理解为企业所有者权益的增加额。

利润的主要特征是：利润的计量依赖收入和费用的计量，即收入弥补费用后形成利润。

思考：收入、费用对所有者权益的影响。

资产、负债、所有者权益反映企业的财务状况，构成资产负债表的项目，亦称资产负债表要素；收入、费用、利润反映企业的经营成果，构成利润表的项目，亦称利润表要素。

三、会计等式

（一）会计要素的联系

以数学等式表现会计要素之间联系的关系式称为会计等式。

上述六个会计要素可以形成两个会计等式：

资产＝负债＋所有者权益　　(1)

收入－费用＝利润　　(2)

会计等式（1）反映了资产、负债、所有者权益三个会计要素之间的关系。其含义为：资产与负债和所有者权益是相互依存的，有一定数额的资产，必然有相应数额的负债和所有者权益；反之亦然。所以，在数量上，任何一个企业的所有资产与负债和所有者权益总额必定相等，即企业有多少资产就有多少负债和所有者权益，或者反过来说，有多少负债和所有者权益就有多少资产。在任何情况下，资产与负债和所有者权益都保持着数额相等的关系，故将该会计等式称为会计恒等式。

会计恒等式概括地将资产、负债、所有者权益的关系公式化了，是复式记账的基础，也是资产负债表结构的理论基础。理解会计恒等式时应注意，负债加所有者权益与资产的具体项目并无一一对应的直接关系，而是在整体上与企业资产保持数量上的一致。

思考：如果一个企业的资产总额为170 000元，负债总额为80 000元，则该企业的所有者权益是多少？

会计等式（2）反映了收入、费用、利润三个会计要素之间的关系。其含义为：企业实现的收入弥补费用后的余额形成利润。投资者享有实现的全部利润，其中分出利润直接作为投资者出资的报酬返还给投资者，提取的盈余公积和未分配利润作为投资者投资的增值，以留存收益的形式增加所有者权益。当实现的利润分配后，等式（2）归零，故只能称为会计等式。

思考：如果企业的收入为500 000元，费用为350 000元，则该企业的利润是多少？

（二）会计恒等式

将资产、负债、所有者权益三个会计要素用数学符号联系起来，清晰地反映了三者之间的关系，反映了企业经营过程中，在任何一个时点上资产和负债与所有者权益之间都保持着数额相等的平衡关系。

【例1—1】某企业20×2年12月31日拥有1 000万元资产，其中库存现金2万元，银行存款28万元，应收账款140万元，存货480万元，固定资产350万元。该企业实收投资者投入资本350万元，短期借款200万元，应付账款400万元，利润形成的盈余公积为50万元。表1—2反映了资产、负债、所有者权益之间的平衡关系。

表1—2　**资产负债表（简表）**

编制单位：××　20×2年12月31日　单位：万元

资产	金额	负债及所有者权益	金额
库存现金	2	短期借款	200
银行存款	28	应付账款	400
应收账款	140	实收资本	350
存货	480	盈余公积	50
固定资产	350		
合计	1 000	合计	1 000

例1—1中，资产总额（1 000万元）=负债+所有者权益（1 000万元）反映了一个时点上企业的会计要素之间的平衡关系，它是一种静态的关系。企业在正常的生产经营过程中会发生具体的经济业务，这些经济业务会引起各个会计要素数额上的增减变动，或者是会计恒等式的左方（资产）内部要素项目的增减变化，或者是会计恒等式的右方（负债和所有者权益）内部要素项目的增减变化，或者是会计恒等式的左右两方同时发生增减变化。这些变化都不会破坏会计恒等式的平衡关系，因为，根据数学原理进行逻辑分析，在等式的一端加上并减去同一个数额，并不会破坏等式的平衡；在等式的两端同时加上或减去同一个数额，同样也不会破坏等式的平衡。企业发生的经济业务对会计恒等式产生的影响有以下四种情况：

（1）经济业务的发生引起会计恒等式左右两方等额增加，即资产增加，负债和所有者权益同时等额增加，会计恒等式保持平衡。

（2）经济业务的发生引起会计恒等式左右两方等额减少，即资产减少，负债和所有者权益同时等额减少，会计恒等式保持平衡。

（3）经济业务的发生引起会计恒等式左方各项目之间发生增减变化，增减额相等，即资产类项目一个增加、一个减少，会计恒等式保持平衡。

（4）经济业务的发生引起会计恒等式右方各项目之间发生增减变化，增减额相等，即负债类项目之间、所有者权益类项目之间或者负债类项目与所有者权益类项目之间此增彼减，会计恒等式保持平衡。

上述四种情况的发生，不会破坏“资产＝负债＋所有者权益”，为证明这一点，下面依据表1—2中的资料举例说明。

【例1—2】承例1—1，该企业20×3年1月份从银行取得贷款400万元，现已办妥手续，款项已划入本企业的存款账户。这项经济业务对会计恒等式的影响如表1—3所示。

表1—3 **资产负债表（简表）** 单位：万元

资产	金额	负债及所有者权益	金额
库存现金	2	短期借款	200＋400＝600
银行存款	28＋400＝428	应付账款	400
应收账款	140	实收资本	350
存货	480	盈余公积	50
固定资产	350		
合计	1 400	合计	1 400

从表1—3可以看出，该企业的资产负债表两边都增加了400万元，会计恒等式没有被破坏。

【例1—3】承例1—2，该企业以银行存款150万元支付上年的应付账款，并已经从企业银行存款账户中转出。这项经济业务对会计恒等式的影响如表1—4所示。

表1—4 **资产负债表（简表）** 单位：万元

资产	金额	负债及所有者权益	金额
库存现金	2	短期借款	600
银行存款	428－150＝278	应付账款	400－150＝250
应收账款	140	实收资本	350
存货	480	盈余公积	50
固定资产	350		
合计	1 250	合计	1 250

从表1—4可以看出，该企业的资产负债表两边都减少了150万元，会计恒等式没有被破坏。

【例1—4】承例1—3，该企业开出现金支票10 000元，以备日常开支使用。这项经济业务对会计恒等式的影响如表1—5所示。

表 1—5 资产负债表（简表） 单位：万元

资产	金额	负债及所有者权益	金额
库存现金	2＋1＝3	短期借款	600
银行存款	278－1＝277	应付账款	250
应收账款	140	实收资本	350
存货	480	盈余公积	50
固定资产	350		
合计	1 250	合计	1 250

从表 1—5 可以看出，该企业的资产类项目此增彼减的金额相等，对于资产类项目总额没有影响，会计恒等式没有被破坏。

【例 1—5】承例 1—4，该企业应付给光大公司的货款 200 万元经双方协商同意后，转作光大公司对企业的投资。这项经济业务对会计恒等式的影响如表 1—6 所示。

表 1—6 资产负债表（简表） 单位：万元

资产	金额	负债及所有者权益	金额
库存现金	3	短期借款	600
银行存款	277	应付账款	250－200＝50
应收账款	140	实收资本	350＋200＝550
存货	480	盈余公积	50
固定资产	350		
合计	1 250	合计	1 250

从表 1—6 可以看出，该企业的负债类项目减少 200 万元，所有者权益类项目增加 200 万元，对会计恒等式右方的总额没有影响，会计恒等式没有被破坏。

经过上述变化后的资产负债表见表 1—7。

表 1—7 资产负债表（简表） 单位：万元

资产	金额	负债及所有者权益	金额
库存现金	3	短期借款	600
银行存款	277	应付账款	50
应收账款	140	实收资本	550
存货	480	盈余公积	50
固定资产	350		
合计	1 250	合计	1 250

上述四种情况基本概括了各类经济业务变化的结果，经过变化以后的资产负债表左右

两方仍然保持着平衡关系，据此得出结论：在企业生产经营过程中发生各种各样的业务活动，都不会破坏会计恒等式的平衡。

第三节　会计核算的基本前提、记账基础和会计信息质量要求

一、会计核算的基本前提

组织会计核算工作需要具备一定的前提条件，即在组织核算工作之前，首先要解决与确立核算主体有关的一系列重要问题，这是全部会计工作的基础，具有非常重要的作用。会计界公认的会计核算基本前提有下述四个。

（一）会计主体

会计主体是指企业会计确认、计量、记录、报告的空间范围。在会计主体假设下，企业应当对其本身发生的交易或者事项进行确认、计量、记录、报告，反映企业本身所从事的各项生产经营活动。明确会计主体是开展会计确认、计量、记录、报告等工作的重要前提。因为会计的各种要素，如资产、负债、收入、费用等，都是同特定的经济实体，即会计主体相联系的，一切核算工作都是站在特定会计主体立场上进行的。如果会计主体不明确，资产和负债就难以界定，收入和费用便无法计量，以划清经济责任为准绳而建立的各种会计核算方法的应用更无从谈起。

明确会计主体，才能划定会计所要处理的各项交易或事项的范围。在会计工作中，只有那些影响企业本身经济利益的各项交易或事项才能加以确认、计量、记录、报告。

明确会计主体，才能将会计主体的交易或事项与会计主体所有者的交易或事项及其他会计主体的交易或事项区别开。

会计主体与经济上的法人不是一个概念。作为一个法人，其经济上必然是独立的，因而法人一般应该是会计主体，但是构成会计主体的并不一定都是法人。例如，从法律上看，独资及合伙企业所有的财产和债务，在法律上应视为所有者个人财产延伸的一部分，独资及合伙企业在业务上的种种行为仍视为个人行为，企业的利益与行为和个人的利益与行为是一致的，独资及合伙企业都因此而不具备法人资格。但是，独资及合伙企业都是经济实体、会计主体，在会计处理上都要把企业的财务活动与所有者个人的财务活动截然分开。例如，企业在经营中取得的收入不应记为其所有者的收入，发生的支出和损失也不应记为其所有者的支出和损失，只有按照规定的账务处理程序转到所有者名下，才能算其收益或损失。

以会计主体作为会计核算的基本前提条件，对会计核算范围从空间上进行了有效的界定，有利于正确反映一个经济实体所拥有的财产及承担的债务，计算其经营收益或可能遭受的损失，从而提供准确的财务信息。

（二）持续经营

如果说会计主体作为会计核算的基本前提是一种空间界定，那么持续经营则是一种时

间上的界定。持续经营是指企业在可以预见的将来，不会面临破产和清算，而是持续不断地经营下去。既然不会破产和清算，企业拥有的各项资产就在正常的经营过程中耗用、出售或转换，承担的债务也在正常的经营过程中清偿，经营成果就会不断形成，这样核算的必要性是不言而喻的。这是从会计主体基本前提引申出来的，也就是说，组织会计核算工作首先必须明确核算的主体，即解决为谁核算的问题；然后必须明确时间范围，核算主体是持续不断地经营的，否则，组织核算工作的必要性就不存在了。

思考：在没有持续经营的基本前提下，企业购买一台设备，应如何确认？

持续经营对于会计核算十分重要，它为财产计价、正确地确定收益，即为计量提供了理论依据。只有具备了这一前提条件，才能够以历史成本作为企业资产的计价基础，才能够认为资产在未来的经营活动中可以给企业带来经济效益，固定资产的价值才能够按照使用年限的长短以折旧的方式分期转为费用。对一个企业来说，如果持续经营这一前提条件不存在了，那么一系列的会计准则和会计方法也就相应地丧失了其存在的基础，所以，进行会计核算必须将持续经营作为前提条件。

（三）会计分期

会计分期前提是从持续经营基本前提引申出来的，也可以说是持续经营的客观要求。会计分期是指将一个企业持续经营的生产经营活动期间划分为若干连续的、长短相同的期间。

企业的经营活动从时间上来看是持续不断的，但会计为了确定损益和编制财务报表，定期为会计信息使用者提供信息，必须将持续不断的经营过程划分成若干期间。会计期间一般按照日历时间划分，分为年、季、月。会计期间的划分是一种人为的划分，与企业有利益关系的单位或个人都需要在一个会计期间结束之后随时掌握企业的财务状况和经营成果，所以，将划分会计期间作为会计核算的基本前提是由持续经营和及时提供会计信息的要求决定的。

（四）货币计量

用货币来反映一切经济业务是会计核算的基本特征，因而也是会计核算的一个重要前提条件。选择货币作为共同尺度，以数量形式反映会计主体的经营状况及经营成果，是商品经济发展的产物。会计计量是会计核算的关键环节，是会计记录和会计报告的前提，货币则是会计计量的统一尺度。企业经济活动中凡是能够用这一尺度计量的，就可以进行会计反映；凡是不能用这一尺度计量的，则不必进行会计反映。

货币计量是指会计主体在进行会计确认、计量、记录、报告时以货币作为计量单位，反映会计主体的财务状况、经营成果和现金流量。

货币计量实际上是以货币为尺度对经济活动进行估价，而货币估价的习惯做法是以历史成本计价。采用历史成本计价，就必须假定货币本身的价值稳定或者变动的幅度不大，可以忽略不计。也就是说，货币计量前提实际上还包含另一个重要前提，即币值稳定。在以币值稳定为前提的条件下，对财产物资采用历史成本进行计价是目前通行的一种选择。我国的会计核算还规定以人民币为记账本位币，在多种货币存在的条件下，要将有关外币用某种汇率折算为记账本位币，以此登记账簿、编制财务报表。

思考：评价货币计量对会计信息的影响。

二、会计记账基础

案例：12 月 20 日，某企业销售商品取得价款 100 万元，为实现此项销售发生 60 万元的费用。假设此项销售符合收入确认的条件，但款项于次年的 1 月 10 日收回。那么，该项收入应作为本年的收入确认，还是作为次年的收入确认？该项收入的确认有两种方法：一是作为本年的收入确认，其依据是该项经营活动是本年完成的；二是作为下年的收入确认，其依据是款项在次年收回。

通过上述案例可以看出，由于会计分期的存在，涉及发生的交易或事项应确认为哪一个会计期间的问题，由此形成会计记账基础。会计记账基础是会计处理过程中确认收入、费用归属期间的基本方式，包括权责发生制和收付实现制。

（一）权责发生制

权责发生制是指对于会计主体在一定期间内发生的交易或事项，凡是符合收入确认标准的本期收入，不论款项是否收到，均作为本期的收入处理；凡是符合费用确认标准的本期费用，不论款项是否支付，均作为本期的费用处理。按照权责发生制，上述案例中的商品销售应确认为 12 月份实现的收入。

权责发生制的核心是按交易或事项是否影响各个会计期间的经营成果和受益情况，确定其归属期。由于权责发生制确定本期收入和费用是以应收应付作为标准，所以又称为应计制或应收应付制。

采用权责发生制，可以正确反映各个会计期间所实现的收入和为实现收入所应负担的费用，从而可以把各期的收入与其相关的费用相配合并加以比较，正确确定各期的财务成果。如上述案例，商品销售收入的实现应归属于 12 月份，同时确认 60 万元的费用，如果不考虑其他因素的影响，12 月份实现利润 40 万元。因为销售商品的经济活动是在 12 月份完成，应作为 12 月份的经营成果。

（二）收付实现制

收付实现制是指对收入和费用按照收付日期确定其归属期。在收到款项的期间确认收入，在支付款项的期间确认费用。由于收付实现制确定本期收入和费用是以现金收付为准，所以又称为现金制或实收实付制。按照收付实现制，上述案例中的商品销售应确认为 1 月份实现的收入。

采用收付实现制，按照现金收付日期确定其归属期，不存在对账簿记录进行期末账项调整的问题。这种处理方法的优点是会计处理简便，不需要对账簿记录进行期末账项调整，但是，其确认本期收入、费用的方法不符合配比原则的要求。如上述案例，商品销售收入的实现应归属于下年的 1 月份，而为实现 100 万元收入发生的 60 万元费用则归属于发生月份，假设费用发生在 12 月份，即确认为 12 月份的费用，则上述案例中费用确认为 12 月份。如果不考虑其他因素的影响，12 月亏损 60 万元，下年 1 月份实现利润 100

万元。

综上所述，采用权责发生制可以正确地反映本期收入和费用，正确计算本期损益。因此，企业一般采用权责发生制作为会计记账基础。

思考：企业于12月份支付次年的保险费12万元。采用不同的会计记账基础，该项费用应归属于哪一个会计期间？

三、会计信息质量要求

会计信息质量要求是对企业所提供的会计信息质量的基本要求，是为了保证会计信息对其使用者决策有用所应具备的基本特征，包括可靠性、相关性、可理解性、可比性、实质重于形式、重要性、谨慎性和及时性等。

（一）可靠性

可靠性要求企业应当以实际发生的交易或事项为依据进行会计确认、计量、报告，如实反映符合会计确认和计量要素的会计要素及其他相关信息，保证会计信息真实可靠、内容完整。具体包括以下要求：

（1）企业应当以实际发生的交易或事项为依据进行会计处理，不能以虚构的交易或事项为依据进行会计处理。例如，采购员报销差旅费时，需要有飞机票或火车票、住宿票等相应的差旅费单据，只有根据真实的单据报销并进行会计处理，才能保证会计信息的可靠性。

（2）企业应当如实反映其交易或事项，将符合定义及确认条件的会计要素等如实反映在报表中，刻画出企业生产经营活动的真实面貌。

（3）企业应当在符合重要性和成本效益原则的前提下，保证会计信息的完整性，其中包括编制的报表和附注的完整性，不能随意减少应披露的信息。

（二）相关性

相关性要求企业提供的会计信息应当与会计信息使用者的经济决策需要相关，有助于会计信息使用者对企业过去、现在或未来的情况作出评价或预测。

会计信息的价值在于对会计信息使用者的决策有用，有助于其提高决策的水平。相关的会计信息应当有助于会计信息使用者评价企业的过去，证实或修正过去有关的预测，因而具有反馈价值。相关的会计信息还应当具有预测价值，有助于会计信息使用者据此预测企业未来的财务状况、经营成果和现金流量。为了满足相关性的要求，企业应在会计处理中充分考虑会计信息使用者的决策模式和信息需要。

例如，企业为经营的需要向银行申请贷款时，只有提供与还款能力有关的信息，才能满足银行的需要，这样的信息才具有相关性。

（三）可理解性

可理解性要求企业提供的会计信息应当清晰明了，便于会计信息使用者理解和使用。

企业提供会计信息的目的在于使用，而要使会计信息使用者有效地使用会计信息，必须让其了解会计信息的内涵、内容，因此要求会计信息应当清晰明了，易于理解。

鉴于会计信息的专业性较强，因此，在强调会计信息可理解性要求的同时，应假定会计信息使用者具有一定的会计专业知识，并且愿意研究会计信息。对于复杂的会计信息，为便于理解，应在报表附注中披露。

例如，利润表各个项目的设计，必须能够使会计信息使用者了解编报企业的经营成果、盈利能力、经营成果的构成，才能满足可理解性的要求。

思考：作为会计信息使用者，如何理解会计信息的可理解性？

（四）可比性

可比性要求企业提供的会计信息应当相互可比。具体包括以下内容：

（1）为了便于会计信息使用者了解企业财务状况、经营成果的变化趋势，比较不同时期的会计信息，从而全面地评价过去、预测未来，企业对于不同时期发生的相同或相似的交易或事项，应当采用一致的会计政策，不得随意变更。只有当变更会计政策后，能够提供更可靠、更相关的会计信息时，才可以按照规定程序变更。例如，甲企业将本年实现的利润与上年比较，可以说明比上年增长或下降的情况，为了两年的利润可比，要求两年对收入、费用的确认原则是一致的。

（2）为了便于会计信息使用者评价不同企业的财务状况、经营成果的水平及变动情况，从而有助于会计信息使用者作出科学合理的决策，不同企业发生的相同或相似的交易或事项，应当采用规定的会计政策，确保会计信息口径一致，相互可比。即对于相同或相似的交易或事项，不同企业应当采用一致的会计政策，以使不同企业按照一致的会计处理方法提供相关会计信息。例如，将甲、乙两个企业的利润进行比较，以确定哪个企业的盈利能力强，为此，两个企业对利润的核算口径应该一致，否则比较的结果不能说明问题。

（五）实质重于形式

实质重于形式要求企业应当按照交易或事项的经济实质进行会计处理，不应仅以交易或事项的法律形式为依据。实质是指交易或事项的经济实质，形式是指会计核算依据的法律形式。会计核算时应按照交易或事项的经济实质进行处理，而不能按照其法律形式，如果企业仅以交易或事项的法律形式进行会计处理，容易导致会计信息失真。

在会计实务中，交易或事项的法律形式并不总能完全真实地反映其实质内容。所以，会计信息要反映其所应反映的交易或事项，必须根据交易或事项的实质和经济现实进行判断，并据此进行会计处理。

（六）重要性

重要性要求企业提供的会计信息应当反映与企业财务状况、经营成果和现金流量有关的所有重要交易或事项。

企业会计信息的省略或错报会影响使用者据此作出正确决策时，该信息就具有重要性。重要性没有统一的标准，需要根据会计人员的职业判断确定。确定的标准通常有两个方面：一是质的方面，如果提供的会计信息对决策者的决策有影响，说明该信息就具有重要性，会计上应单独披露；二是量的方面，如果某一交易或事项的数量占该类交易或事项数量的一定比例，就具有重要性。例如，甲企业全年的销售收入为 1 000 万元，其中一笔销售收入为 200 万元，则该笔销售收入就具有重要性。

（七）谨慎性

谨慎性要求企业对交易或事项进行会计处理时应当保持应有的谨慎，不高估资产或者收益，不低估负债和费用。

企业的经济活动在面临许多风险和不确定性的情况下，会计核算应尽可能减少经营者的风险负担，不高估企业的资产或收益，对可能发生的负债或费用则要算足。但是，谨慎性的应用不允许企业故意低估资产或收益，故意高估负债或费用，否则将不符合会计信息质量要求的可靠性和相关性，损害会计信息的质量。

例如，企业的生产设备在使用过程中磨损的价值具有不确定性，这时可以应用谨慎性要求，尽量将磨损价值估计得高一点，则资产的价值就会低一点；当磨损的价值作为费用时，在收入一定的情况下，实现的利润就少一点；费用以收入补偿后，企业承担设备陈旧的风险就小一点。

（八）及时性

及时性要求企业对于已经发生的交易或事项，应当及时进行会计处理，不得提前或延后。

由于会计分期的存在，企业如果不能及时提供会计信息，即使是可靠的、相关的会计信息，也可能会失去时效性，从而降低会计信息的相关性。为了保证提供会计信息的及时性，企业应及时地收集、整理各种原始凭证，并按照规定对发生的交易或事项进行会计处理，传递会计信息。

例如，企业规定费用报销的期限，规定提供财务报表的期限，就是为了保证会计信息的及时性。

第四节　会计核算方法

一、会计确认

会计确认是按照规定的标准和方法，辨认和确定经济信息是否作为会计信息进行正式记录并列入财务报表的过程。会计处理过程实质上是一个信息变换、加工和传输的过程，会计确认是信息变换的关键环节。

企业产生的交易或事项都是大量的，在众多的交易或事项中，有些是会计核算和监督的内容，有些则不属于会计核算和监督的范围。如企业根据各自的生产经营活动签订的购销合同、机器设备的使用情况、职工的构成等，它们中有些虽然是企业的经济业务，而且会对企业的最终经营成果产生影响，但它们无法按照会计核算系统的特有方法直接进行加工处理。如果不加以确认，将所有的经济业务信息一并进行会计处理，势必影响会计最后提供数据的价值。因此，在会计核算系统正式接收、记录经济业务的有关数据之前，应进行必要的确认，以排除不属于会计核算范围的经济数据。一项经济业务是否属于会计核算范围，受到会计假设、会计目标和会计信息质量的制约。

会计确认是对输入会计核算系统的原始经济信息进行的确认。这类原始经济信息的载体就是伴随经济业务发生的原始凭证。所以，确认是从审核及填制原始凭证开始的，对经济业务所产生的原始数据及内容，包括经济业务的种类、执行单位、经手人、时间、地点，数量、单价、金额等，进行具体的识别、判断、选择和归类，以便对其进行正式的记录。会计确认要依据会计目标或会计核算的特定规范要求，去掉多余的或不可接受的数据，将筛选后有用的原始数据进行分类，运用复式记账法编制记账凭证，将经济信息转化为会计信息。会计确认实际上是经济信息能否转化为会计信息并进入会计核算系统的筛选过程，其标准主要是发生的经济业务能否用货币计量。如果发生的经济业务能够用货币计量，则可以进入会计核算系统；如果发生的经济业务不能用货币计量，则不能进入会计核算系统。如采购员赴外地签订采购合同时，采购合同在执行前不能用货币计量，不能进入会计核算系统，而差旅费能够用货币计量，故仅将差旅费纳入会计核算系统。确认的标准可以归纳为以下几个方面。

(一) 可定义性

一般来讲，凡是企业经营活动过程中能够用货币计量的交易或事项都属于会计确认的范围。在具体会计工作中，具有会计信息属性的经济信息应该可以具体化为会计要素，即资产、负债、所有者权益、收入、费用和利润，按照这些要素的定义和特征加以确认，就是可定义性。如将差旅费确认为费用增加，同时将付出的现金确认为资产减少。

(二) 可计量性

可计量性是会计确认的核心问题。在可定义性的基础上，经济信息必须能够量化，能够以货币计量，这样才能够保证经过确认后的信息具有质的统一性，可以进行比较和加工。如将差旅费量化为 5 000 元的费用。

(三) 可靠性

会计信息要真实可靠，首先是如实、完整地反映应当反映的交易及事项，而且对这些交易和事项必须是根据它们的实质和不带偏向的经济现实，而不仅仅根据它们的法律形式进行核算和反映。为此，在会计确认时，要认真审核原始凭证所记载的经济信息是否真实，辨别有关经济数据能否加以查证，输入的经济数据是否有客观可信的证据。如审核采购员在出差过程中取得的飞机票或火车票、住宿发票等。

(四) 相关性

将相关性作为会计确认的标准，是因为各方面会计信息使用者的需要不同。针对会计信息使用者的具体需要，排除不相关的数据，增进信息的有用性，如在财务报表中增加补充资料以满足不同使用者的需要。如果不适当地拖延资料，就可能失去其相关性。为保证其相关性，会计人员应及时提供。

在上述会计确认标准中，可定义性和可计量性是主要的标准。如果会计信息主要反映企业经营管理者的受托责任时，会计确认更强调信息的可靠性；如果会计信息主要是为满足会计信息使用者的需要，会计确认更强调会计信息的相关性。因此，进行会计确认时，应在可靠性和相关性之间进行权衡，以保证输出的信息能满足各方面的需要。

二、会计计量

(一) 会计计量与会计确认

会计计量是根据被计量对象的计量属性，选择一定的计量基础和计量单位，确定应记

录项目金额的会计处理过程。如前所述，企业经济业务中大量的原始经济信息要通过初次确认输入会计核算系统，在会计核算系统内运行的会计信息要经过再次确认，以保证信息的正确性、有用性。在会计确认中离不开计量，只有经过计量，输入的数据才能被正式记录，输出的数据才能最终列入财务报表。会计确认与会计计量不可分割地联系在一起，未经确认就不能进行计量；没有计量，确认也就失去了意义。会计核算的全过程离不开计量，会计确认的经济数据通过计算、汇总、比较、衡量与分配等复杂的计量，在有关的凭证、账簿中进行归集，并系统化、条理化。

（二）会计计量属性

会计计量属性也可以称为计量基础，是指所用量度的经济属性，即按什么标准、从什么角度来计量，是从不同的会计角度反映会计要素的金额的确认基础，如历史成本、现值、可变现净值等。

1. 历史成本

历史成本是指按照形成某项会计要素时所付出的实际成本进行计量。选择历史成本计量属性，要求资产按照购置时支付的现金或者现金等价物的金额，或者按照购置资产时所付出对价的公允价值计量。要求负债按照因承担现时义务而实际收到的款项或者资产的金额，或者承担现时义务的合同金额，或者按照日常活动中为偿还负债预期需要支付的现金或现金等价物的金额计量。采用历史成本计量属性的优点是可靠、简便、数据容易采集、符合会计核算真实性等。但在市场经济条件下，历史成本也存在一定的缺陷，由于历史成本计量属性采用的时间与会计信息使用者进行预测、决策的时间有可能间隔比较长，如果在这段时间内经济环境发生比较大的变化，如物价剧烈波动，就不能真实地反映会计要素的实际价值，可能使会计信息使用者作出错误的判断。

2. 重置成本

重置成本是指按照现在形成某项会计要素可能付出的成本计量。采用重置成本计量属性，对于历史上已经形成的资产，按照现在购买相同或者相似资产所需支付的现金或者现金等价物的金额计量。对于历史已经形成的负债，按照现在偿付该项债务所需支付的现金或者现金等价物的金额计量。重置成本可以反映现在形成某一会计要素应付出的代价，但这种计价的可操作性比较差。重置成本一般用于盘盈资产或不能确定价值的捐赠资产的价值确定。

3. 可变现净值

可变现净值是指出售时可能收回的金额（扣除可能发生的费用后的净值）。采用可变现净值计量属性，要求资产按照其正常对外销售所能收到的现金或者现金等价物的金额扣减该资产至完工时估计将要发生的成本、估计的销售费用以及相关税费后的金额计量。可变现净值虽然在操作上有一定的难度，但可以真实反映资产的价值。

4. 现值

现值是指未来现金流量的折现值。采用现值计量属性，要求资产按照预计从其持续使用和最终处置中所产生的未来现金流入量的折现金额计量。要求负债按照预计期限内需要偿还的未来现金流出量的折现金额计量。现值可以反映资产所带来经济利益的金额与偿还债务导致相关经济利益流出的金额，但受主观因素的影响较多。

5. 公允价值

公允价值是指市场参与者在计量日发生的有序交易中，出售一项资产所能收到或转移一项负债所需支付的价格。采用公允价值计量属性，要求资产和负债按照在有序的交易中，市场参与者自愿进行交换或者债务清偿的金额计量。公允价值可以真实地反映资产、负债的价值，但由于采用公允价值要求市场必须是成熟的，故具有不易操作的问题。

【例 1—6】 某公司于 20×3 年 1 月 1 日购买一台设备，该设备预计可使用 10 年，截至 20×5 年 12 月 31 日，该设备所使用的计量属性如表 1—8 所示。

表 1—8 设备使用的计量属性 单位：元

内容	金额	计量属性
20×3 年 1 月 1 日，以银行存款 100 000 元购进	100 000	历史成本
20×5 年 12 月 31 日，如果重新购买一台已使用 3 年的该设备，预计应支付的全部款项为 80 000 元	80 000	重置成本
20×5 年 12 月 31 日，如果将该设备出售，预计售价为 75 000 元，出售时支付的各项费用合计为 5 000 元	70 000	可变现净值
该设备可以继续使用 7 年，预计每年带来的收益为 13 000 元，共计 91 000 元，将未来的收益折算为 20×5 年 12 月 31 日的价值为 85 000 元	85 000	现值
该设备在类似的市场上，双方自愿交易的价格为 75 000 元	75 000	公允价值

会计计量通常以历史成本为基础，而且持续经营、会计分期以及货币计量等假设都是以历史成本为基础的。以历史成本为计量基础，比较可靠、简便，符合会计核算真实性等原则。

思考：企业为经营的需要，准备购买一台旧的设备。卖方的成本为 45 000 元，公允价值为 70 000 元。企业的目标价位为 66 000 元，卖方的目标价位为 71 000 元，最后以 69 000 元成交。你认为该项设备的入账价值应该是多少？你是基于什么标准回答这个问题的？

三、会计记录

不仅会计确认、计量的结果是通过会计记录反映，而且会计确认和计量过程本身都包容在会计记录之中。也就是说，在会计处理过程中并没有单独划分出确认、计量阶段，确认和计量融合在会计记录的各种具体方法之中。会计记录是对会计对象进行记录的手段。在传统的手工记账程序下，主要包括下列专门方法：设置会计科目及账户；

复式记账；填制与审核凭证；登记账簿；成本计算；财产清查。下面简要阐述这些方法的内容，具体内容将从第二章开始逐项详细说明。

（一）设置会计科目及账户

设置会计科目及账户是对会计对象具体内容进行分类核算的方法。会计对象包含的内容纷繁复杂，设置会计科目及账户就是根据会计对象具体内容的不同特点和经济管理的不同要求，选择一定的标准进行分类，并事先规定分类核算的项目，在账簿中开设相应的账户，这样就可以取得所需要的核算指标。

（二）复式记账

复式记账是对每一项经济业务都要以相等的金额同时在两个或两个以上的相关账户中进行记录的方法。采用复式记账，要使得每项经济业务所涉及的两个或两个以上的账户之间产生一种平衡关系，这样就可以了解和掌握经济业务的内容，检查会计记录的正确性。同时，采用复式记账记录各项经济业务，能够全面、系统地反映各项经济业务之间的联系，反映经济活动的全貌。

（三）填制和审核凭证

填制和审核凭证是为会计记录提供完整、真实的原始资料，保证账簿记录正确、完整的方法。会计凭证是记录经济业务和明确经济责任的书面证明，是登记账簿的依据。会计凭证分为原始凭证和记账凭证。对于已经发生的经济业务，必须由经办人或单位填制原始凭证并签名或盖章。所有原始凭证都要经过会计部门和其他有关部门的审核，只有审核后认为是正确无误的原始凭证，才能作为填制记账凭证和登记账簿的依据。所以，填制和审核凭证是保证会计资料真实、正确的有效手段。

（四）登记账簿

登记账簿是根据填制和审核无误的记账凭证，在账簿上进行全面、连续、系统记录的方法。账簿是用来记录经济业务发生的簿籍。登记账簿应该以记账凭证为依据，按照规定的会计科目开设账户，并将记账凭证中所反映的经济业务分别记入有关账户。这样，账簿记录就对会计凭证中分散记录的经济业务内容进行了进一步的分类、汇总，并使之系统化，能够更加适应经济管理的需要。同时，账簿记录的各种数据资料还是编制财务报表的重要依据。所以，登记账簿是会计核算的主要方法。

（五）成本计算

成本计算实际上是一种会计计量活动，它所要解决的是会计核算对象的货币计价问题，因此，广义的成本计算存在于各种经济活动之中，任何一项经济活动只要纳入会计核算系统，就都会涉及货币计价，而货币计价也就是确定用何种成本入账的问题。所谓成本计算，就是对计入一定对象的全部费用进行归集、计算，并确定各该对象的总成本和单位成本的会计方法。通过成本计算可以正确地对会计核算对象进行计价，可以考核经济活动过程中物化劳动和活劳动的耗费程度，为在经营管理中正确计算盈亏提供数据资料。

（六）财产清查

财产清查是通过实物盘点、往来款项的核对来检查财产和资金实有数额的方法。在财产清查中，若发现存在财产和资金账面数额与实存数额不符的情况，应该及时调整账簿记录，使账存数与实存数保持一致，并查明账实不符的原因，明确责任。清查中发现的积压或残损物资以及往来账款中的呆账、坏账，要积极清理并加强管理。因此，财产清查是保证会计核算资料真实性、正确性的一种手段。

四、财务会计报告

会计作为一种信息核算系统，以货币为主要计量单位，对企业发生的交易或事项系统地加以确认，并分析解释经济活动产生的结果，为会计信息使用者提供必要的信息。因此，应在日常账簿记录的数据资料基础上，采用一定的表格形式，概括、综合地反映各企业在一定时期内经济活动的过程和结果，即编制财务会计报告。财务会计报告是指企业对外提供的反映企业某一特定日期的财务状况和某一会计期间的经营成果、现金流量等会计信息的文件。财务会计报告是对日常核算的总结，是在账簿记录的基础上对会计核算资料的进一步加工和整理。

会计信息使用者所需要的信息是多种多样的，但归纳起来主要是两方面：一是在某一会计期间内，企业的经营成果如何、盈利能力如何、现金流量情况如何；二是在某一特定日期，企业的财务状况如何。企业主要是通过资产负债表、利润表和现金流量表来满足会计信息使用者的需要。但是报表有一定的局限性，仅仅依靠报表不能全面反映企业的财务状况、经营成果和现金流量情况，需要编制报表附注并提供其他有关资料，以帮助会计信息使用者理解报表。因此，财务会计报告包括财务报表及其附注和其他应当在财务会计报告中披露的相关信息。财务报表至少应当包括资产负债表、利润表、现金流量表等报表；报表附注是对在财务报表中列示的项目所作的进一步说明，以及对未能在这些报表中列示的项目的说明等。

（一）资产负债表

资产负债表是反映企业在某一特定日期的财务状况的财务报表。资产负债表主要是为会计信息使用者提供有关财务状况方面的信息。所谓财务状况，是指企业某一特定日期的资产总额及其构成、负债总额及其构成、所有者权益总额及其构成。通过资产负债表，可以了解企业的财务状况、偿债能力、筹资能力；分析企业资产、负债、所有者权益构成的合理性，财务状况的优劣；评价企业财务状况的安全性等。

（二）利润表

利润表是反映企业在一定会计期间经营成果的财务报表。利润表主要是为会计信息使用者提供有关企业经营成果方面的信息。所谓经营成果，是指企业在某一段时间内的利润（亏损）总额及其形成过程。通过利润表，可以了解企业的利润构成情况、盈利能力；分析企业利润形成的合理性；评价企业经营业绩的优劣等。

（三）现金流量表

现金流量表是反映企业在一定会计期间现金和现金等价物流入和流出情况的财务报表。现金流量表主要是为会计信息使用者提供企业现金和现金等价物净增加额及其构成的信息。通过现金流量表，可以了解企业销售、利润的质量，持续产生现金流量的能力，利润与现金之间的关系等。

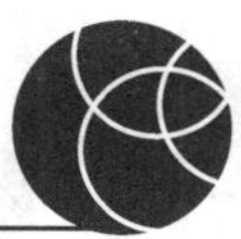

第五节　会计循环

从填制会计凭证到登记账簿再到编制财务会计报告，一个会计期间的会计核算工作即告结束，然后按照上述程序进入新的会计期间，如此循环往复，直至企业停业清算。会计记录方法的相互联系、相互配合，构成了一个完整的方法体系。即在经济业务发生时，首先要根据业务的内容取得或填制会计凭证并加以审核。其次，按照规定的会计科目，在账簿中开设账户，并根据审核无误的记账凭证，运用复式记账法进行登记，对于生产经营过程中发生的各项费用以及各种需要确定成本构成的业务，要进行成本计算，对账簿记录要通过财产清查加以核实，以保证账簿记录的正确性。最后，由会计人员运用账簿系统对发生的交易或事项进行处理，在此基础上编制财务会计报告。在这个系统中，确认、计量、记录是会计人员“生产”会计信息的过程，财务会计报告是会计人员“生产”的产品。习惯上，将这种依次发生、周而复始的以记录为主的会计处理过程称为会计循环。依据资产负债表和利润表的编制过程，可归纳出会计循环的基本步骤，如图 1—7 所示。

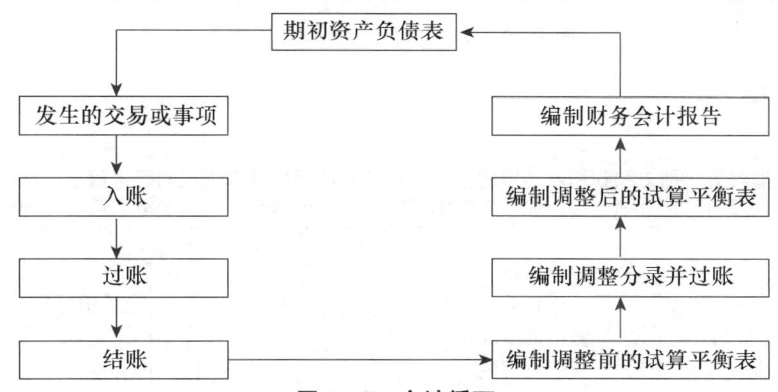

图 1—7　会计循环

（1）会计确认。以能否用货币计量为标准分析发生的经济业务，将能够以货币计量的经济业务纳入会计核算系统，并确定经济业务的发生对会计要素的具体影响。

（2）入账。通过审核原始凭证分析具体的经济业务，编制会计分录、填制记账凭证或登记日记账，将能够以货币表现的经济业务记录到会计信息的载体上。

（3）过账。根据已编制的记账凭证登记分类账簿，以便分类反映各类会计要素。

（4）结账。将各种收入账户和费用账户转到有关账户中，结清收入和费用账户，以便结出本期的经营成果。

（5）编制调整前的试算平衡表。根据账簿中记载的余额、发生额等编制试算平衡表，以检验账簿记录的正确性。

（6）编制调整分录并过账。依据权责发生制原则对分类账户的有关记录进行调整，以便正确计算当期损益；对未入账的经济业务编制调整分录，以使各账户反映企业最新的情况。

（7）编制调整后的试算平衡表。由于编制了期末调整分录并过账，故需要再次编制调整后的试算平衡表，以检验账簿记录的正确性。

（8）编制财务会计报告。根据调整后的试算平衡表编制资产负债表和利润表。

会计处理方法以及会计循环可用图 1—8 所示。

会计计量
初始确认
会计记录
再次确认
财务会计报告
交易或事项
……
设置会计科目及账户
复式记账
填制与审核凭证
登记账簿
成本计算
财产清查
会计报表
报表附注
原始凭证
审核
记账凭证
会计账簿
报表

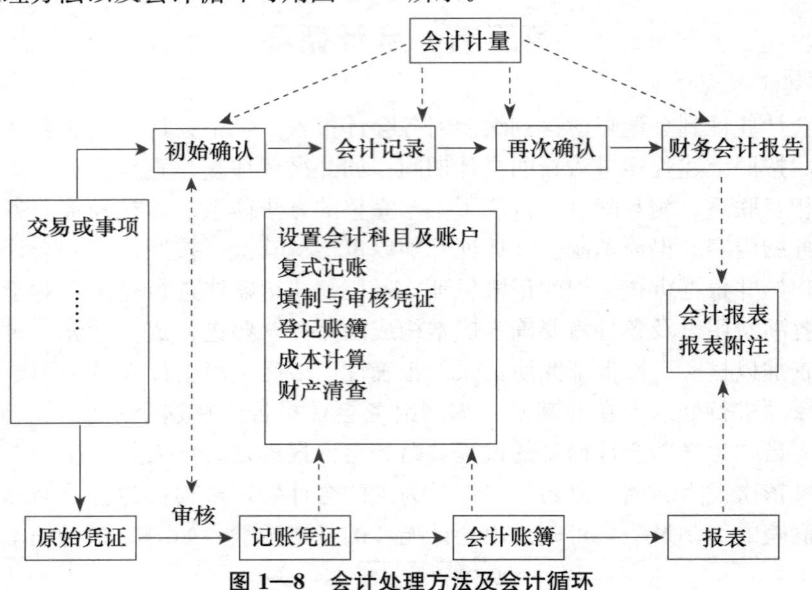

图 1—8　会计处理方法及会计循环

本章小结

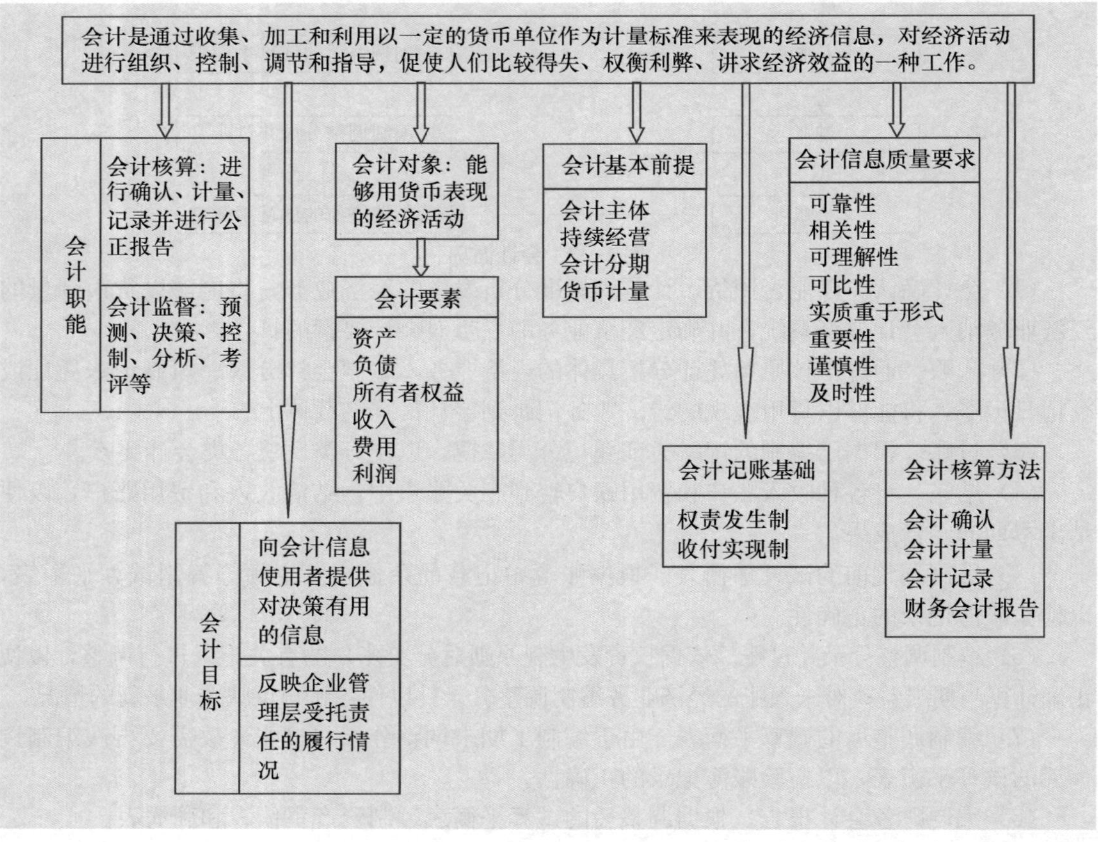

会计是通过收集、加工和利用以一定的货币单位作为计量标准来表现的经济信息，对经济活动进行组织、控制、调节和指导，促使人们比较得失、权衡利弊、讲求经济效益的一种工作。
会计职能
会计核算：进行确认、计量、记录并进行公正报告
会计监督：预测、决策、控制、分析、考评等
会计对象：能够用货币表现的经济活动
会计要素
资产
负债
所有者权益
收入
费用
利润
会计基本前提
会计主体
持续经营
会计分期
货币计量
会计信息质量要求
可靠性
相关性
可理解性
可比性
实质重于形式
重要性
谨慎性
及时性
会计目标
向会计信息使用者提供对决策有用的信息
反映企业管理层受托责任的履行情况
会计记账基础
权责发生制
收付实现制
会计核算方法
会计确认
会计计量
会计记录
财务会计报告

思考题

1. 会计的产生和发展与经济环境的关系如何？现阶段的会计定义是什么？

2. 为什么说核算和监督是会计的基本职能？

3. 如何理解会计对象与会计要素的关系？

4. 会计核算为什么需要建立基本前提？我国会计核算的基本前提有哪些？

5. 什么是会计计量？其计量属性如何？

6. A先生创办了一家个人独资公司，公司创办一年后，面临一个棘手的问题：工商局、税务局的人员指出A先生创办的公司没有遵守会计准则的要求建立公司的内部会计制度，记账的随意性很大；财政局的人员提出该公司的会计人员不具备从业资格。A先生觉得非常委屈，认为公司是自己的，所有权与经营权没有分离，不一定非要按照会计准则去做，会计人员也不一定要有资格认证。你认为A先生的说法是否有道理？

第二章　会计科目与账户

学习目标

通过本章的学习，掌握会计科目与会计对象、会计要素的关系，常用的会计科目；明确会计科目与账户的关系，账户的结构、特点、分类。

建议学时： **3 学时**

教师导读：

1. 案例

会计专业大一的张同学利用暑假到一家新成立的小型工业企业实习。实习的第一天，企业的副经理报销费用，提供的凭证中，有为推销产品发生的火车票、出租车票、住宿费发票、餐费发票等，有为签订采购合同发生的飞机票、出租车票、住宿费发票等，有为办理企业设立手续发生的注册费发票等。

面对用途不同、形式各异的凭证，张同学应该如何对其分类？

2. 本章在会计记录方法中的地位

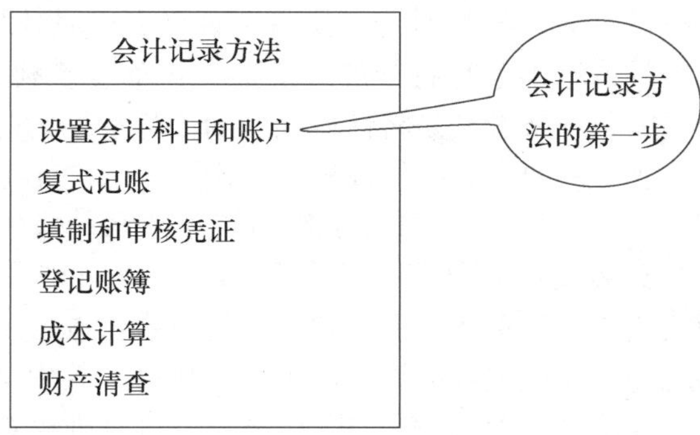

3. 学习方法

(1) 通过预习，对本章的学习内容有初步了解。

(2) 采用循序渐进和归纳的学习方法。采用循序渐进学习方法，按照会计科目和账户的关系学习本章的内容；采用归纳学习方法，对会计科目和账户按照其特征、因素进行学习，然后通过分析、综合、抽象、概括、归纳的思维加工，形成整体认识。

(3) 完成本章后面的思考题。

完成本章的学习之后，可以解决章前案例中提出的问题。

第一节　会计科目

一、设置会计科目的意义

既然会计核算系统要不断地搜集、输入、加工、转换、输出会计信息，就不能回避信息分类的问题。会计要素是对会计对象的分类，但会计要素仍然不能满足会计信息使用者的需要，还应进一步分类，其分类的标志或项目就是会计科目。在企业进行生产经营活动的过程中，会计要素的具体内容必定会发生数量、金额的增减变动。例如，用银行存款购买原材料，原材料的增加导致银行存款的减少，使得资产要素的具体组成发生变化；用银行存款偿还应付账款，应付账款的减少与银行存款的减少同时发生，使得负债与资产两要素的数量同时减少；等等。由于企业的经济活动纷繁复杂，它所引起的各个会计要素的内部构成以及各个会计要素之间的增减变化也是错综复杂的，表现为不同的形式。有些业务可能多次简单地重复，有些业务的发生很有规律，有些业务可能引起会计恒等式两边发生变化，有些业务则只是在某一会计要素内部构成中引起增减变动。为了对会计对象的具体内容进行核算和监督，就需要根据其各自不同的特点，分门别类地确定项目。由于会计要素反映的经济内容有很大不同，在经营管理中也会有不同的要求，故在会计核算中除了要按照各会计要素的不同特点进行核算外，还应该根据经济管理的要求进行分类别、分项目的核算。

设置会计科目是根据会计要素的具体内容和经济管理的要求，事先规定分类核算的项目或标志的一种专门的方法。通过设置会计科目，可以对纷繁复杂、性质不同的经济业务进行科学的分类，可以将复杂的经济信息变成有规律的、易识别的经济信息，并为其转换为会计信息准备条件。在设置会计科目时，需要将会计要素中具体内容相同的归为一类，设立一个会计科目，凡是具备这类信息特征的经济业务，都应该利用这个科目进行核算。设置会计科目从信息分类的角度来看，是将性质相同的信息给予约定的代码。例如，根据资产要素的特征以及经济管理的要求，可以设置“固定资产”、“无形资产”、“库存现金”、“银行存款”、“原材料”等会计科目，这样才能够对资产要素的具体内容进行核算。设置会计科目时，要为每一个具体的类别规定一个科目名称，并且限定该科目名称包括的内容。例如，企业的货币资金是一种资产，但是它的保管及收付方式不一样，因此可以将其划分成银行存款和库存现金。相应地，应设置两个会计科目，其中“银行存款”科目核算企业在银行的存款存入、支取及结存情况，“库存现金”科目则核算出纳保管现金的收付与结存情况。可见，会计科目是对会计要素的具体内容分类的标志。通过设置会计科目对会计要素的具体内容进行科学分类，可以为会计信息使用者提供科学、详细的分类指标体系。在会计核算的各种方法中，设置会计科目占有重要位置，它决定着账户开设、报表结构设计，是一种基本的会计核算方法。会计对象、会计要素、会计科目之间的关系如图2—1所示。

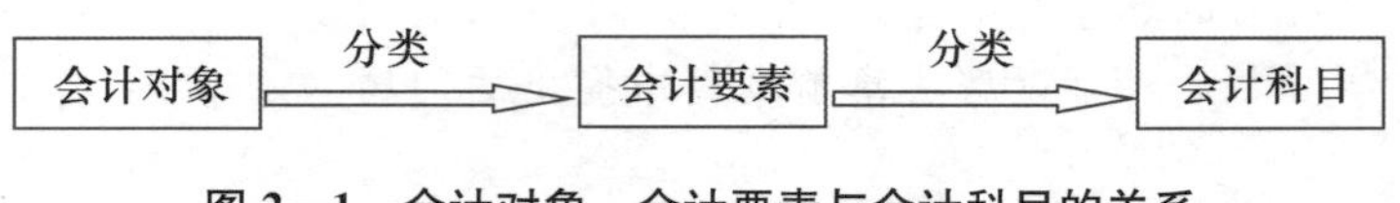

图2—1　会计对象、会计要素与会计科目的关系

二、设置会计科目的原则

会计科目作为分类信息的项目或标志，必须根据一定的原则来设置。分类是管理的一种形式，分类的正确与否决定着会计信息的科学性、系统性，从而决定管理的科学性。设置会计科目时，应该遵循以下几项原则。

（一）必须结合会计对象的特点

结合会计对象的特点，首先是根据不同行业的特点，然后在此基础上考虑各自企业的特点。例如，工业企业是制造产品的行业，根据其业务特点，工业企业的会计科目首先应

该反映产品的生产过程，在此前提下再根据企业生产产品的特点及规模大小确定各个会计科目的具体设置，如“生产成本”、“制造费用”等。

（二）必须符合经济管理的要求

设置会计科目要符合经济管理的要求。一是要符合国家宏观经济管理的要求，根据宏观经济管理的要求来划分经济业务的类别，设定分类的标识。二是要符合企业自身经济管理的要求，为企业的经营预测、决策及管理设置分类的项目。三是要符合包括投资者在内的有关各方面对企业生产经营情况的要求。例如，为了反映企业实有资本的情况，可以设置“实收资本”科目来反映企业实际收到投资者投入资本的金额；为了反映企业的债务情况，可以设置“短期借款”和“长期借款”科目来反映企业的债务结构及债务金额。

（三）要将统一性与灵活性结合起来

企业的经济业务千差万别，在分类核算会计要素的增减变动时，需要将统一性与灵活性相结合。所谓统一性，是指设置会计科目时，根据《企业会计准则——应用指南》的要求对一些主要会计科目的设置进行统一规定，将核算指标的计算标准、口径统一。所谓灵活性，是指在能够提供统一核算指标的前提下，各个单位根据自己的具体情况及投资者的要求，设置或者增补会计科目。贯彻统一性与灵活性相结合的原则设置会计科目，实际上就是保证会计信息的有用性。

（四）会计科目的名称要简单明确、字义相符、通俗易懂

会计科目作为分类核算的标识，要求其名称简单明确、字义相符、通俗易懂，这样才能避免误解和混乱。简单明确是指根据经济业务的特点尽可能简洁明确地规定科目名称；字义相符是指按照中文习惯，能够顾名思义，不致产生误解；通俗易懂是指要尽量避免使用晦涩难懂的文字，便于大多数人正确理解。会计科目的名称除了要简单明确、字义相符、通俗易懂之外，还要尽量采用在经济生活中习惯使用的名称，以避免不必要的误解。

（五）要保持相对稳定性

为了便于在不同时期分析比较会计核算指标和在一定范围内汇总会计核算指标，应保持会计科目相对稳定，不能经常变动会计科目的名称、内容、数量，以保持会计核算指标的可比性。

依据上述原则和《企业会计准则——应用指南》设置适用于本书的会计科目，如表2—1所示。

表2—1　　会计科目表

编号	会计科目名称	编号	会计科目名称
	一、资产类		三、所有者权益类
1001	库存现金	4001	实收资本
1002	银行存款	4101	盈余公积
1122	应收账款	4103	本年利润
1123	预付账款	4104	利润分配
1221	其他应收款		四、成本类
1401	在途物资	5001	生产成本

续前表

编号	会计科目名称	编号	会计科目名称
1403	原材料	5101	制造费用
1405	库存商品		五、损益类
1601	固定资产	6001	主营业务收入
1602	累计折旧	6051	其他业务收入
1901	待处理财产损溢	6301	营业外收入
	二、负债类	6401	主营业务成本
2001	短期借款	6402	其他业务成本
2201	应付票据	6403	营业税金及附加
2202	应付账款	6601	销售费用
2203	预收账款	6602	管理费用
2211	应付职工薪酬	6603	财务费用
2221	应交税费	6711	营业外支出
2241	其他应付款	6801	所得税费用
2501	长期借款		

思考：帮助章前案例中的张同学对凭证进行分类。

第二节　会计账户

一、设置账户的意义

账户是按照规定的会计科目在账簿中对各项经济业务进行的分类、系统、连续记录的载体。会计科目仅仅是分类核算的项目或标志，而核算指标的具体数据资料则要通过账户记录取得。所以，设置会计科目以后，还必须根据规定的会计科目开设一系列反映不同经济内容的账户，用来对各项经济业务进行分类记录。会计科目就是账户的名称。

二、账户的格式

作为会计核算对象的会计要素，随着经济业务的发生在数量上会产生增减变化并相应产生变化结果。因此，必须确定用来分类记录经济业务的账户结构：增加的数量记在哪里，减少的数量记在哪里，增减变动后的结果记在哪里。

账户一般可以划分为左右两方，每一方根据实际需要分成若干栏次，用来分类登记经济业务及会计要素的增加与减少和增减变动的结果。账户的格式（见图2—2）设计一般应

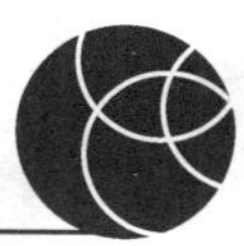

包括以下内容：

（1）账户的名称，即会计科目。通过会计科目可以了解该账户记录的是哪一类经济业务。

（2）日期，即登记账户的时间。将账户的日期与实际发生经济业务的日期进行核对，可以分析会计处理是否及时。

（3）凭证号数，即账户记录的来源和依据。通过凭证号数可以查找相应的会计凭证。

（4）摘要，即简要说明经济业务的内容。将摘要与账户中相关内容进行核对，可以分析会计处理是否正确。

（5）增加、减少的金额以及余额，即金额栏。这是账户中的主要内容，是将实际发生的交易或事项转换为会计语言的标志。通过金额栏可以再现过去的交易或事项。

账户的金额栏中记录的主要内容是期初余额、本期增加额、本期减少额及期末余额。本期增加额和本期减少额是指在一定的会计期间内（月、季或年），在增加（借方）栏和减少（贷方）栏分别登记的增加金额合计数和减少金额合计数，又可以称为本期增加发生额和本期减少发生额。本期增加发生额和本期减少发生额相抵后的差额就是本期的期末余额。如果将本期的期末余额转入下一期，就是下一期的期初余额。上述四项金额的关系可以用下列公式来表示：

本期期末余额＝期初余额＋本期增加发生额－本期减少发生额

总页号　分页号

一级科目

子目或户名

年		凭证		摘要	借方											核对	贷方											核对	借或贷	余额											核对
月	日	字	号数		亿	千	百	十	万	千	百	十	元	角	分		亿	千	百	十	万	千	百	十	元	角	分			亿	千	百	十	万	千	百	十	元	角	分	

图 2—2　账户格式

为了教学方便，在教材中经常用简化格式即丁字账来说明账户结构。这时，账户就省略了有关栏次。丁字账的格式见图 2—3。

会计科目名称

期初余额 增加额	减少额
本期增加发生额 期末余额	本期减少发生额

图 2—3　丁字账的格式

思考：下列账户的期初余额是多少？

原材料

期初余额 本期发生额　580 000	本期发生额　560 000
期末余额　60 000	

三、账户的特点

可将账户的特点归纳如下：

（1）账户左右两方是按相反方向来记录增加额和减少额的。也就是说，如果规定在左方记录增加额，就应该在右方记录减少额；反之，如果在右方记录增加额，就应该在左方记录减少额。在具体账户中，究竟规定哪一方记录增加额、哪一方记录减少额，取决于各账户所记录的经济业务内容和所采用的记账方法。这一特点可以推广到“资产＝负债＋所有者权益”的会计等式上，此时，资产和负债及所有者权益应按相反方向记录，如果规定等号的左方记录资产，则等号的右方记录负债、所有者权益；反之亦然。推广到“收入－费用＝利润”的会计等式上，在等号一边，如果符号不同，应按相反方向记录。

（2）账户金额之间的平衡关系。账户金额之间的关系应满足“本期期末余额＝期初余额＋本期增加发生额－本期减少发生额”。同样，这一特点可以推广到“资产＝负债＋所有者权益”的会计等式上，资产类账户的余额与负债、所有者权益类账户的余额应相等；推广到“收入－费用＝利润”的会计等式上，收入类账户的发生额与费用类账户的发生额的差额应等于利润类账户的当期发生额。

（3）账户的余额一般在记录增加额的一方，本期的期末余额为下期的期初余额。

会计科目和账户都对经济业务进行分类，都说明一定的经济业务内容，但是二者是有区别的，会计科目只是经济业务分类核算的项目或标志，而账户则具体记录经济业务的内容。可以提供具体的会计信息。例如，“银行存款”科目和“银行存款”账户都是分类反映企业存放在银行的款项，但是“银行存款”账户还可以提供企业本期存款的增加数、减少数以及期末余额数。因此，通常涉及经济业务金额时称账户，不涉及金额时称科目。

四、账户的分类

每一个账户只能记录企业经济活动的某一个方面，不可能对企业的全部经济业务加以记录。而企业的经济活动作为一个整体，需要一个相互联系的账户体系加以反映。账户分类就是研究这个账户体系中各账户之间存在的共性，寻求其规律，探明每一个账户在账户体系中的地位和作用，以便加深对账户的认识，更好地运用账户对企业的经济业务进行反映。科学地进行账户分类有助于科学管理。按不同的标准对账户分类，可以从不同的角度认识账户，并把全部账户划分为各种类别。由于账户是根据会计科目开设的，因此会计科目的分类标准同样适用于账户的分类。

（一）账户按会计要素分类

会计恒等式为：

资产＝负债＋所有者权益

这一会计恒等式表明了会计核算的基本平衡关系，是会计核算的基础，制约和决定着整个会计核算工作。账户按会计要素分类，就是按账户所核算的经济业务内容与各会计要素的联系分类。企业进行生产经营活动，首先要拥有一定的场地、设备，同时需要一定的周转资金，这些由企业拥有或控制的、可以用货币计量的经济资源称为资产。为反映资产的增减变动及结存情况，需设置一类账户，通过账户的发生额反映资产的增减变动情况；通过账户的余额反映资产的结存情况。企业资产主要来源于债权人的借款和所有者的投资。债权人提供的、需以企业未来资产或劳务偿付的债务称为负债。为反映债权人提供资金及债务偿还等情况，需设置一类账户，通过账户的发生额反映负债的形成和偿付情况；通过账户的余额反映尚未偿还的债务情况。所有者权益是企业总资产减去负债后的余额，在企业创建之时，是投资者投入企业的资本；在企业进行生产经营活动取得盈利以后，所有者权益就是投入资本与留存收益之和。为反映投入资本和留存收益的增减变动及其结果，需设置一类账户，通过账户的发生额反映投入资本和留存收益的增减变动情况；通过账户的余额反映投入资本变动后的结果和留存收益的实际数额。

企业从不同来源取得各项资产后，将其投入生产经营活动，最终生产出产品。为反映产品的制造成本，需要设置成本类账户，通过账户的借方发生额归集生产产品发生的各项费用，通过账户的贷方发生额计算完工产品的制造成本，通过账户的余额反映尚未完成生产过程的在产品成本。

生产完工的产品销售后取得各项收入，同时，企业要进行生产经营活动必然相应地发生一些耗费，企业取得的各项收入在补偿生产经营活动中各项耗费后形成了利润。为反映企业收入的取得、费用的发生和利润的形成，需设置损益类账户，其中一类账户的发生额反映企业的收入情况，另一类账户的发生额反映生产经营过程中的费用情况。通过两类账户发生额的结转，结算出企业形成的利润。

投资者享有实现的全部利润，分出利润后的剩余部分，以留存收益的形式增加所有者权益，并入所有者权益要素，不再单独分为一类。

因此，账户按会计要素分类，一般分为资产类、负债类、所有者权益类、损益类和成本类五大类。

(1) 反映资产的账户。按照资产的流动性和经营管理核算的需要，分为反映流动资产的账户和反映非流动资产的账户。反映流动资产的账户，按照各项资产的流动性和在生产经营过程中所起的作用，又可分为反映货币资金的账户，如“库存现金”、“银行存款”账户等；反映结算债权的账户，如“应收账款”、“其他应收款”账户；反映存货的账户，如“原材料”、“库存商品”账户等。反映非流动资产的账户，如“固定资产”、“无形资产”账户等。

(2) 反映负债的账户。与资产的分类相适应，分为反映流动负债的账户和反映长期负债的账户。反映流动负债的账户，如“短期借款”、“应付账款”、“应付职工薪酬”、“应交税费”账户等；反映非流动资产的账户，如“长期借款”、“应付债券”账户等。

(3) 反映所有者权益的账户。按照权益的来源划分，分为反映投入资本的账户、反映从利润中提取资金的账户和反映未分配利润的账户。反映投入资本的账户，如“实收资本”账户；反映从利润中提取资金的账户，如“盈余公积”账户；反映未分配利润的账户，如“利润分配”、“本年利润”等账户。

(4) 反映损益的账户。损益是指企业在一定会计期间的经营成果。经营成果是通过收入与费用配比计量的结果，因此反映损益的账户分为反映收入的账户和反映费用的账户。反映收入的账户，按照其与企业的生产经营活动是否有关，分为反映营业性收入的账户和反映非营业性收入的账户。反映营业性收入的账户，如“主营业务收入”账户；反映非营业性收入的账户，如“营业外收入”账户。反映费用的账户，按照其与企业的生产经营活动是否有关，分为反映营业性费用的账户和反映非营业性费用的账户。反映营业性费用的账户，如“主营业务成本”、“管理费用”账户等；反映非营业性费用的账户，如“营业外支出”账户。

(5) 反映成本的账户。主要是反映生产成本的账户，包括“生产成本”和“制造费用”账户。

研究账户按会计要素的分类，目的在于理解和掌握如何设置账户以及提供核算指标的规律性，以便正确地运用账户，为经济管理提供一套完整的会计核算指标体系。

思考：“短期借款”账户的本期增加发生额、本期减少发生额、期末余额反映的经济业务内容是什么？

(二) 账户按提供指标详细程度分类

企业经营管理所需要的会计核算资料是多方面的，不仅要求会计核算能够提供一些总括的指标，如通过“原材料”账户核算提供有关材料增减变动及结存情况的总括资料，通过“应收账款”账户核算提供企业全部应收款项的形成、收回及结存的总括资料，而且要求会计核算能够提供一些详细的指标，如通过对材料的核算，提供某一类材料、某一种材料的增减变动及结存情况，通过对应收账款的核算，提供具体应收款的单位或个人及应收金额。为满足各方面的要求，上述各类账户还需要进一步细分，形成不同层次的账户，提供各类经济活动的详细资料。账户按提供指标的详细程度分类，分为总分类账户和明细分

类账户。

（1）总分类账户。是对企业经济活动的具体内容进行总括核算的账户，它能够提供某一具体内容的总括核算指标。依据表 2—1 开设的账户均为总分类账户，亦称总账账户、一级账户。在我国，为了保证会计核算指标口径规范一致并具有可比性，保证会计核算资料能在一个部门、一个行业、一个地区乃至全国范围内综合汇总、分析，同时，为了便于企业编制会计凭证、汇总资料和编制会计报表，总分类账户的名称、核算内容及使用方法通常是统一制定的。每一个企业都要根据本企业业务的特点和统一制定的账户名称设置若干个总分类账户。

（2）明细分类账户。是对企业经济业务进行明细核算的账户，它能够提供某一具体经济业务的明细核算指标。在实际工作中，除少数总分类账户，如“本年利润”账户不必设置明细分类账户外，大多数总分类账户都需设置明细分类账户，如在“原材料”总分类账户下，按照材料的类别、品种或规格设置明细分类账户，在“应收账款”总分类账户下，按照购买单位的名称设置明细分类账户。

明细分类账户是依据企业经济业务的具体内容设置的，它所提供的明细核算资料主要是为满足企业内部经营管理的需要。各个企业、单位的经济业务具体内容不同，经营管理的水平不一致，明细分类账户的名称、核算内容及使用方法也就不能统一规定，只能由各企业、单位根据经营管理的实际需要和经济业务的具体内容自行规定。如企业可以根据其材料供应单位的具体名称设置“应付账款”总分类账户所属的明细分类账户。

如果某一个总分类账户所属的明细分类账户较多，为了便于控制，还可增设二级账户。二级账户是介于总分类账户和明细分类账户之间的账户，它也是由企业、单位根据经营管理的实际需要和经济业务的具体内容自行确定的。例如，企业的材料类别、品种较多时，为便于控制，可在“原材料”总分类账户下，按材料的类别设置“原料及主要材料”、“燃料”、“辅助材料”等二级账户，在二级账户下再按材料的品种设置“甲材料”、“乙材料”、“丙材料”等明细分类账户。总分类账户和明细分类账户的关系如图 2—4 所示。

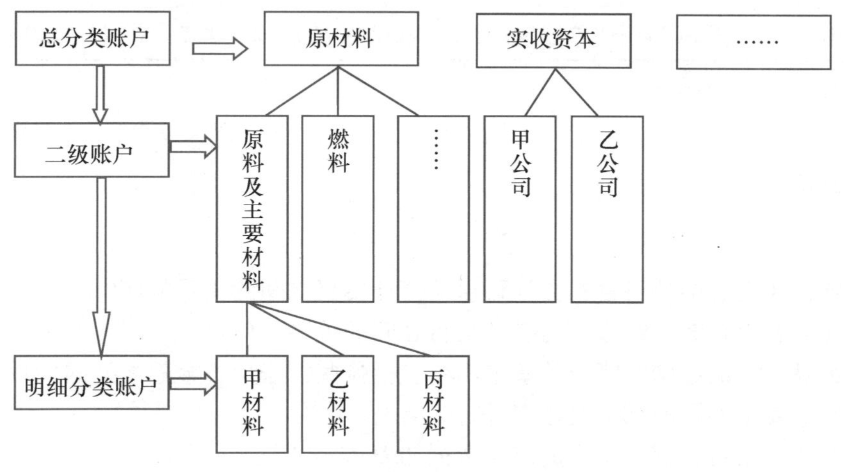

图 2—4　总分类账户和明细分类账户的关系

研究账户按提供指标详细程度分类，目的在于把握不同层次账户提供核算指标的规律性，以便于准确运用各级账户，提供全方位的核算指标，满足经营管理的不同需要。

思考：某企业“应收账款”总账的期末余额为500万元，该企业未对应收账款设置明细账。能否判断该企业的应收账款何时到期？到期后应向哪一客户收款？

研究账户的分类是为了从相互联系的账户中探求其相互区别，认识设置和运用账户的规律性。账户分类标准是依据账户具有的一些特征确定的，而每一个账户都带有若干个特征，因此每一个账户都可以按不同的标准加以分类。如“原材料”账户，从会计要素来看，它属于资产类账户，反映企业在生产经营过程中必不可少的流动资产；从提供指标的详细程度来看，它属于总分类账户，总括地反映企业材料的增减变动及结存情况。借助于账户的分类可以揭示账户的特征，有利于加深对账户的认识。

本章小结

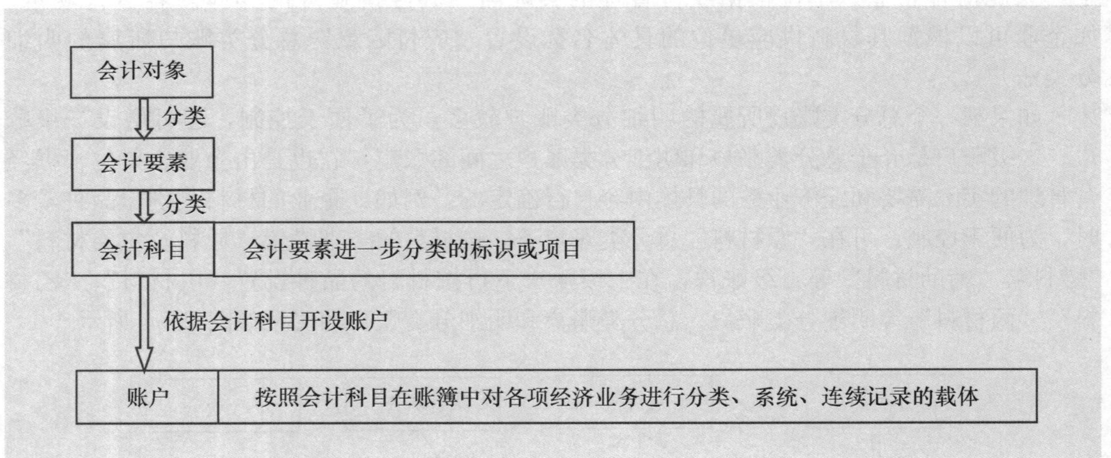

思考题

1. 为什么要设置会计科目？会计科目与会计要素之间的关系如何？
2. 为什么要设置账户？账户与会计科目之间的关系如何？
3. 什么是账户的结构？账户的基本内容包括哪些？账户各金额之间的关系如何？
4. 为什么要按不同的标准对账户进行分类？
5. 某企业“银行存款”账户的有关数据如表2—2所示。

表 2—2　　　　　　　　　　　　“银行存款”账户　　　　　　　　　　　　单位：元

日期	凭证	摘要	增加（借方）	减少（贷方）	余额
1 日		期初余额			500 000
1 日	3	销售商品	200 000		700 000
5 日	8	发放工资		400 000	300 000
10 日	15	借款	1 000 000		1 300 000
20 日	20	购进材料		500 000	800 000
30 日		本月合计	1 200 000	900 000	800 000

要求：根据表 2—2，思考“银行存款”账户各栏的作用、账户金额之间的关系。

第三章　复式记账原理

学习目标

通过本章的学习，掌握复式记账的原理及作用；掌握借贷记账法的理论基础、记账符号、账户结构、记账规则及试算平衡；掌握账户按用途和结构的分类；熟悉账户的对应关系；了解单式记账法、借贷记账法的发展。

建议学时：6学时

教师导读：

1. 案例

张同学领到实习费并将其存入银行。他拿到存折后，发现银行将其存入银行的钱记录在"贷"栏内。

- "贷"是什么意思?
- 为什么银行将张同学存入的钱记录在"贷"栏内?

2. 本章在会计记录方法中的地位

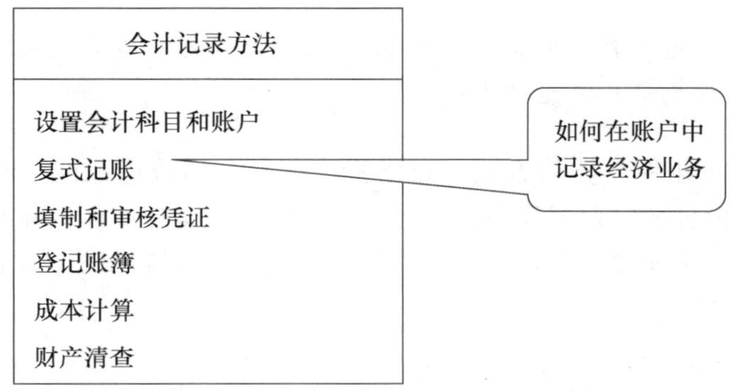

3. 学习方法

(1) 通过预习，对本章的学习内容有初步了解。

(2) 采用循序渐进学习法、归纳学习法、学用结合法。采用循序渐进学习法，按照借贷记账法的内容学习本章的内容；采用归纳学习法，根据编制的会计分录与经营活动的联系总结、归纳会计分录的编制方法。

(3) 完成本章后面的思考题。

完成本章的学习之后，可以解决章前案例中提出的问题。

第一节　复式记账原理概述

为了对会计要素进行核算与监督，在按一定原则设置了会计科目并按会计科目开设账户之后，需要采用一定的记账方法将会计要素的增减变动登记在账户中。记账方法是指在经济业务发生以后，如何将其记录在账户中的方法。记账方法有单式记账法和复式记账法之分。

单式记账法是在经济业务发生之后，对会计要素产生的增减变动只在一个账户中进行记录的方法。例如，用库存现金购买原材料，仅在库存现金账上记录一笔库存现金的减少；也有同时在库存现金账与实物账之间记录的，但两个账户之间没有必然的联系。采用这种记账方法，账户之间的记录没有直接的联系，没有相互平衡的关系，不能全面系统地反映经济业务的来龙去脉，也不便于检查账户记录的正确性和真实性。

复式记账法是相对于单式记账法的记账方法，它是在每一项经济业务发生后需要记录时，同时在相互联系的两个或两个以上的账户中，以相等的金额进行登记的一种记账方法。与单式记账法相比，复式记账法有如下两个特点：

(1) 由于对每一项经济业务都要在相互联系的两个或两个以上的账户中做记录，根据账户记录的结果，不仅可以了解每一项经济业务的来龙去脉，而且可以通过会计要素的增减变动全面系统地了解经济活动的过程和结果。

(2) 由于复式记账法要求以相等的金额在两个或两个以上的账户中同时登记，因此可以对账户记录的结果进行试算平衡，以检查账户记录的正确性。正因为如此，复式记账法作为一种科学的记账方法一直被广泛应用。

思考：某企业"固定资产"账户记录增加 50 万元，"银行存款"账户记录减少 50 万元，请判断该企业发生了什么经济业务。

复式记账法包括几种具体的方法，有借贷记账法、增减记账法、收付记账法等。其中，借贷记账法是世界各国普遍采用的一种记账方法，也是在我国应用最广泛的一种记账方法，我国颁布的《企业会计准则——基本准则》规定我国境内的所有企业都应该采用借贷记账法。

第二节　借贷记账法

一、概述

借贷记账法起源于 13—14 世纪的意大利。当时，西方资本主义国家的商品经济有了长足的发展，在商品交换中，为了适应商业资本和借贷资本经营者管理的需要，逐步形成了借贷记账法。"借"、"贷"二字的含义，最初是从银行业的角度来解释的，银行业以经营货币资金的借入和贷出为主要业务，对于借进的款项，记在贷主名下，表示自身的债务增加；对于贷出的款项，则记在借主名下，表示自身的债权增加。这样，"借"、"贷"二字分别表示债权（应收款）、债务（应付款）的变化。随着商品经济的发展，经济活动的内容日趋复杂化，记录的经济业务也不再局限于货币资金的借贷，而逐渐扩展到财产物资、经营损益和经营资本等的增减变化。这时，为了求得记账的一致，对于非货币资金借贷业务，也利用"借"、"贷"二字说明其变化情况。因此，"借"、"贷"二字逐渐失去了原来的字面含义，转化为记账符号，变成会计上的专门术语。到了 15 世纪，借贷记账法逐渐完备，被用来反映资本的存在形态和所有者权益的增减变化，并为世界上许多国家广泛采用。世界各国都采用借贷记账法记账，使得会计信息成为一种国际信息，成为一种国际商业语言。

借贷记账法是以"借"、"贷"二字作为记账符号，记录会计要素增减变动情况的一种

复式记账法。

二、理论基础

借贷记账法的对象是会计要素的增减变动过程及其结果。这个过程及其结果可用会计等式表示为：

资产＝负债＋所有者权益
收入－费用＝利润
资产＝负债＋所有者权益＋(收入－费用)
资产＋费用＝负债＋所有者权益＋收入

上述会计等式主要揭示了三个方面的内容且贯穿借贷记账法的始终：

第一，会计主体内各会计要素之间的数量平衡关系。有一定数量的资产，就必然有相应数量的负债和所有者权益与之对应；反之，有一定数量的负债和所有者权益，就一定有相应数量的资产与之对应。数量平衡关系在借贷记账法中的表现为：每一次记账的借方、贷方金额是平衡的；一定时期账户的借方、贷方金额是平衡的；所有账户的借方、贷方余额的合计数是平衡的。

第二，各会计要素增减变化的相互联系。在一个会计要素的项目发生变化时，同一个会计要素的另一项或另一类会计要素的某一项也必然发生增减变化，以维持等式的平衡关系。增减变化的相互联系在借贷记账法中的表现为：在一个账户中记录的同时必然要有另一个或两个以上账户的记录与之对应。

第三，会计等式有关因素之间是对立统一的关系。资产、负债和所有者权益分列于等式的两边，左边是资产，右边是负债和所有者权益，并形成对立统一的关系。对立统一关系在借贷记账法中的表现为：按相反方向记账。从一个账户来看是相反方向记账，借方记录增加额，贷方一定记录减少额；反之，贷方记录增加额，借方一定记录减少额。从等式两边的不同类账户来看，资产类账户是借方记录增加额，贷方记录减少额；与之相反，负债和所有者权益类账户是贷方记录增加额，借方记录减少额。

会计等式对记账方法的要求决定了借贷记账法的账户结构、记账规则、试算平衡的基本理论，因此，会计等式是借贷记账法的理论基础。

三、记账符号

借贷记账法以“借”、“贷”二字作为记账符号，最早的“借”、“贷”二字分别表示债权、债务的增减变化。随着商品经济的发展，借贷记账法得到广泛的运用，记账对象不再局限于债权、债务关系，而是扩大到记录财产物资的增减变化和计算经营损益。“借”、“贷”二字仅限于记录债权、债务已不能概括经济活动的全部内容，它表示的内容应该包括全部会计要素的增减变化，因此，“借”、“贷”二字逐渐脱离了其自身的含义，转化为纯粹的记账符号。

四、账户结构

借贷记账法的账户基本结构是每一个账户都分为借方和贷方，一般来说，规定账户的左方为借方，账户的右方为贷方。如果在账户的借方记录经济业务，可以称为借记某账户；如果在账户的贷方记录经济业务，则可以称为贷记某账户。

采用借贷记账法时，账户的借贷两方必须做相反方向的记录。即对于每一个账户来说，如果规定借方用来登记增加额，则贷方就用来登记减少额；如果规定借方用来登记减少额，则贷方就用来登记增加额。究竟哪个账户的哪一方用来登记增加额，哪一方用来登记减少额，要看账户反映的经济内容和账户的性质。不同性质的账户，其结构是不同的。

（一）资产类账户

资产类账户的结构是账户的借方记录资产的增加额，贷方记录资产的减少额。在一个会计期间内（年、季、月），借方记录的合计数额称为借方发生额，贷方记录的合计数额称为贷方发生额，在每一个会计期间的期末将借贷方发生额相比较，其差额加上期初余额称为期末余额。资产类账户的期末余额一般在借方，期末余额转到下一期就成为期初余额。用公式表示如下：

资产类账户借方期末余额＝借方期初余额＋借方本期发生额－贷方本期发生额

资产类账户的结构见图 3—1。

借方		资产类账户	贷方
期初余额	×××		
（1）增加额	×××	（1）减少额	×××
（2）增加额	×××	（2）减少额	×××
本期发生额	×××	本期发生额	×××
期末余额	×××		

图 3—1　资产类账户的结构

（二）负债及所有者权益类账户

由会计恒等式“资产＝负债＋所有者权益”所决定，负债及所有者权益类账户的结构与资产类账户正好相反，其贷方记录负债及所有者权益的增加额，借方记录负债及所有者权益的减少额。很明显，贷方发生额要大于（或等于）借方发生额，期末余额一般在贷方。用公式表示如下：

负债及所有者权益类账户贷方期末余额＝贷方期初余额＋贷方本期发生额－借方本期发生额

负债及所有者权益类账户的结构见图 3—2。

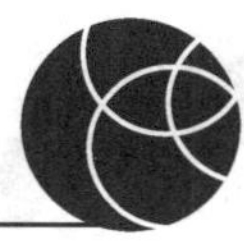

借方	负债及所有者权益类账户		贷方
		期初余额	×××
(1) 减少额	×××	(1) 增加额	×××
(2) 减少额	×××	(2) 增加额	×××
本期发生额	×××	本期发生额	×××
		期末余额	×××

图 3—2　负债及所有者权益类账户的结构

(三) 费用类账户

企业在生产经营过程中要有各种耗费，即发生费用，费用抵消收入以前，可以将其看作瞬间资产。因此，费用类账户的结构与资产类账户的结构基本相同，账户的借方记录费用的增加额，贷方记录费用转出并抵消收入（减少）的数额。由于借方记录的费用增加额一般通过贷方转出，所以转出后账户通常没有期末余额。如果因某种情况有余额，也表现为借方余额。费用类账户的结构见图 3—3。

借方	费用类账户		贷方
(1) 增加额	×××	(1) 减少额	×××
(2) 增加额	×××	(2) 转出额	×××
本期发生额	×××	本期发生额	×××

图 3—3　费用类账户的结构

(四) 收入类账户

企业在生产经营过程中实现的各种收入，在抵补费用以前，可以将其看作资产的来源。因此，收入类账户的结构与负债及所有者权益类账户的结构基本相同，收入的增加额记入账户的贷方，收入转出额（减少额）则应记入账户的借方。由于贷方记录的收入增加额一般要通过借方转出，所以账户通常没有期末余额。如果因某种情况有余额，同样也表现为贷方余额。收入类账户的结构见图 3—4。

借方	收入类账户		贷方
(1) 减少额	×××	(1) 增加额	×××
(2) 转出额	×××	(2) 增加额	×××
本期发生额	×××	本期发生额	×××

图 3—4　收入类账户的结构

综上所述，“借”、“贷”二字作为记账符号所表示的经济含义是不一样的。

“借”字表示：资产的增加，费用的增加，负债及所有者权益的减少，收入的转出。

“贷”字表示：资产的减少，费用的转出，负债及所有者权益的增加，收入的增加。

借、贷作为记账符号，指示着账户记录的方向是左方还是右方。一般来说，各类账户的期末余额与记录增加额的一方方向相同，即资产类账户的期末余额一般在借方，负债及所有者权益类账户的期末余额一般在贷方。因此，根据账户余额所在的方向来判定账户性质，成为借贷记账法的一个重要特点。

五、记账规则

借贷记账法的记账规则可以概括为：有借必有贷，借贷必相等。借贷记账法记账规则依据的原理有：一是根据复式记账的原理，对任何一项经济业务都必须以相等的金额，在两个或两个以上相互联系的账户中进行登记。二是根据借贷记账法账户结构的原理，对每一项经济业务都应当做借贷方向相反、增减金额相同的记录。因此，借贷记账法要求对每一项经济业务都要按借贷相反的方向，以相等的金额，在两个或两个以上相互联系的账户中进行登记。具体地说，如果在一个账户中记借方，必须同时在另一个或几个账户中记贷方；或者在一个账户中记贷方，必须同时在另一个或几个账户中记借方；记入借方的总额与记入贷方的总额必须相等。

在实际运用借贷记账法的记账规则登记经济业务时，一般要按两个步骤进行：第一，需要分析经济业务的内容，确定它所涉及的要素是增加还是减少，是资产要素的变化，还是负债或所有者权益要素的变化；哪些要素增加，哪些要素减少等。第二，根据上述分析，确定该项业务应记入相关账户的借方还是贷方，以及各账户应记金额。凡是涉及资产及费用的增加，负债及所有者权益的减少，收入的减少、转出，都应该记入各该类账户的借方；凡是涉及资产及费用的减少、转出，负债及所有者权益的增加，收入的增加，都应该记入各该类账户的贷方。

下面举例说明借贷记账法的记账规则。

【例 3—1】 12 月 1 日，某企业收到投资者追加投资 500 万元，款项已存入银行。

这笔业务使得资产及所有者权益两个会计要素发生变化，一方面，收到外来投资使得所有者权益增加，应该在“实收资本”账户的贷方做记录；另一方面，将款项存入银行使得资产增加，应该在“银行存款”账户的借方做记录。见图 3—5。

图 3—5

【例 3—2】 12 月 3 日，某企业从银行取得短期借款 200 万元，银行通知企业款项已划入银行存款户。

这笔业务使得资产中的“银行存款”和负债中的“短期借款”发生变化，两类要素同时增加，应该一方面在“短期借款”账户中的贷方做记录；另一方面，由于款项划入本企业账户，使得银行存款增加，应该在“银行存款”账户的借方做记录。见图 3—6。

图 3—6

【例 3—3】 12 月 3 日，某企业购入新机器设备 10 台，价款共计 100 万元，已安装完毕，货款已开出支票付讫。

这笔业务使得资产中的“固定资产”和“银行存款”发生变化，资产要素有关项目一增一减。一方面，购入机器设备使得固定资产增加，应该在“固定资产”账户的借方做记录；另一方面，付出款项使得银行存款减少，应该在“银行存款”账户的贷方做记录。见图 3—7。

借方	固定资产	贷方
1 000 000		

借方	银行存款	贷方
		1 000 000

图 3—7

【例 3—4】 12 月 5 日，某企业以银行存款 30 000 元缴纳税金。

这笔业务使得资产中的“银行存款”和负债中的“应交税费”发生变化，两类要素同时减少。应该一方面在“银行存款”账户的贷方做记录；另一方面在“应交税费”账户的借方做记录。见图 3—8。

借方	银行存款	贷方
		30 000

借方	应交税费	贷方
30 000		

图 3—8

【例 3—5】 12 月 7 日，某企业的应付账款到期，向银行借款 100 万元直接偿还。

这笔业务使得负债中的“短期借款”和“应付账款”发生变化，负债要素一增一减。一方面，偿还应付账款使得其减少，应在“应付账款”账户的借方做记录；另一方面，向银行借款使得借款增加，应在“短期借款”账户的贷方做记录。见图 3—9。

借方	短期借款	贷方
		1 000 000

借方	应付账款	贷方
1 000 000		

图 3—9

【例 3—6】 12 月 8 日，某企业销售产品取得销售收入 300 万元，款项已全部存入银行。

这笔业务使得资产中的“银行存款”和损益中的“主营业务收入”发生变化，两类要素同时增加。一方面，银行存款因存入而增加，应该在“银行存款”账户的借方做记录；另一方面，主营业务收入增加，应该在“主营业务收入”账户的贷方做记录。见图 3—10。

图 3—10

【例 3—7】 12 月 10 日，某企业接到银行通知，已用企业存款支付水电费 5 000 元。

这笔业务使得资产中的“银行存款”和费用中的“管理费用”发生变化。一方面，因用存款支付水电费而使得银行存款减少，应该在“银行存款”账户的贷方做记录；另一方面，支付水电费使得管理费用增加，应在“管理费用”账户的借方做记录。见图 3—11。

借方	银行存款	贷方
		5 000

借方	管理费用	贷方
5 000		

图 3—11

通过上述例题可以看出，不管是资产类与负债及所有者权益类要素同增或同减的业务，还是在资产类要素内部或者负债及所有者权益类要素内部此增彼减的业务，都同样适用于“有借必有贷，借贷必相等”的记账规则。

采用借贷记账法，在某项经济业务发生时，总会在有关账户之间形成应借应贷的关系。账户之间应借应贷的关系，称为账户的对应关系，形成对应关系的账户称为对应账户。例如，用库存现金 400 元购买原材料，就要在“原材料”账户的借方和“库存现金”账户的贷方进行记录，这样“原材料”与“库存现金”账户就发生了对应关系，两个账户也就成了对应账户。通过账户的对应关系可以了解经济业务的内容，检查对经济业务的处理是否合理合法。

会计分录是标明某项经济业务应借应贷账户的名称及金额的记录。在各项经济业务记入账户之前，都要先根据经济业务的内容，运用借贷记账法的记账规则，确定所涉及的账户及其应借应贷的方向和金额。在实际工作中，这项工作是通过在记账凭证上编制会计分录来完成的。会计分录的编制步骤如下：

（1）分析经济业务涉及哪些账户并确定账户的性质及结构，如资产类账户应借方记录增加，贷方记录减少，负债类账户应贷方记录增加，借方记录减少。

（2）分析经济业务影响会计要素的变化是增加还是减少。

（3）将账户的性质和结构与发生的经济业务对应起来，确定应记录的账户方向，即经济业务发生后，确定应记录在相应账户的借方还是贷方。

（4）确定金额。借贷记账法下会计分录的格式为：借方的账户写在上面偏左，贷方的账户写在下面偏右，左右错开一个字。如根据例 3—7 中的业务编制会计分录如下：

借：管理费用　　5 000
　贷：银行存款　　5 000

会计分录有简单会计分录与复合会计分录之分。简单会计分录是由一个账户与另一个账户相对应组成的分录，上述分录就属于简单会计分录。复合会计分录是由两个以上账户相对应组成的分录。复合会计分录实际上是由几个简单会计分录组合而成的，如购进材料 2 600 000 元，以银行存款支付 1 100 000 元，其余 1 500 000 元暂欠，则应编制下列复合会计分录：

借：在途物资　　2 600 000
　贷：银行存款　　1 100 000
　　　应付账款　　1 500 000

上述复合会计分录可以拆分为：

借：在途物资　　1 100 000
　贷：银行存款　　1 100 000
借：在途物资　　1 500 000

贷：应付账款　　1 500 000

简单会计分录可以直观地反映经济业务的内容，便于检查；复合会计分录可以全面集中反映某项经济业务的情况，可以简化记账手续。在实际工作中，如果一项经济业务涉及多个会计科目，为全面反映此项经济业务，可以编制多借多贷会计分录，但不允许将几项经济业务合并编制会计分录。

六、试算平衡

试算平衡是根据“资产＝负债＋所有者权益”的平衡关系，按照记账规则的要求，通过汇总计算和比较，来检查账户记录的正确性、完整性。

经济业务发生后，按照借贷记账法的记账规则来记账，借贷两方的发生额必然是相等的。不仅每一笔会计分录的借贷发生额相等，而且当一定会计期间（年、季、月）全部经济业务的会计分录都记入相关账户后，所有账户的借方发生额与贷方发生额的合计数也相等。依此类推，全部账户的借方期末余额的合计数与贷方期末余额的合计数也必然相等。用借贷记账法记账，就要根据“借贷必相等”的规则进行试算平衡，检查每笔经济业务和会计分录是否正确，全部账户的本期发生额是否正确，因此有会计分录试算平衡公式和发生额试算平衡公式。

通过前面账户结构的说明，可以得出结论：凡是有借方余额的账户都是资产类账户，凡是有贷方余额的账户都是负债或所有者权益类账户。由于“资产＝负债＋所有者权益”，所以账户借方余额的合计数等于贷方余额的合计数，因此有余额试算平衡公式。

采用借贷记账法，可以按照下列公式进行试算平衡：

（1）会计分录试算平衡公式：

借方账户金额＝贷方账户金额

（2）发生额试算平衡公式：

全部账户借方发生额合计＝全部账户贷方发生额合计

（3）余额试算平衡公式：

全部账户借方余额合计＝全部账户贷方余额合计

每个月结束时，在已经结出各个账户的本月发生额和月末余额后，需要通过试算平衡检验账户记录的正确性。试算平衡一般通过编制试算平衡表来进行。试算平衡表分为两种：一种是将本期发生额和期末余额分别列表进行试算平衡，见表3—1和表3—2；另一种是将本期发生额和期末余额合并在一张表上进行试算平衡，见表3—3。

表3—1　　总分类账户本期发生额试算平衡表

年　月　　　　单位：元

会计科目	借方发生额	贷方发生额
本期合计		

表 3—2　　　　总分类账户余额试算平衡表

年　月

单位：元

会计科目	借方余额	贷方余额
本期合计		

本期发生额试算平衡表的编制方法为：(1) 将本期涉及的会计科目填入“会计科目”栏内；(2) 将每一个科目的借方、贷方发生额分别填入“借方发生额”栏和“贷方发生额”栏内；(3) 计算本期合计，借方发生额应该等于贷方发生额。余额试算平衡表的编制与发生额试算平衡表的编制基本相同，不同的是将每一个科目的借方余额或贷方余额分别填入“借方余额”栏和“贷方余额”栏内。试算平衡表的编制如表 3—3 所示。

表 3—3　　　　总分类账户本期发生额、余额试算平衡表

20×2 年 12 月

单位：元

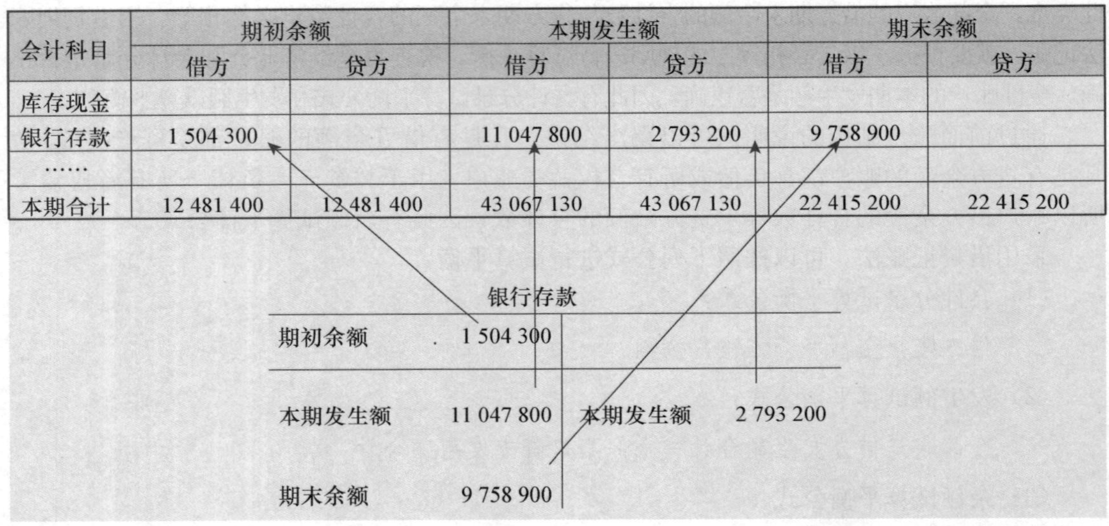

会计科目	期初余额		本期发生额		期末余额	
	借方	贷方	借方	贷方	借方	贷方
库存现金						
银行存款	1 504 300		11 047 800	2 793 200	9 758 900	
……						
本期合计	12 481 400	12 481 400	43 067 130	43 067 130	22 415 200	22 415 200

通过试算平衡表来检查账簿记录是否平衡并不是绝对的。如果借贷不平衡，可以肯定账户的记录或计算有错误，但是如果借贷平衡，却不能肯定记账没有错误，因为有些错误并不影响借贷双方平衡。例如，在有关账户中重记或漏记某些经济业务，或者将借贷记账方向弄反，就不能通过试算平衡发现。

第三节　账户按用途和结构分类

账户的用途是指通过账户的记录能够提供哪些核算指标，也就是开设和运用账户的目的。如开设“原材料”账户的目的是反映库存原材料收入、发出和结存情况，通过“原材料”账户的记录，可以提供一定期间内原材料的收入、发出和结存指标。账户的结构是指在账户中怎样记录经济业务才能取得各种必要的核算指标，也就是账户的借方和贷方登记

的内容、余额的方向及其表示的内容。如“原材料”账户的借方记录入库原材料的实际成本；贷方记录发出原材料的实际成本；借方余额表示结存原材料的实际成本。账户按会计要素分类是基本的、主要的分类，而账户按用途和结构分类是对按会计要素分类的补充。账户按用途和结构分类，可分为盘存账户、资本账户、结算账户、期间账户、成本计算账户、计价对比账户、财务成果账户、调整账户八类账户。现以企业常用的基本账户为例说明各类账户的特点。

一、盘存账户

盘存账户是核算和监督各种财产物资和货币资金的增减变动及结存情况的账户。这类账户的借方登记各种财产物资或货币资金的收入或增加数；贷方登记各种财产物资或货币资金的支出或减少数；账户的余额总是在借方，表示各项财产物资或货币资金的结存数。盘存账户的结构见图 3—12。

借方　　　　　　盘存账户	贷方
期初余额：期初财产物资或货币资金结存额 发生额：本期财产物资或货币资金的增加额	发生额：本期财产物资或货币资金的减少额
期末余额：期末财产物资或货币资金的结存额	

图 3—12　盘存账户的结构

属于盘存账户的有“原材料”、“库存商品”、“库存现金”、“银行存款”、“固定资产”等账户。

盘存账户均可以通过财产清查的方法检查实存的财产物资及在经营管理上存在的问题。这类账户中除货币资金外，其实物明细账均可以提供实物和货币两种指标。

二、资本账户

资本账户是核算和监督取得资本及提取资金的增减变动及实有情况的账户。这类账户的贷方登记各项资本、公积金的增加数或形成数；借方登记各项资本、公积金的减少数或支用数；账户的余额总是在贷方，表示各项资本、公积金的实有数。资本账户的结构见图 3—13。

借方　　　　　　资本账户	贷方
发生额：本期资本、公积金的减少额	期初余额：期初资本、公积金的实有额 发生额：本期资本、公积金的增加额
	期末余额：期末资本、公积金的实有额

图 3—13　资本账户的结构

属于资本账户的有“实收资本”、“盈余公积”等账户。这类账户的总分类账及明细分类账只能提供货币指标。

三、结算账户

结算账户是核算和监督企业同其他单位或个人之间发生的债权、债务结算情况的账户。按照账户的用途和结构具体分类，结算账户可分为债权结算账户、债务结算账户和债权债务结算账户三类。

（一）债权结算账户

债权结算账户是专门核算和监督企业同各个债务单位或个人之间结算业务的账户。这类账户的借方登记债权的增加数；贷方登记债权的减少数；账户的余额一般在借方，表示期末债权的实有数。债权结算账户的结构见图 3—14。

借方　　　　债权结算账户	贷方
期初余额：期初尚未收回的应收款项及未结算的预付款项 发生额：本期应收款项及预付款项的增加额	发生额：本期应收款项及预付款项的减少额
期末余额：期末尚未收回的应收款项及未结算的预付款项	

图 3—14　债权结算账户的结构

属于债权结算账户的有“应收账款”、“其他应收款”、“预付账款”等账户。

（二）债务结算账户

债务结算账户是专门核算和监督企业同各个债权单位或个人之间结算业务的账户。这类账户的贷方登记债务的增加数；借方登记债务的减少数；账户的余额一般在贷方，表示期末债务的实有数。债务结算账户的结构见图 3—15。

借方　　　　债务结算账户	贷方
发生额：本期应付款项及预收款项的减少额	期初余额：期初尚未支付的应付款项及未结算的预收款项 发生额：本期应付款项及预收款项的增加额
	期末余额：期末尚未支付的应付款项及未结算的预收款项

图 3—15　债权结算账户的结构

属于债务结算账户的有“短期借款”、“应付账款”、“应付职工薪酬”、“应交税费”、“应付股利”、“预收账款”和“其他应付款”等账户。

（三）债权债务结算账户

债权债务结算账户是核算和监督企业与某一单位或个人之间发生的债权和债务往来结

算业务的账户。在实际工作中，与企业经常发生结算业务的往来单位，有时是企业的债权人，有时是企业的债务人。如企业向同一单位销售产品，有些款项是预收的，预收款项时，该单位是企业的债权人；有些款项是应收未收的，此时该单位是企业的债务人。为了集中反映企业同某一单位或个人所发生的债权和债务的往来结算情况，可以在一个账户中反映应收和应付款项的增减变动和余额情况。债权债务结算账户的借方登记债权的增加数和债务的减少数；贷方登记债务的增加数和债权的减少数；余额可能在借方也可能在贷方。从明细分类账的角度看，借方余额表示期末债权的实有数，贷方余额表示期末债务的实有数；从总分类账的角度看，借方余额表示期末债权数大于债务数的差额，贷方余额表示期末债务数大于债权数的差额。债权债务结算账户的结构见图 3—16。

借方	债权债务结算账户 贷方
期初余额：期初债权大于债务的差额 发生额：本期债权增加额 本期债务减少额	期初余额：期初债务大于债权的差额 发生额：本期债务增加额 本期债权减少额
期末余额：期末债权大于债务的差额	期末余额：期末债务大于债权的差额

图 3—16 债权债务结算账户的结构

当企业不单独设置“预收账款”账户时，可以用“应收账款”账户同时反映销售产品或提供劳务的应收款项和预收款项，“应收账款”账户便是债权债务结算账户；当企业不单独设置“预付账款”账户时，可以用“应付账款”账户同时反映购进原材料的应付款项和预付款项，“应付账款”账户也是债权债务结算账户；当企业将其他应收款和其他应付款的增减变动和结果都集中在“其他往来”账户中核算时，“其他往来”账户也是一个债权债务结算账户。

债权债务结算账户的特点为：

（1）账户的余额可能在借方，也可能在贷方。

（2）需根据总分类账户所属明细分类账户的余额方向分析判断账户的性质。

（3）账户的余额是借贷方相抵后的差额。

结算账户只能提供货币指标，都是按发生结算业务的对应单位或个人开设明细分类账户，以便及时进行结算和核对账目。

思考： 如果企业核算与同一客户发生的应收款和预收款时没有集中设置一个账户，而是分别设置“应收账款”和“预收账款”账户，其结果怎样？

四、期间账户

期间账户是归集生产经营过程中某个会计期间收入和费用的账户。按照账户的用途和结构具体分类，期间账户可分为期间收入账户和期间费用账户两类。

（一）期间收入账户

期间收入账户是专门归集经营过程中各项收入的账户。这类账户的贷方登记一定会计期间发生的收入数；借方登记转入“本年利润”账户的数额。由于各项期间收入都要在期末转入“本年利润”账户，所以这类账户期末一般没有余额。期间收入账户的结构见图3—17。

借方	期间收入账户　　　　贷方
发生额：结转到“本年利润”账户的数额	发生额：归集本期内各项收入的发生额

图 3—17　期间收入账户的结构

属于期间收入账户的主要有“主营业务收入”、“营业外收入”等账户。

（二）期间费用账户

期间费用账户是专门归集生产经营过程中各项费用的账户。这类账户的借方登记一定会计期间发生的费用数；贷方登记转入“本年利润”账户的数额。各期间费用账户在期末全部转入“本年利润”账户后，期末一般没有余额。期间费用账户的结构见图3—18。

借方	期间费用账户　　　　贷方
发生额：归集本期内各项费用的发生额	发生额：结转到“本年利润”账户的数额

图 3—18　期间费用账户的结构

属于期间费用账户的有“主营业务成本”、“销售费用”、“管理费用”、“营业税金及附加”、“营业外支出”、“所得税费用”等账户。

期间账户期末一般都没有余额，账户的一方归集本期发生的收入或费用数额，另一方将本期归集的数额全部转出。这类账户具有明显的过渡性质。

五、成本计算账户

成本计算账户是核算和监督企业经营过程中某一阶段发生的全部费用，并据此计算该阶段各个成本计算对象实际成本的账户。这类账户的借方汇集经营过程中某个阶段发生的、应计入成本的全部费用；贷方登记转出的已完成某个经营阶段的成本计算对象的实际成本；这类账户的期末余额在借方，表示尚未完成某个经营阶段的成本计算对象的实际成本。成本计算账户的结构见图3—19。

借方	成本计算账户　　　　贷方
期初余额：期初尚未完成某个经营阶段的成本计算对象的实际成本 发生额：汇集经营过程某个阶段发生的全部费用	发生额：结转已完成某个经营阶段的成本计算对象的实际成本
期末余额：尚未完成该阶段的成本计算对象的实际成本	

图 3—19　成本计算账户的结构

属于成本计算账户的主要有“在途物资”、“生产成本”等账户。这类账户除设置总分

类账户以外，还应按各个成本计算对象分别设置明细分类账户进行明细分类核算，提供有关成本计算对象的货币指标和实物指标。

六、计价对比账户

计价对比账户是对某项经济业务按两种不同的计价方式进行核算对比，借以确定其业务成果的账户。这类账户的借方登记某项经济业务的一种计价，贷方登记该项业务的另一种计价。期末将两种计价对比，确定成果。计价对比账户的结构见图3—20。

借方　　　　　　计价对比账户	贷方
发生额：业务的第一种计价发生额	发生额：业务的第二种计价发生额
期末余额：第一种计价大于第二种计价的差额	（或）期末余额：第二种计价大于第一种计价的差额

图3—20　计价对比账户的结构

属于计价对比账户的有“本年利润”账户。“本年利润”账户的贷方登记各项收入，借方登记各项费用，将借贷方发生额对比，可以确定本期的成果。

七、财务成果账户

财务成果账户是计算并确定企业在一定时期（年、季、月）内全部经营活动最终成果的账户。这类账户的贷方汇集一定期间内发生的各项收入数；借方汇集一定期间内发生的、与收入相配比的各项费用数；期末如为贷方余额，表示收入大于费用的差额，为企业实现的利润总额，如为借方余额，表示收入小于费用的差额，即企业发生的亏损总额。财务成果账户的结构见图3—21。

借方　　　　　　财务成果账户	贷方
发生额：转入的各项费用发生额	发生额：转入的各项收入发生额
期末余额：发生的亏损总额	（或）期末余额：实现的利润总额

图3—21　财务成果账户的结构

属于财务成果账户的主要有“本年利润”账户。这类账户只反映企业在一年内财务成果的形成，平时的余额为本年的累计利润总额或亏损总额，年终结转后无余额。

八、调整账户

调整账户是为调整某个账户的余额，以表示被调整账户的实际余额而开设的账户。在会计核算工作中，由于经营管理上的需要或其他原因，要求某些账户反映该项经济活动的原始数据。但在实际工作中，该项经济活动的原始数据往往会发生增减变化。如固定资产由于使用，其价值不断减少，但从经营管理的角度考虑，需要设置“固定资产”账户反映固定资产的原始价值。为反映固定资产不断减少的价值，企业需开设“累计折旧”账户，通过“累计折旧”账户对“固定资产”账户进行调整，反映固定资产的净值。反映经济活动原始数据的账户称为被调整账户；对被调整账户进行调整的账户称为调整账户。调整账户按调整方式不同可分为抵减账户、附加账户和抵减附加账户三类。

(一) 抵减账户

抵减账户又称备抵账户，是用来抵减被调整账户的余额，以求得被调整账户实际余额的账户。其调整方式可用下列计算公式表示：

被调整账户余额－抵减账户余额＝被调整账户实际余额

抵减账户的余额一定要与被调整账户的余额方向相反，上述公式才能成立。如果被调整账户的余额在借方，调整账户的余额就一定在贷方，如“固定资产”与“累计折旧”账户；如果被调整账户的余额在贷方，调整账户的余额就一定在借方。如图 3—22 所示。

借方	被调整账户 贷方
余额：某项经济活动的原始数据	

借方 抵减账户	贷方
	余额：该项经济活动的抵减数额

图 3—22 抵减方式

这类被调整账户与抵减账户的关系可通过下列公式表示：

被调整账户的借方余额－抵减账户的贷方余额＝该项经济活动的实际数额

思考：企业设置“固定资产”和“累计折旧”账户后可以提供哪些会计信息？

(二) 附加账户

附加账户是增加被调整账户的余额，以求得被调整账户实际余额的账户。其调整方式可用下列公式表示：

被调整账户余额＋附加账户余额＝被调整账户实际余额

附加账户的余额一定要与被调整账户的余额方向一致，上述公式才能成立。如果被调整账户的余额在借方，附加账户的余额也一定在借方；如果被调整账户的余额在贷方，附加账户的余额也一定在贷方。附加账户与被调整账户的附加方式见图 3—23。

借方	被调整账户 贷方
余额：某项经济活动的原始数据	

借方	附加账户 贷方
余额：该项经济活动的附加数额	

图 3—23 附加方式

这类被调整账户与附加账户的关系可通过下列公式表示：

$$\frac{\text{被调整账户的}}{\text{借(贷)方余额}}+\frac{\text{附加账户的}}{\text{借(贷)方余额}}=\text{该项经济活动的实际数额}$$

（三）抵减附加账户

抵减附加账户是依据调整账户的余额方向不同，抵减被调整账户余额或附加被调整账户余额，以求得被调整账户实际余额的账户。当调整账户的余额与被调整账户的余额方向相反时，该类账户起抵减账户的作用，其调整方式与抵减账户相同；当调整账户的余额与被调整账户的余额方向一致时，该类账户起附加账户的作用，其调整方式与附加账户相同。

调整账户不能离开被调整账户而独立存在，有调整账户就一定有被调整账户，它们是相互联系、相互结合的一组账户。调整账户与被调整账户所反映的经济内容是相同的，被调整账户反映原始数据，调整账户反映对原始数据的调整数额，二者结合起来使用可提供经营管理上所需要的某些特定指标。

研究账户按用途和结构的分类，目的在于理解和掌握各类账户所提供的指标及种类、账户结构的规律性，以便准确地运用账户，为经济管理提供有用的会计核算指标体系。

本章小结

记账方法	单式记账法：在经济业务发生之后，对会计要素产生的增减变动只在一个账户中进行记录的方法。	采用这种记账方法，账户之间的记录没有直接的联系，没有相互平衡的关系，不能全面系统的反映经济业务的来龙去脉，也不便于检查账户记录的正确性和真实性。
	复式记账法：在每一项经济业务发生后需要记录时，同时在相互联系的两个或两个以上的账户中，以相等的金额进行登记的一种记账方法。	借贷记账法是我国应用最广泛的一种复式记账法，该方法以“借”、“贷”二字作为记账符号，记录会计要素增减变动情况。 （1）理论基础：资产＝负债＋所有者权益 （2）记账符号：借、贷 （3）账户结构：左方为“借方”，右方为“贷方” （4）记账规则：有借必有贷，借贷必相等 （5）试算平衡：检查账户记录的正确性、完整性

账户按用途和结构分类
盘存账户
资本账户
结算账户：债权结算账户、债务结算账户、债权债务结算账户
期间账户：期间收入账户、期间费用账户
成本计算账户
计价对比账户
财务成果账户
调整账户：抵减账户、附加账户、抵减附加账户

思考题

1. 何谓复式记账法？其优点是什么？如何利用复式记账法了解经济业务？

2. 何谓借贷记账法？其内容包括哪些？

3. 为什么不能通过借贷记账法中的试算平衡方法完全判别记账的正确性？

4. 如何编制会计分录？其编制的步骤有哪些？

5. 何谓盘存账户？其结构如何？

6. 何谓资本账户？其结构如何？

7. 何谓结算账户？其分类及结构如何？

8. 何谓期间账户？其分类及结构如何？

9. 何谓成本计算账户？其结构如何？

10. 何谓计价对比账户？其结构如何？

11. 何谓财务成果账户？其结构如何？财务成果账户与计价对比账户的异同点是什么？

12. 何谓调整账户？其分类及结构如何？为什么需要设置调整账户？

13. A 先生于 2013 年 10 月开设了一家独资贸易公司，注册资本为 100 万元。注册当年因为业务尚未开展，为了减少开支，A 先生决定自己记账。2013 年除了在“银行存款”账户中记录了 100 万元以外，没有其他的账簿资料。2014 年仍然仅在“银行存款”账户中记账，记录的内容是：支付费用 20 万元，购买商品支付 40 万元，购买管理设备支付 20 万元，取得销售收入 70 万元；其余额为 90 万元。A 先生认为当年亏损，故没有缴纳企业所得税。2014 年 3 月，税务部门认定 A 先生的账目混乱，有偷税漏税的嫌疑。请问你如何看待这件事？A 先生什么地方错了？应如何改正？

第四章　复式记账原理的应用

学习目标

通过本章的学习，掌握借贷记账法的应用，根据供应过程、生产过程、销售过程、利润形成及分配、其他经济业务等的特点设置账户，并进行相应会计处理；掌握具体经济业务会计分录的编制。

建议学时：8学时

教师导读：

本章在会计记录方法中的地位和学习方法与第三章相同，此处不再赘述。

为了进一步熟练地掌握账户和借贷记账法的运用，本章将以工业企业日常发生的主要经济业务为例，系统地说明在采用借贷记账法的情况下，如何建立一套完整的账户体系，如何利用这套账户体系进行日常的会计处理。

工业企业的生产经营过程是以生产过程为中心，实现供应过程、生产过程和销售过程三者的统一。企业生产经营过程的正常进行，需要有现金、银行存款、原材料、固定资产等资产，这些资产主要是由债权人提供和所有者投资。企业利用投资通过购建形成某些资产，如原材料等，并将其投入生产，生产出来的产品又通过销售转化为货币，形成销售收入，收入抵补各项费用后形成经营成果。经营成果如果表现为利润，应进行分配；如果表现为亏损，应进行弥补。同时，在购销过程中可能形成各种债权债务结算关系。这些构成了工业企业的主要经济业务。按各类业务的特点，可分为购进业务、生产业务、销售业务、利润形成及分配业务、其他经济业务等，下面对主要经济业务的核算进行说明。

第一节　购进业务的核算

一、购进业务

工业企业在供应过程中的主要经济业务是购进原材料。购进原材料时，企业要与供应单位或其他有关单位办理款项的结算，支付采购原材料的货款和运输费、装卸费等各种采购费用。原材料运达企业后，应由仓库验收并保管，以备生产车间或管理部门领用。供应过程中支付给供应单位的原材料货款和发生的各项采购费用，构成原材料的采购成本。

企业所购进的原材料验收入库，或原材料虽未到达但已支付货款后，企业就拥有了该项原材料的所有权，该项原材料即应被作为一项资产加以确认。当生产车间或管理部门领用原材料时，该项原材料被作为一项费用加以确认。购进原材料按是否支付货款及采购费用分为三种情况：(1) 购进原材料时直接支付货款及采购费用。由于支付货款，使企业的某些资产减少、某些资产增加。(2) 购进原材料未付款，在将来规定的时间内以经济利益流出进行结算。这笔未结算的款项被作为一项负债加以确认。(3) 先预付货款，后取得原材料。企业虽先付款，但并未取得原材料，不能作为原材料增加处理。这实际上是转移一笔款项，所以预付货款表现为企业某项资产增加、某项资产减少。

原材料按历史成本计量属性计价，并以历史成本作为购进原材料的计量基础。按照历史成本计量时，原材料的计价包括两方面的内容：

（1）取得原材料的计价。按照实际成本计价原则，材料取得成本包括买价和采购费用。买价是材料的供应单位所开发票上填列的价款，采购费用是为完成材料采购而发生的费用，包括运杂费、定额内的途中损耗、入库前的整理挑选费等。其构成用公式表示为：

外购材料取得成本＝买价＋采购费用

企业在购进材料时，不论购进多少种，供应单位所开的发票中都会列明各种材料的买价。这种能够直接确定为某一成本计算对象的费用，会计上称为直接费用。直接费用可以直接计入该种材料的取得成本。采购费用中有些属于直接费用，有些属于间接费用。直接费用同买价一样，可以直接列入该种材料的取得成本；间接费用由于不能直接确定为某一成本计算对象的费用，故应采用一定的方法分配计入某种材料的取得成本。间接费用的分配公式为：

分配率＝待分配的间接费用÷分配标准×100%

应分摊的间接费用＝各分配标准份额×分配率

思考： 企业通常用自有的货车运送材料及商品，则该货车发生的费用是否需要分摊到材料成本中去？

（2）发出原材料的计价。在企业的整个生产经营过程中，原材料始终处于流动状态，原有的原材料被领用耗费，新的原材料陆续补充进来，加之原材料的产地、价格、运输距离等条件不同，使同一种原材料的每批采购成本往往不完全相等。因此，领用原材料时需考虑发出原材料的计价问题。领用原材料的计价方法主要有先进先出法、加权平均法、移动平均法、个别认定法等。

二、购进业务核算需设置的账户

为了总括地对购进原材料过程中的主要经济业务进行核算，应根据经济业务的具体内容设置两类账户：一类反映库存原材料收、发、存情况，如“原材料”账户；另一类反映企业结算原材料款及采购费用情况，如“库存现金”、“应付账款”等账户。

（一）反映原材料收、发、存情况的账户

原材料按实际采购成本计价，而实际采购成本包括买价和运输费、包装费等采购费用。采购成本的各构成要素在支付时间上有先后，为了能归集原材料的采购成本，需要设置“在途物资”账户。该账户的借方用于归集原材料的采购成本；待将采购成本归集完毕，原材料入库后，从其贷方余额转入“原材料”账户；其借方余额表示已付款、未入库的材料实际采购成本。

为了总括地核算和监督库存原材料的收入、发出和结存情况及其增减变动，企业应设置“原材料”账户。原材料验收入库时，按入库原材料的实际采购成本借记“原材料”科目；领用或发出原材料时，按发出原材料的实际采购成本贷记“原材料”科目；该账户的借方余额表示库存原材料的实际采购成本。

（二）反映结算原材料款及采购费用的账户

为了总括地核算和监督企业库存现金的收入、支付和结存情况，企业应设置“库存现金”账户。企业收到现金时，按实收金额借记“库存现金”科目；支出现金时，按实际支出金额贷记“库存现金”科目；该账户的借方余额表示库存现金的实际数额。

为了总括地核算和监督企业存放在银行款项的收入、支付和结存情况，企业应设置“银行存款”账户。企业收到款项存入银行时，按实际存入银行的款项借记“银行存款”科目；提取和支出存款时，按实际提取或支出金额贷记“银行存款”科目；该账户的借方余额表示存放在银行的实际款项。

为了总括地核算和监督企业因购买原材料而与供应单位发生的结算债务的增减变化和结果，企业应设置“应付账款”账户。发生应付供应单位款项时，按实际应付款项贷记“应付账款”科目；归还供应单位款项时，按实际归还的款项借记“应付账款”科目；该账户的贷方余额表示实际应付给供应单位的款项。

为了总括地核算和监督企业因购买原材料预付货款而与供应单位发生的结算债权的增减变化和结果，企业应设置“预付账款”账户。发生预付供应单位款项时，按实际预付的款项借记“预付账款”科目；收到供应单位提供的产品或劳务，冲销预付供应单位款项时，贷记“预付账款”科目；该账户的借方余额表示尚未收到产品的预付款项。

材料采购主要经济业务的核算见图 4—1。

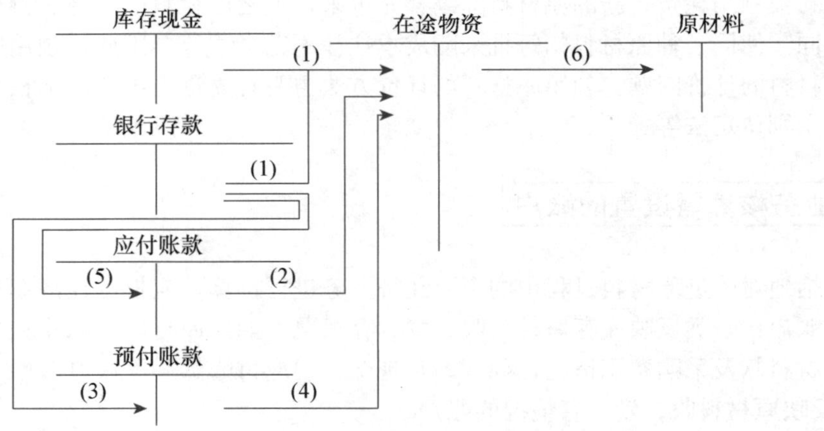

业务说明：（1）购进原材料，支付原材料款和采购费用；（2）购进原材料，应付原材料款；（3）预付购进原材料款；（4）购进预付货款的原材料；（5）支付应付货款；（6）结转材料采购成本。

图 4—1　材料采购的核算

三、购进业务的账务处理

某企业 12 月份发生的材料采购业务如下。

【例 4—1】 12 月 6 日，从新华工厂购进甲材料 4 000 千克，单价 200 元；从前进工厂购进乙材料 3 000 千克，单价 100 元；从朝阳工厂购进丙材料 5 000 千克，单价 300 元。上

述原材料均已验收入库，并开出转账支票，以银行存款支付甲、乙两种原材料货款，丙材料的货款尚未支付。

这项经济业务的发生，使库存原材料增加了 2 600 000 元（4 000×200+3 000×100+5 000×300）。但这只是材料采购成本的一部分，其他费用还未发生，所形成的采购成本还不全面，故应将其记入“在途物资”账户，待归集全面后再转为原材料。这项经济业务还使银行存款减少了 1 100 000 元（4 000×200+3 000×100），应付款项增加了 1 500 000 元。这项经济业务涉及“在途物资”、“银行存款”、“应付账款”等账户。库存原材料增加，应记入“在途物资”账户的借方；银行存款减少，应记入“银行存款”账户的贷方；应付款项增加，应记入“应付账款”账户的贷方。根据这项经济业务编制的会计分录如下：

借：在途物资　　2 600 000

　贷：银行存款　　1 100 000

　　　应付账款　　1 500 000

【例 4—2】12 月 8 日，以银行存款支付甲、乙、丙三种原材料的运输费 5 200 元。

这项经济业务的发生，一方面使原材料的采购费用增加了 5 200 元，另一方面使银行存款减少了 5 200 元，涉及“在途物资”、“银行存款”两个账户。采购费用作为采购成本的一部分，其增加应借记“在途物资”科目；银行存款减少，应贷记“银行存款”科目。根据这项经济业务编制的会计分录如下：

借：在途物资　　5 200

　贷：银行存款　　5 200

【例 4—3】12 月 8 日，以现金支付甲、乙、丙三种原材料的搬运费 1 040 元。

这项经济业务的发生，一方面使原材料的采购费用增加了 1 040 元，另一方面使企业的现金减少了 1 040 元，涉及“在途物资”、“库存现金”两个账户。采购费用作为采购成本的一部分，其增加应借记“在途物资”科目；库存现金减少，应贷记“库存现金”科目。根据这项经济业务编制的会计分录如下：

借：在途物资　　1 040

　贷：库存现金　　1 040

设甲、乙、丙三种原材料的采购成本全部归集完毕，其采购成本为 2 606 240 元（2 600 000+5 200+1 040）。此时，应将实际采购成本从“在途物资”账户的贷方转入“原材料”账户的借方，即借记“原材料”科目，贷记“在途物资”科目。采购费用是三种材料共同发生的，属于间接费用，应采用一定的方法分配计入原材料成本。现假设按照材料的买价进行分配，则分配过程如表 4—1 所示。

表 4—1　　**采购费用分配表**　　单位：元

项目	买价	采购费用	采购成本
甲材料	800 000	800 000×6 240÷2 600 000=1 920	801 920
乙材料	300 000	300 000×6 240÷2 600 000=720	300 720

续前表

项目	买价	采购费用	采购成本
丙材料	1 500 000	1 500 000×6 240÷2 600 000=3 600	1 503 600
合计	2 600 000	6 240	2 606 240

根据这项经济业务编制的会计分录如下：

借：原材料——甲材料　801 920
　　　　　——乙材料　300 720
　　　　　——丙材料　1 503 600
　贷：在途物资　2 606 240

为了简化核算，企业通常在月末将本月全部购进并入库的材料采购成本汇总起来一起结转。

【例 4—4】 12 月 9 日，企业以银行存款 100 000 元预付购买乙材料款。

这项经济业务的发生，一方面使企业的预付货款增加，另一方面使银行存款减少，涉及"预付账款"、"银行存款"两个账户。预付货款增加，应记入"预付账款"账户的借方；银行存款减少，应记入"银行存款"账户的贷方。根据这项经济业务编制的会计分录如下：

借：预付账款　100 000
　贷：银行存款　100 000

【例 4—5】 12 月 30 日，企业收到已预付货款的乙材料 2 000 千克，并验收入库。该批原材料的实际买价为 280 000 元，除冲销预付货款 100 000 元外，以银行存款支付其余的 180 000 元，同时以现金支付采购费用 200 元。

这项经济业务的发生，一方面使库存原材料增加了 280 200 元（280 000+200），另一方面使银行存款减少了 180 000 元，预付货款减少了 100 000 元，现金减少了 200 元，涉及"在途物资"、"银行存款"、"预付账款"、"库存现金"四个账户。付款时，按实际采购成本借记"在途物资"科目；银行存款减少，贷记"银行存款"科目；冲销预付货款时，贷记"预付账款"科目；现金减少，贷记"库存现金"科目。根据这项经济业务编制的会计分录如下：

借：在途物资　280 200
　贷：银行存款　180 000
　　　预付账款　100 000
　　　库存现金　200

支付原材料的买价和采购费用同时发生，可于原材料验收入库时，结转原材料实际采购成本。根据这项经济业务编制的会计分录如下：

借：原材料——乙材料　280 200
　贷：在途物资　280 200

第二节　生产业务的核算

一、生产业务

工业企业从原材料投入生产起，到产品完工入库止的过程称为生产过程。在这个过程中既有劳动资料的耗费，又有劳动对象的耗费；既有物化劳动的耗费，又有活劳动的耗费，因此，生产过程实际上是劳动耗费的过程。在发生各种劳动耗费的同时生产出产品，所以生产过程是劳动耗费过程与产品生产过程的统一，生产业务的核算对象就是劳动耗费和产品生产。

生产过程中的耗费可以归纳为：(1) 原材料在生产过程中或是被一次消耗，或是改变了原有的实物形态，其价值全部转移到新产品的价值中去，构成产品制造成本的一部分。(2) 固定资产等劳动资料是生产过程中所不可缺少的，它可以被长期地使用并保持原有的实物形态。随着固定资产的损耗，其价值逐渐地、部分地转移。其中为制造产品而损耗的固定资产价值构成产品制造成本的一部分；为行政管理和组织生产活动而损耗的固定资产价值形成期间费用。(3) 劳动者的活劳动使劳动对象得以改变其使用价值，并且创造出新价值，其中劳动者为自己所创造的那部分价值以工资的形式支付给劳动者，用于个人消费，形成产品成本和期间费用的另一部分。(4) 在生产过程中还会发生为组织和管理生产活动而支付的各种管理费用和其他费用，这些费用形成制造产品期间费用的一部分。

为制造产品发生的各种耗费，如原材料、人工、劳动资料等的制造耗费构成了制造成本；为组织和管理生产活动发生的原材料、人工、劳动资料等的耗费构成了管理费用。生产过程结束后，制造的产品完工并由成品仓库验收入库，为制造产品发生的制造成本也随之结转；为制造产品发生的管理费用与产品产量无关，直接冲减企业当期的损益。

综上所述，工业企业生产过程的主要经济业务核算的是归集发生的各种耗费，分配或结转各种耗费。生产过程中各项耗费的计量是依据历史成本原则，按实际耗费进行的。耗用的原材料，按实际耗用的原材料数量及计价方法，计量发出原材料的实际采购成本；耗费的活劳动，按实际发放的工资额作为计量的依据；耗用的劳动资料，以采用一定方法计算出的折旧费作为计量的依据；其他费用均按实际支付额进行计量。期末，完工产品的制造成本按其与完工产品产量配比的原则计量并转出；管理费用直接按借方归集的金额转出。

二、生产业务核算需设置的账户

为了总括地对生产过程中的主要经济业务进行核算，企业应根据经济业务的具体内容相应地开设“生产成本”、“制造费用”、“管理费用”、“应付职工薪酬”、“累计折旧”、“库存商品”等账户。

思考：为什么“生产成本”账户按会计要素分类时被分为成本计算类账户？为什么其账户结构与资产类账户相同？

“生产成本”账户归集产品生产过程中所发生的制造成本，计算确定产成品的实际制造成本，为入库的完工产品提供计价的依据。企业为生产产品所发生的各项生产费用直接记入“生产成本”账户的借方；对于已验收入库的完工产品，在计算确定其实际制造成本后，按其实际成本从“生产成本”账户的贷方转入“库存商品”账户的借方；“生产成本”账户的借方余额表示尚未完工的在产品制造成本。凡是为制造产品发生的原材料、工资、费用都应该记入“生产成本”账户，以使“生产成本”账户的借方归集生产过程中发生的全部产品制造成本。定期将借方归集的全部制造成本在完工产品和在产品之间进行分配，完工产品的制造成本从该账户的贷方转出，剩余部分便是在产品的制造成本。

在企业的生产过程中，生产车间为组织和管理生产经营活动所发生的管理费用，如车间管理人员的工资、车间耗用的一般材料、固定资产折旧、修理费和办公费等，这些费用是为组织和管理生产经营活动而发生的，应由各种产品成本负担，但为了简化核算，先通过“制造费用”账户进行归集，然后将其转入“生产成本”账户。“制造费用”账户专门归集车间的各项费用，发生各项费用时，借记“制造费用”科目；期末将“制造费用”账户借方归集的费用总额全部从贷方一次转销，转销后该账户无余额。

在企业的生产过程中，行政管理部门为组织和管理生产经营活动所发生的管理费用，如行政管理人员的工资，行政管理部门领用的原材料，管理部门的固定资产折旧、修理费和办公费等，这些费用虽然是为组织和管理生产经营活动而发生的，应由各种产品成本共同负担，但它们与生产产品的产量无直接关系，不计入产品成本，直接冲减企业当期的损益。为此，企业应设置“管理费用”账户。“管理费用”账户是专门归集各种管理费用的，发生各项管理费用时，借记“管理费用”科目；期末将“管理费用”账户借方归集的管理费用总额全部从贷方一次转销，转销后该账户无余额。

思考：举例说明制造费用与管理费用的区别。

工资是企业支付给职工的劳动报酬，它实际上是一种活劳动耗费。其中，支付给与生产产品直接相关的职工的工资，如生产工人工资、车间管理人员工资等，是产品制造成本的构成部分；支付给与生产产品无直接关系的职工的工资，如行政管理人员的工资，构成管理费用。每月按照职工的岗位分配工资时，一方面，工资作为费用分别计入生产成本、制造费用、管理费用，另一方面，构成企业与职工之间的债务结算关系。为反映和监督企业与职工之间的工资分配和结算情况，企业应设置“应付职工薪酬”账户。支付工资相当于清偿债务，应借记“应付职工薪酬”科目；按职工岗位分配工资时，形成企业与职工的债务结算，应贷记“应付职工薪酬”科目。如果每月实际工资额与应付职工薪酬额一致，“应付职工薪酬”账户期末没有余额；如果实付工资额与应付职工薪酬额不一致，“应付职

工薪酬”账户期末会有余额，若为贷方余额，表明应付职工薪酬额大于实付工资额，若为借方余额，表明应付职工薪酬额小于实付工资额。

固定资产是工业企业进行生产活动所不可缺少的劳动资料。它可以参加多次生产过程，直到报废但不改变其原有的实物形态，其价值是通过计提折旧的方式，随固定资产的磨损程度逐次地、部分地转移。为了总括地核算和监督固定资产的增减变动情况，企业应设置“固定资产”账户。其借方登记增加固定资产的历史成本（原始价值）；贷方登记减少固定资产的历史成本；借方余额表示现有固定资产的历史成本。“固定资产”账户要求按历史成本反映固定资产的增减变动和结存情况。但固定资产的特点又决定了必须要反映其磨损价值，并计算固定资产的净值，这就需要开设一个专门用来反映固定资产磨损价值的账户，即“累计折旧”账户。计算固定资产因损耗而减少的价值时，贷记“累计折旧”科目；由于固定资产减少而相应减少磨损价值时，借记“累计折旧”科目；期末，该账户的贷方余额表示固定资产的累计磨损价值。固定资产的磨损价值又称为固定资产折旧额。将按历史成本计价登记的“固定资产”账户的借方余额减去按磨损价值计价登记的“累计折旧”账户的贷方余额，即可确定固定资产的实际价值——固定资产净值。固定资产折旧是以折旧费的形式转移的。为生产产品而发生的固定资产折旧构成制造成本的一部分，与制造产品无直接关系的固定资产折旧构成管理费用的一部分。

为了核算和监督完工产品的收发和结存情况，企业应设置“库存商品”账户。完工产品验收入库时，按入库产成品的实际制造成本借记“库存商品”科目；因销售而发出产品，按发出产品的实际制造成本贷记“库存商品”科目；该账户的借方余额表示尚待销售的库存产品的实际制造成本。为了具体核算和监督各种库存商品的收入、发出和结存情况，应按库存商品的品种或类别开设库存商品明细分类账户，进行库存商品的明细分类核算。

生产业务的总分类核算如图4—2所示。

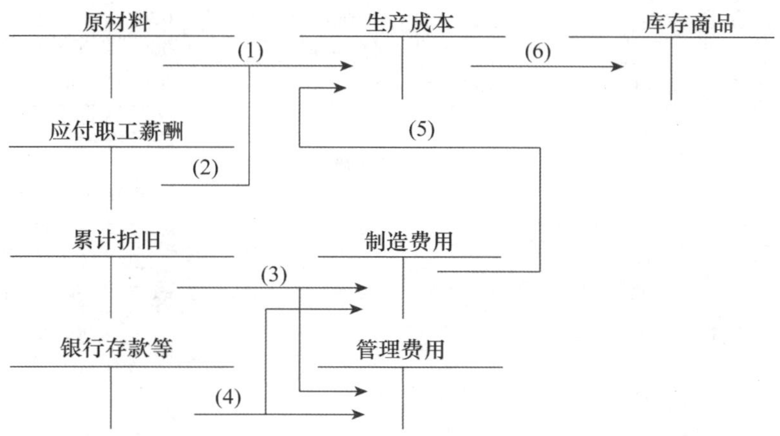

业务说明：(1) 领用原材料；(2) 结算应付职工薪酬；(3) 计提折旧；(4) 支付其他费用；(5) 结转制造费用；(6) 结转完工入库产品的制造成本。

图4—2 生产业务的总分类核算

三、生产业务的账务处理

以下举例说明生产业务的账务处理。

【例 4—6】 12 月 10 日，仓库发出下列原材料用于生产 A、B 两种产品和其他的一般耗用，见表 4—2。

表 4—2 **发出原材料明细表** 数量单位：千克

项目	甲材料数量	乙材料数量	丙材料数量
产品耗用	4 000	3 000	5 000
A 产品	3 000	2 000	4 000
B 产品	1 000	1 000	1 000
管理耗用		500	
合计	4 000	3 500	5 000

发出材料的计价结果见表 4—3～表 4—5。

表 4—3 **材料明细账**

品名：甲材料 数量单位：千克；金额单位：元

日期	凭证	摘要	收入			发出			结存		
			数量	单价	金额	数量	单价	金额	数量	单价	金额
12.1		结存							2 000	220	440 000
12.6		购进	4 000	200	800 000				2 000 4 000	220 200	440 000 800 000
12.10		发出				2 000 2 000	220 200	440 000 400 000	2 000	200	400 000
		合计	4 000	200	800 000	4 000		840 000	2 000	200	400 000

表 4—4 **材料明细账**

品名：乙材料 数量单位：千克；金额单位：元

日期	凭证	摘要	收入			发出			结存		
			数量	单价	金额	数量	单价	金额	数量	单价	金额
12.1		结存							3 000	130	390 000
12.6		购进	3 000	100	300 000				3 000 3 000	130 100	390 000 300 000
12.10		发出				3 000 500	130 100	390 000 50 000	2 500	100	250 000
		合计	3 000	100	300 000	3 500		440 000	2 500	100	250 000

表 4—5　　材料明细账

品名：丙材料　　数量单位：千克；金额单位：元

日期	凭证	摘要	收入			发出			结存		
			数量	单价	金额	数量	单价	金额	数量	单价	金额
12.1		结存							3 000	280	840 000
12.6		购进	5 000	300	150 000				3 000 5 000	280 300	840 000 150 000
12.10		发出				3 000 2 000	280 300	840 000 600 000	3 000	300	900 000
		合计	5 000		150 000	5 000		1 440 000	3 000	300	900 000

根据上述材料明细账，编制发出材料分配表，如表 4—6 所示。

表 4—6　　发出原材料分配表　　数量单位：千克；金额单位：元

项目	合计	甲材料		乙材料		丙材料	
		数量	金额	数量	金额	数量	金额
产品耗用	2 670 000	4 000	840 000	3 000	390 000	5 000	1 440 000
A 产品	2 042 000	3 000	630 000	2 000	260 000	4 000	1 152 000
B 产品	628 000	1 000	210 000	1 000	130 000	1 000	288 000
管理耗用	50 000			500	50 000		
合计	2 720 000	4 000	840 000	3 500	440 000	5 000	1 440 000

这项经济业务的发生，一方面使企业的库存原材料减少了 2 720 000 元，其中甲材料减少 840 000 元，乙材料减少 440 000 元，丙材料减少 1 440 000 元；另一方面，原材料投入生产，使生产成本增加了 2 670 000 元，原材料用于管理部门的一般消耗，使管理费用增加了 50 000 元。这项经济业务涉及“生产成本”、“管理费用”和“原材料”等账户。库存原材料减少，应记入“原材料”账户的贷方；原材料费用增加，应按原材料用途归集，用于制造产品的原材料，借记“生产成本”科目，管理部门一般耗用的原材料，借记“管理费用”科目。根据这项经济业务编制的会计分录如下：

借：生产成本——A 产品　　2 042 000
　　　　　　——B 产品　　628 000
　　管理费用　　50 000
　贷：原材料——甲材料　　840 000
　　　　　　——乙材料　　440 000
　　　　　　——丙材料　　1 440 000

【例 4—7】 12 月 10 日，某企业开出现金支票从银行提取现金 1 000 000 元，以备发放工资。

这项经济业务的发生，一方面使企业的现金增加了 1 000 000 元，另一方面使银行存款减少了 1 000 000 元，涉及“库存现金”、“银行存款”两个账户。现金增加应记入“库存现金”账户的借方；银行存款减少应记入“银行存款”账户的贷方。根据这项经济业务编制的会计分录如下：

借：库存现金　　1 000 000
　贷：银行存款　　1 000 000

【例 4—8】 12 月 10 日，以现金 1 000 000 元支付职工工资。

这项经济业务的发生，一方面使企业的现金减少了 1 000 000 元，另一方面使应支付给职工的工资债务减少了 1 000 000 元，涉及“库存现金”和“应付职工薪酬”两个账户。实际支付工资时，应借记“应付职工薪酬”科目，现金减少应贷记“库存现金”科目。根据这项经济业务编制的会计分录如下：

借：应付职工薪酬　　1 000 000
　贷：库存现金　　1 000 000

注：若企业通过银行将工资直接转入职工的银行卡内，则可以不通过“库存现金”科目核算，即借记“应付职工薪酬”科目，贷记“银行存款”科目。

【例 4—9】 12 月 20 日，以银行存款支付管理部门的办公费 3 000 元。

这项经济业务的发生，一方面使银行存款减少了 3 000 元，另一方面使管理费用增加了 3 000 元，涉及“管理费用”和“银行存款”两个账户。银行存款减少应贷记“银行存款”科目；管理费用增加应借记“管理费用”科目。根据这项经济业务编制的会计分录如下：

借：管理费用　　3 000
　贷：银行存款　　3 000

【例 4—10】 12 月 31 日，结算本月应付职工工资，其中制造 A 产品的职工工资为 500 000 元，制造 B 产品的职工工资为 300 000 元，车间管理人员的工资为 100 000 元，企业行政管理人员的工资为 100 000 元。

这项经济业务的发生，一方面使企业应付给职工的工资增加了 1 000 000 元，另一方面，工资作为活劳动的耗费，使生产成本增加了 800 000 元，制造费用增加了 100 000 元，管理费用增加了 100 000 元，涉及“管理费用”、“制造费用”、“生产成本”和“应付职工薪酬”四个账户。应付给职工的工资增加应贷记“应付职工薪酬”科目；应付给职工的工资作为工资费用，按其用途归集，其中，按制造产品工人的工资借记“生产成本”和“制造费用”科目，按管理企业生产经营活动的管理人员的工资借记“管理费用”科目。根据这项经济业务编制的会计分录如下：

借：生产成本——A 产品　　500 000
　　　　　——B 产品　　300 000
　　制造费用　　100 000
　　管理费用　　100 000
　贷：应付职工薪酬　　1 000 000

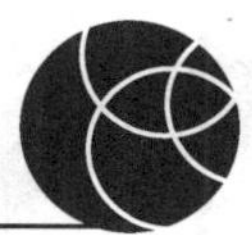

【例 4—11】12 月 31 日，按规定计提固定资产折旧费，其中车间使用的固定资产应计提折旧 20 000 元，行政管理部门使用的固定资产应计提折旧 10 000 元。

这项经济业务的发生，一方面使固定资产的价值减少了 30 000 元，另一方面使制造产品的成本增加了 20 000 元，使企业的管理费用增加了 10 000 元，涉及“制造费用”、“管理费用”和“累计折旧”三个账户。固定资产价值减少应贷记“累计折旧”科目；折旧费用增加，其中，按车间使用的固定资产应计提折旧额借记“制造费用”科目，按管理部门使用的固定资产应计提折旧额借记“管理费用”科目。根据这项经济业务编制的会计分录如下：

借：制造费用	20 000	
管理费用	10 000	
贷：累计折旧		30 000

【例 4—12】12 月 31 日，以银行存款支付企业管理部门所使用固定资产的修理费 5 000 元。

这项经济业务的发生，一方面使企业的管理费用增加了 5 000 元，另一方面使企业的银行存款减少了 5 000 元。为了恢复固定资产的原有生产能力，充分发挥固定资产的使用效能，必须对固定资产进行修理。修理车间使用的固定资产而发生的费用应作为制造成本的一部分借记“制造费用”科目；修理行政管理部门使用的固定资产而发生的费用不构成制造成本，只能记入“管理费用”账户的借方。这项经济业务涉及“管理费用”、“银行存款”两个账户。修理费用增加应借记“管理费用”科目，支付款项应贷记“银行存款”科目。根据这项经济业务编制的会计分录如下：

借：管理费用	5 000	
贷：银行存款		5 000

【例 4—13】12 月 31 日，按工人工资分配并结转制造费用。

这项经济业务的发生，一方面使生产成本增加 120 000 元，另一方面使制造费用减少 120 000元。制造费用作为产品制造成本的一部分，期末应转入“生产成本”账户，以便准确计算产品成本。这项经济业务涉及“生产成本”、“制造费用”两个账户。根据上述会计处理归集的制造费用为 120 000 元（100 000＋20 000），A、B 产品应负担的制造费用计算如下：

A 产品应负担的制造费用＝120 000×(500 000÷800 000)＝75 000(元)

B 产品应负担的制造费用＝120 000×(300 000÷800 000)＝45 000(元)

生产成本增加，应借记“生产成本”科目；制造费用转出，应贷记“制造费用”科目。根据这项经济业务编制的会计分录如下：

借：生产成本——A 产品	75 000	
——B 产品	45 000	
贷：制造费用		120 000

【例 4—14】12 月 31 日，结转已制造完工并验收入库的 A 产品 200 台，其制造成本为 2 420 000 元。

这项经济业务的发生，一方面使库存产成品增加了 2 420 000 元，另一方面使生产过程中的制造成本减少了 2 420 000 元。企业的产品制造完工后，应计算确定完工产品的实际制造成本，从“生产成本”账户的贷方转出。这项经济业务涉及“生产成本”、“库存商品”两个账户。产成品增加应借记“库存商品”科目，制造完工产品成本转出应贷记“生产成本”科目。根据这项经济业务编制的会计分录如下：

借：库存商品——A 产品　　2 420 000

　贷：生产成本——A 产品　　2 420 000

第三节　销售业务的核算

一、销售业务

工业企业从制造完成的产成品验收入库开始，到将产成品销售给购买方为止的过程称为销售过程。这一过程是产品价值和使用价值的实现过程，即通过交换将制造的产品及时地销售出去，按产品的销售价格向购买方办理结算，收回销货款，通常把销货款称为销售收入。在产品销售过程中，企业为取得一定数量的销售收入，必须付出相应数量的产品，为制造这些销售产品耗费的原材料、人工等称为产品销售成本。此外，企业为了推销产品还要发生包装费、运输费、广告费等销售费用。这些耗费与销售产品有关，应抵减当期的销售收入。企业在取得销售收入时，应按税法的规定计算缴纳税款。综上所述，工业企业销售过程的主要经济业务是：将产品销售出去，并办理货款的结算，按照配比的原则，确定产品的销售成本、销售费用和销售税金。

企业销售产品会给企业带来资产的增加或负债的减少，因此确认销售收入的原则为：如果企业在正常经营活动中形成的经济利益总流入会导致资产的增加或负债的减少，关系到未来经济利益的增加，相关的收入和成本费用能够可靠地加以计量，就应该确认为收入的实现。实际上，收入的确认和计量可具体化为收入的入账时间和入账金额。企业销售产品未收到货款，但在将来规定的时间内会通过结算使未来的经济利益流入企业，这笔未结算的款项应作为企业的一项资产加以确认。期末，全部应收未收款项作为资产负债表中的一项流动资产而得到确认。

企业在销售产品的过程中，为取得销售收入必然要付出一定数量的产品。在确认和计量销售收入的同时，需要对销售产品的制造成本和销售费用进行确认和计量。销售产品制造成本的确认和计量要依据收入与费用配比的原则。通常情况下，产品销售成本依据直接配比方式，将销售一定数量产品的制造成本与该产品的销售收入配比；销售费用依据期间配比方式，将一定期间发生的费用与该期间的收入相配比。此外，销售产品取得收入后要按税法的规定缴纳税费，税费也是以一定期间的收入为基础并与之配比的。

二、销售业务核算需设置的账户

为了总括地对销售过程中的主要经济业务进行核算，企业必须开设和运用“主营业务收入”、“主营业务成本”、“其他业务收入”、“其他业务成本”、“销售费用”、“营业税金及附加”等账户。此外，对收取的货款进行核算时，还应开设和运用“应收账款”、“预收账款”、“银行存款”等账户。

（一）反映销售情况的账户

为了总括地核算和监督企业销售产品取得收入的情况，企业应设置“主营业务收入”账户。企业销售产品实现了收入，记入该账户的贷方；期末，将本期实现的收入从该账户的借方转入“本年利润”账户，结转后该账户一般无余额。其他业务实现的收入应通过“其他业务收入”账户核算，“其他业务收入”账户的结构与“主营业务收入”账户相同。

“主营业务成本”账户核算销售成品的制造成本。企业结转销售产品成本时，记入该账户的借方；期末，将本期的销售成本从该账户的贷方转入“本年利润”账户，结转后该账户无余额。其他业务发生的成本应通过“其他业务成本”账户核算，“其他业务成本”账户的结构与“主营业务成本”账户相同。

思考：主营业务收入与主营业务成本的关系；其他业务收入与其他业务成本的关系。

“销售费用”账户核算产品销售过程中发生的各项销售费用。发生各项销售费用时，记入该账户的借方；期末，将本期的销售费用从该账户的贷方转入“本年利润”账户，结转后该账户无余额。

“营业税金及附加”账户核算应由销售产品负担的销售税金及附加。月末，企业按照规定计算出应负担的销售税金，记入该账户的借方；期末，将本期产品负担的税金从该账户的贷方转入“本年利润”账户，结转后该账户无余额。

（二）反映款项结算的账户

“应收账款”账户核算企业因销售产品、提供劳务等业务应向购货方或接受劳务单位收取的款项。发生应收购买单位款项时，借记“应收账款”科目；收回应收购买单位款项时，贷记“应收账款”科目；其借方余额表示应收的购买单位款项。

“预收账款”账户核算企业按照合同规定向购货单位预收的货款。企业向购货单位预收货款时，记入该账户的贷方；产品销售实现时，按售价记入该账户的借方。

“应交税费”账户核算企业各种税费的结算和缴纳情况。每月终了，按规定计算出当月应缴纳的各种税费，记入“应交税费”账户的贷方；缴纳税费时，借记“应交税费”科目；其贷方余额表示应交未交的税费。

产品销售主要经济业务的总分类核算如图 4—3 所示。

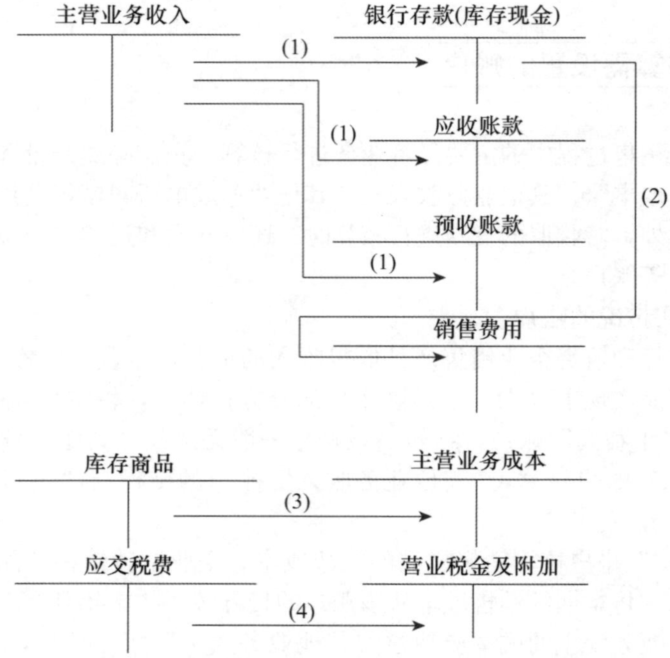

业务说明：(1) 销售产品货款未收回、将货款存入银行或销售预收货款的产品；(2) 以银行存款支付销售费用；(3) 结转销售产品的制造成本；(4) 结算应缴纳的税费。

图 4—3 销售业务的总分类核算

三、销售业务的账务处理

以下举例说明销售业务的账务处理。

【例 4—15】 12 月 16 日，按合同规定向红星工厂发出 A 产品 140 台，单位售价 20 000 元，计 2 800 000 元。收回 2 000 000 元货款存入银行，其余货款未收回。

这项经济业务的发生，一方面表明企业实现了销售，使收入增加了 2 800 000 元，另一方面使银行存款和应收账款增加了 2 800 000 元，涉及“主营业务收入”、“银行存款”、“应收账款”三个账户。银行存款增加 2 000 000 元，借记“银行存款”科目，应收账款增加 800 000 元，借记“应收账款”科目；销售收入增加 2 800 000 元，贷记“主营业务收入”科目。根据这项经济业务编制的会计分录如下：

借：银行存款　　2 000 000

　　应收账款　　800 000

　贷：主营业务收入　　2 800 000

【例 4—16】 12 月 16 日，按合同规定预收南星工厂货款 100 000 元并存入银行。

这项经济业务的发生，一方面使银行存款增加了 100 000 元，另一方面，在预收货款时，销售并未实现，不能确认主营业务收入实现，只能表示预收账款增加了 100 000 元，涉及“银行存款”和“预收账款”两个账户。银行存款增加应借记“银行存款”科目；预收货款增加应贷记“预收账款”科目。根据这项经济业务编制的会计分录如下：

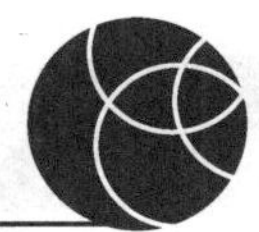

借：银行存款　　100 000

　贷：预收账款　　100 000

【例 4—17】 12 月 26 日，按合同规定向南星工厂销售 A 产品 100 台，单位售价 20 000 元，计 2 000 000 元。其中 100 000 元为预收货款，其余货款收到后存入银行。

这项经济业务的发生，一方面转移了产品的所有权，实现了销售，使主营业务收入增加了 2 000 000 元，另一方面使银行存款增加了 1 900 000 元，使预收货款减少了 100 000 元，涉及“主营业务收入”、“银行存款”和“预收账款”三个账户。银行存款增加应借记“银行存款”科目，预收货款减少应借记“预收账款”科目；销售收入增加应贷记“主营业务收入”科目。根据这项经济业务编制的会计分录如下：

借：银行存款　　1 900 000

　　预收账款　　100 000

　贷：主营业务收入　　2 000 000

【例 4—18】 12 月 28 日，以银行存款 50 000 元支付 A 产品的销售费用。

这项经济业务的发生，一方面使银行存款减少了 50 000 元，另一方面使销售费用增加了 50 000 元，涉及“销售费用”、“银行存款”两个账户。销售费用增加应借记“销售费用”科目；银行存款减少应贷记“银行存款”科目。根据这项经济业务编制的会计分录如下：

借：销售费用　　50 000

　贷：银行存款　　50 000

【例 4—19】 12 月 31 日，结转本月实现的房屋租金收入 200 000 元（款项已经预收）。

通常，房屋的租赁是预收租金的，但按照权责发生制原则，这部分收入并没有实现，收到租金时不能作为收入处理，只有到企业提供了房屋的使用权时，才能确认为收入，而且租赁房屋属于该企业的其他业务，房屋租金收入应通过“其他业务收入”账户进行反映。这项经济业务的发生，一方面使预收账款减少了 200 000 元，另一方面实现了收入，使其他业务收入增加了 200 000 元，涉及“其他业务收入”、“预收账款”两个账户。收入增加应贷记“其他业务收入”科目；预收账款减少应借记“预收账款”科目。根据这项经济业务编制的会计分录如下：

借：预收账款　　200 000

　贷：其他业务收入　　200 000

【例 4—20】 12 月 31 日，结转上述已售 A 产品的制造成本。假设该企业 A 产品的销售成本为 2 976 000 元。

这项经济业务的发生，一方面使产品的销售成本增加 2 976 000 元，另一方面使库存商品减少 2 976 000 元，涉及“主营业务成本”、“库存商品”两个账户。销售成本增加应借记“主营业务成本”科目；库存商品减少应贷记“库存商品”科目。根据这项经济业务编制的会计分录如下：

借：主营业务成本　　2 976 000

　贷：库存商品　　2 976 000

【例 4—21】 12 月 31 日，计算应缴纳除增值税以外的税款 50 000 元。

这项经济业务涉及“营业税金及附加”、“应交税费”两个账户。按应缴纳的税费借记“营业税金及附加”科目；按已计算的应交未交税费贷记“应交税费”科目。根据这项经济业务编制的会计分录如下：

借：营业税金及附加　　　　50 000

　贷：应交税费　　　　　　　50 000

第四节　利润形成及分配业务的核算

一、利润形成及分配

利润是企业一定期间内所取得的经营成果，它是将一定期间的各项收入与各项费用支出相抵后形成的最终经营成果，包括营业利润、营业外收支净额和所得税三部分。营业利润是企业营业收入减去营业成本、营业税金及附加、销售费用、管理费用、财务费用后的余额。营业外收支净额是指与企业生产经营没有直接关系的各种营业外收入减去营业外支出后的净额。属于营业外收入的项目有财产盘盈、无法偿还的应付账款等；属于营业外支出的项目有财产盘亏和毁损、由自然灾害造成的损失等。营业外收支业务不是企业的经常性生产、销售等活动，有必要将它与企业的经营业务区别开来。所得税是就企业的所得缴纳的一种税，只要有所得，就必须按税法规定的税率计算缴纳所得税。所得税具有强制性、无偿性的特点，是企业取得利润的一种必然开支，可视为一种费用。利润构成的关系式可以分步表示如下：

营业利润＝营业收入－营业成本－营业税金及附加－销售费用－管理费用－财务费用

利润总额(税前利润)＝营业利润＋营业外收入－营业外支出

净利润(税后利润)＝利润总额－所得税

所得税＝利润总额(税前利润)×适用税率

利润实现以后，要按规定进行分配。一部分以利润的形式分配给投资者，作为投资者的收益；一部分以盈余公积的形式留存企业，作为企业扩大生产经营的资金；一部分以未分配利润的形式保留在账面上。其中，盈余公积和未分配利润又称留存收益。

利润是企业经营活动的效率与效益的综合表现，它不仅是会计要素中的一个基本要素，而且是衡量企业经营成果和经济效益的综合尺度。正确地确认与计量利润，有重要意义。营业外收入并非由企业的各种耗费所产生，也不反映企业的经营成果，它直接根据收入的性质和国家的有关规定确认，凡不属于企业销售产品、提供劳务所取得的收入都应作为营业外收入加以确认，并按营业外收入发生当期的实际数额进行计量。营业外支出是与企业经营收入没有直接联系的非经营性费用，它虽是一种耗费，但不能直接冲减营业外收入，只能作为企业经营成果的抵减。即营业外收入与营业外支出应当分别核算，不得相互直接冲减。营业外支出是根据费用支出的性质和国家的有关规定进行确认的，凡不属于企业为增加主营业务收入而发生的各项费用，都应作为营业外支出加以确认，并按营业外支

出发生当期的实际数额进行计量。所得税费用是依据税法的规定，以企业的利润总额和规定的税率计算缴纳的。利润分配是按规定的比例对税后利润进行分配。

二、利润形成及分配核算需设置的账户

为了核算和监督企业利润的形成和分配情况，企业应相应地开设和运用"本年利润"、"利润分配"账户。与利润形成及分配核算相联系的账户有"应付股利"、"盈余公积"、"营业外收入"、"营业外支出"、"所得税费用"等。

思考： 利润是否为独立的会计要素。

"本年利润"账户核算企业实现的利润和发生的亏损。期末，将各收入类账户的贷方余额转入"本年利润"账户的贷方；将各费用类账户的借方余额转入"本年利润"账户的借方；将本期转入的收入类和费用类账户的发生额进行比较，若为贷方余额，表示本期实现的利润，若为借方余额，表示本期发生的亏损。年度终了，将"本年利润"账户的贷方余额或借方余额全部转入"利润分配"账户，结转后"本年利润"账户无余额。

"利润分配"账户核算企业实现利润的分配或亏损的弥补情况。企业应付股利、提取公积金时，记入"利润分配"账户的借方；弥补亏损时，记入"利润分配"账户的贷方；期末，其借方余额表示累计已分配的利润总额，贷方余额表示累计已弥补的亏损总额。年度终了，将"本年利润"账户的余额结转入"利润分配"账户后，如为贷方余额，表示未分配利润；如为借方余额，表示未弥补亏损。

"应付股利"账户核算企业应付给投资者的利润或股利。企业计算出应付给投资者的利润或股利后，记入"应付股利"账户的贷方；支付利润或股利时，记入"应付股利"账户的借方；其贷方余额表示尚未支付的利润或股利。

"盈余公积"账户核算企业从利润中提取的盈余公积。从利润中提取盈余公积时，记入"盈余公积"账户的贷方；使用盈余公积时，记入"盈余公积"账户的借方；其贷方余额表示尚未动用的盈余公积。

"营业外收入"账户核算企业发生的与企业生产经营无直接关系的各项收入，包括固定资产盘盈、确实无法支付的应付款项等。企业发生营业外收入款项时，记入"营业外收入"账户的贷方；期末将其贷方余额从借方转入"本年利润"账户，结转后该账户无余额。

"营业外支出"账户核算企业发生的与企业生产经营无直接关系的各项支出，如固定资产盘亏、非常损失等款项。企业发生了营业外支出，记入"营业外支出"账户的借方；期末将其借方余额转入"本年利润"账户，结转后该账户无余额。

"所得税费用"账户核算企业应缴纳的所得税。计算出应纳所得税时，记入"所得税费用"账户的借方；期末将其借方余额转入"本年利润"账户，结转后该账户无余额。

利润形成及分配的主要经济业务的核算如图 4—4 所示。

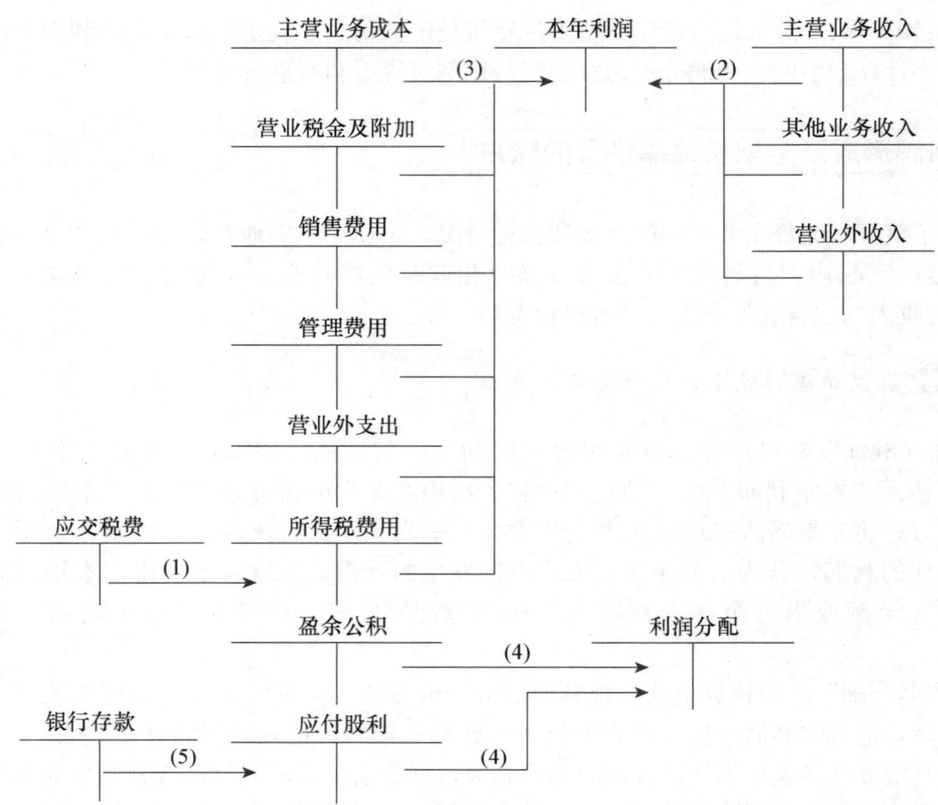

业务说明：(1) 计算应纳所得税；(2) 期末结转本期各项收入；(3) 期末结转本期各项成本费用；(4) 结转应付股利和提取公积金；(5) 支付股利。

图 4—4　利润形成及分配业务核算

三、利润形成及分配的账务处理

以下举例说明利润形成及分配的账务处理。

【例 4—22】 12 月 31 日，收到赔款 47 000 元，将其作为营业外收入。

这项经济业务的发生，一方面使银行存款增加了 47 000 元，另一方面使营业外收入增加了 47 000 元，涉及“银行存款”、“营业外收入”两个账户。银行存款增加应借记“银行存款”科目；赔款收入作为与企业经营无直接关系的收入，其增加应贷记“营业外收入”科目。根据这项经济业务编制的会计分录如下：

借：银行存款　　47 000

　贷：营业外收入　　47 000

【例 4—23】 12 月 31 日，因违反经济合同被罚款 40 000 元。

这项经济业务的发生，一方面使银行存款减少 40 000 元，另一方面使营业外支出增加了 40 000 元，涉及“银行存款”、“营业外支出”两个账户。与企业经营无直接关系的支出增加应借记“营业外支出”科目；银行存款减少应贷记“银行存款”科目。根据这项经济业务编制的会计分录如下：

借：营业外支出　　40 000

　贷：银行存款　　40 000

【例 4—24】12 月 31 日，将各收入类、费用类账户的余额转入“本年利润”账户。期末结转前，有关损益类科目的余额如表 4—7 所示。

表 4—7　　**结转前损益类科目余额表**　　单位：元

收入类科目	期末结账前贷方余额	费用类科目	期末结账前借方余额
主营业务收入	4 800 000	主营业务成本	2 976 000
其他业务收入	200 000	销售费用	50 000
营业外收入	47 000	营业税金及附加	50 000
		管理费用	168 000
		财务费用	9 200
		营业外支出	40 000

根据这项经济业务编制的会计分录如下：

借：主营业务收入　　4 800 000

　　其他业务收入　　200 000

　　营业外收入　　47 000

　贷：本年利润　　5 047 000

借：本年利润　　3 293 200

　贷：主营业务成本　　2 976 000

　　　销售费用　　50 000

　　　营业税金及附加　　50 000

　　　管理费用　　168 000

　　　财务费用　　9 200

　　　营业外支出　　40 000

本期实现的税前利润为 1 753 800 元（5 047 000—3 293 200）。

【例 4—25】12 月 31 日，计算并结转本月应交所得税（假设该企业没有其他纳税调整事项）。该企业适用的所得税税率为 25%。

应交所得税＝1 753 800×25%＝438 450(元)

企业应根据税前利润和适用的所得税税率计算应交所得税，并于规定的下月缴纳日之前缴纳。该企业实现的税前利润为 1 753 800 元，适用的所得税税率为 25%，计算的应交所得税为 438 450 元。这项经济业务的发生，一方面使税款增加了 438 450 元，另一方面使作为费用的所得税增加了 438 450 元，涉及“所得税费用”、“应交税费”两个账户。计算出应交所得税后，借记“所得税费用”科目，贷记“应交税费”科目。根据这项经济业务编制的会计分录如下：

借：所得税费用　　438 450

　贷：应交税费　　438 450

所得税作为费用，期末应转入“本年利润”账户。为此编制如下会计分录：

借：本年利润　　438 450

　　贷：所得税费用　　438 450

税后利润为 1 315 350 元（1 753 800－438 450）。

【例 4—26】12 月 31 日，根据董事会的利润分配预案，结转应付股利 600 000 元。

这项经济业务的发生，一方面使应付股利额增加了 600 000 元，另一方面，由于应付股利是对实现利润的分配，因此使利润分配增加了 600 000 元，涉及"利润分配"、"应付股利"两个账户。对实现利润进行分配应借记"利润分配"科目；应付股利增加应贷记"应付股利"科目。根据这项经济业务编制的会计分录如下：

借：利润分配　　600 000

　　贷：应付股利　　600 000

【例 4—27】12 月 31 日，从实现的所得税后利润中提取盈余公积 160 000 元。

这项经济业务的发生，一方面使企业的公积金增加了 160 000 元，另一方面，由于提取公积金是对实现利润的一种分配形式，因此使利润分配额增加了 160 000 元，涉及"利润分配"、"盈余公积"两个账户。对实现利润进行分配应借记"利润分配"科目；提取公积金应贷记"盈余公积"科目。根据这项经济业务编制的会计分录如下：

借：利润分配　　160 000

　　贷：盈余公积　　160 000

【例 4—28】12 月 31 日，结转本年利润。

这项经济业务的发生，实际上是将"本年利润"账户余额转入"利润分配"账户，结转后"本年利润"账户无余额，同时将本年实现利润与当年的利润分配数相抵，计算未分配利润。结转利润的数额为 3 095 350 元（1 780 000＋1 315 350）。根据这项经济业务编制的会计分录如下：

借：本年利润　　3 095 350

　　贷：利润分配　　3 095 350

第五节　其他经济业务的核算

企业除了经常发生上述经济业务外，还会发生一些其他的经济业务，如筹资业务、投资业务、税款缴纳等。下面仅对投资者投资或追加投资业务、债务业务、税款缴纳业务的核算进行简要说明。

一、投资者投资或追加投资业务

所有者对企业进行投资，形成永久性资本，实际收到的所有者对企业的投资，通过"实收资本"账户反映。该账户属于所有者权益类账户，贷方登记所有者投入的资本额，借方登记减资额，期末贷方余额表示所有者投资的实际数。取得投资时，根据投资方式，借记有关资产类科目，贷记"实收资本"科目。

【例 4—29】12 月 1 日，投资者追加投资，其中货币资金 5 000 000 元，款项已转入该企业银行存款账户；设备投资 100 000 元，设备已运抵企业。增资手续已经办妥。

这项经济业务的发生，一方面使银行存款增加了 5 000 000 元，固定资产增加了 100 000 元；另一方面使实收资本增加了 5 100 000 元，涉及“银行存款”、“固定资产”、“实收资本”三个账户。银行存款增加应借记“银行存款”科目，设备增加应借记“固定资产”科目；投资者追加投资应贷记“实收资本”科目。根据这项经济业务编制的会计分录如下：

借：银行存款　　5 000 000
　　固定资产　　100 000
　贷：实收资本　　5 100 000

二、债务业务

债权人对企业的贷款，形成企业的借入资本。对于借入资本，企业应按期还本付息。企业实际收到的债权人的借款，通过“短期借款”或“长期借款”等账户反映。该账户属于负债类账户，贷方登记借款的实际数，借方登记偿还的借款数，期末贷方余额反映尚未偿还的借款额。企业取得借款时，借记“银行存款”科目，贷记“短期借款”或“长期借款”科目；还款时，借记“短期借款”或“长期借款”科目，贷记“银行存款”科目。

企业以借款进行经营活动是要付出代价的，即定期支付利息。利息的核算通过“财务费用”账户进行。该账户属于费用类账户，借方登记发生的利息支出，贷方登记取得的利息收入，期末将余额转入“本年利润”账户，结转后一般没有余额。

【例 4—30】12 月 1 日，从银行取得 1 年期的贷款 2 000 000 元，存入银行。

这项经济业务的发生，一方面使银行存款增加了 2 000 000 元，另一方面使短期借款增加了 2 000 000 元，涉及“银行存款”、“短期借款”两个账户。银行存款增加应借记“银行存款”科目；短期借款增加应贷记“短期借款”科目。根据这项经济业务编制的会计分录如下：

借：银行存款　　2 000 000
　贷：短期借款　　2 000 000

【例 4—31】12 月 31 日，计算并支付上述短期借款本月应负担的利息。假设该项贷款的年利率为 6%，利息的计算如下：

本月负担的利息＝2 000 000×6%÷12＝10 000(元)

这项经济业务的发生，一方面使银行存款减少了 10 000 元，另一方面使财务费用增加了 10 000 元，涉及“银行存款”、“财务费用”两个账户。财务费用增加应借记“财务费用”科目；银行存款减少应贷记“银行存款”科目。根据这项经济业务编制的会计分录如下：

借：财务费用　　10 000
　贷：银行存款　　10 000

【例 4—32】12 月 31 日，银行通知企业本期的银行存款利息收入为 800 元。

企业将款项存放在银行，银行会根据每日实际存放的金额计算利息，作为企业的利息收入直接计入企业的银行存款账户。存款利息收入作为利息支出的减项，记入“财务费用”账户的贷方。这项经济业务的发生，一方面使银行存款增加了800元，另一方面使财务费用减少了800元，涉及“银行存款”、“财务费用”两个账户。财务费用减少应贷记“财务费用”科目；银行存款增加应借记“银行存款”科目。根据这项经济业务编制的会计分录如下：

借：银行存款　　800

　贷：财务费用　　800

三、税款缴纳业务

企业在经营过程中会产生各种税款，如增值税、所得税等，定期通过企业的银行存款账户缴纳。计算出的应缴纳的税款构成对税务部门的负债，应通过“应交税费”账户进行核算。该账户属于负债类账户，贷方登记应缴纳的税款，借方登记实际缴纳的税款，期末贷方余额反映尚未缴纳的税款。计算出应缴纳的税款时，借记有关科目，贷记“应交税费”科目；缴纳税款时，借记“应交税费”科目，贷记“银行存款”科目。

【例4—33】 12月8日，以银行存款300 000元缴纳税款。

这项经济业务的发生，一方面使银行存款减少了300 000元，另一方面使应交税费减少了300 000元，涉及“银行存款”、“应交税费”两个账户。税款减少应借记“应交税费”科目；银行存款减少应贷记“银行存款”科目。根据这项经济业务编制的会计分录如下：

借：应交税费　　300 000

　贷：银行存款　　300 000

【例4—34】 沿用例4—1～例4—33的资料，假设该企业11月30日有关账户的余额如表4—8所示。

表4—8　　**账户余额表**

20×2年11月30日　　单位：元

科目名称	借方金额	科目名称	贷方金额
库存现金	26 100	累计折旧	400 000
银行存款	1 504 300	短期借款	2 500 000
应收账款	3 546 000	应付账款	1 091 400
预付账款	700 000	预收账款	210 000
其他应收款	126 000	其他应付款	28 000
应收利息	4 000	应付职工薪酬	1 010 000
原材料	1 670 000	应交税费	300 000
生产成本	225 000	应付利息	12 000
库存商品	1 680 000	实收资本	5 000 000
固定资产	3 000 000	盈余公积	100 000
		利润分配	50 000
		本年利润	1 780 000
合计	12 481 400	合计	12 481 400

根据表4—8和例4—1～例4—33的经济业务登记账户资料，如图4—5所示。账户中凭证号按例题顺序编制，以例4—1的序号为(1)，依此类推。

库存现金

借方	金额	贷方	金额
期初余额	26 100		
(7)	1 000 000	(3)	1 040
		(5—1)	200
		(8)	1 000 000
本期发生额	1 000 000	本期发生额	1 001 240
期末余额	24 860		

应收账款

借方	金额	贷方	金额
期初余额	3 546 000		
(15)	800 000		
本期发生额	800 000	本期发生额	0
期末余额	4 346 000		

预付账款

借方	金额	贷方	金额
期初余额	700 000		
(4)	100 000	(5—1)	100 000
本期发生额	100 000	本期发生额	100 000
期末余额	700 000		

应收利息

借方	金额	贷方	金额
期初余额	4 000		
本期发生额	0	本期发生额	0
期末余额	4 000		

在途物资

借方	金额	贷方	金额
期初余额			
(1)	2 600 000	(3—2)	2 606 240
(2)	5 200	(5—2)	280 200
(3—1)	1 040		
(5—1)	280 200		
本期发生额	2 886 440	本期发生额	2 886 440
期末余额	0		

生产成本

借方	金额	贷方	金额
期初余额	225 000		
(6)	2 670 000	(14)	2 420 000
(10)	800 000		
(13)	120 000		
本期发生额	3 590 000	本期发生额	2 420 000
期末余额	1 395 000		

银行存款

借方	金额	贷方	金额
期初余额	1 504 300		
(15)	2 000 000	(1)	1 100 000
(16)	100 000	(2)	5 200
(17)	1 900 000	(4)	100 000
(22)	47 000	(5—1)	180 000
(29)	5 000 000	(7)	1 000 000
(30)	2 000 000	(9)	3 000
(33)	800	(12)	5 000
		(18)	50 000
		(23)	40 000
		(31)	10 000
		(32)	300 000
本期发生额	11 047 800	本期发生额	2 793 200
期末余额	9 758 900		

其他应收款

借方	金额	贷方	金额
期初余额	126 000		
本期发生额	0	本期发生额	0
期末余额	126 000		

原材料

借方	金额	贷方	金额
期初余额	1 670 000		
(3—2)	2 606 240	(6)	2 720 000
(5—2)	280 200		
本期发生额	2 886 440	本期发生额	2 720 000
期末余额	1 836 440		

库存商品

借方	金额	贷方	金额
期初余额	1 680 000		
(14)	2 420 000	(20)	2 976 000
本期发生额	2 420 000	本期发生额	2 976 000
期末余额	1 124 000		

制造费用

借方	金额	贷方	金额
(10)	100 000	(13)	120 000
(11)	20 000		
本期发生额	120 000	本期发生额	120 000
期末余额	0		

累计折旧

		期初余额	400 000
		(11)	30 000
本期发生额	0	本期发生额	30 000
		期末余额	430 000

应付股利

		(26)	600 000
本期发生额	0	本期发生额	600 000
		期末余额	600 000

其他应付款

		期初余额	28 000
本期发生额	0	本期发生额	0
		期末余额	28 000

预收账款

		期初余额	210 000
(17)	100 000	(16)	100 000
(19)	200 000		
本期发生额	300 000	本期发生额	100 000
		期末余额	10 000

应付职工薪酬

		期初余额	1 010 000
(8)	1 000 000	(10)	1 000 000
本期发生额	1 000 000	本期发生额	1 000 000
		期末余额	1 010 000

实收资本

		期初余额	5 000 000
		(29)	5 100 000
本期发生额	0	本期发生额	5 100 000
		期末余额	10 100 000

利润分配

		期初余额	50 000
(26)	600 000	(28)	3 095 350
(27)	160 000		
本期发生额	760 000	本期发生额	3 095 350
		期末余额	2 385 350

固定资产

期初余额	3 000 000		
(29)	100 000		
本期发生额	100 000	本期发生额	0
期末余额	3 100 000		

短期借款

		期初余额	2 500 000
		(30)	2 000 000
本期发生额	0	本期发生额	2 000 000
		期末余额	4 500 000

应付账款

		期初余额	1 091 400
		(1)	1 500 000
本期发生额	0	本期发生额	1 500 000
		期末余额	2 591 400

应交税费

		期初余额	300 000
(32)	300 000	(21)	50 000
		(25－1)	438 450
本期发生额	300 000	本期发生额	488 450
		期末余额	488 450

应付利息

		期初余额	12 000
本期发生额	0	本期发生额	0
		期末余额	12 000

盈余公积

		期初余额	100 000
		(27)	160 000
本期发生额	0	本期发生额	160 000
		期末余额	260 000

本年利润

		期初余额	1 780 000
(24－2)	3 293 200	(24－1)	5 047 000
(25－2)	438 450		
(28)	3 095 350		
本期发生额	6 827 000	本期发生额	5 047 000
		期末余额	0

主营业务收入

(24—1)	4 800 000	(15)	2 800 000
		(17)	2 000 000
本期发生额	4 800 000	本期发生额	4 800 000

主营业务成本

(20)	2 976 000	(24—2)	2 976 000
本期发生额	2 976 000	本期发生额	2 976 000

销售费用

(18)	50 000	(24—2)	50 000
本期发生额	50 000	本期发生额	50 000

管理费用

(6)	50 000	(24—2)	168 000
(9)	3 000		
(10)	100 000		
(11)	10 000		
(12)	5 000		
本期发生额	168 000	本期发生额	168 000

营业外收入

(24—1)	47 000	(22)	47 000
本期发生额	47 000	本期发生额	47 000

营业外支出

(23)	40 000	(24—2)	40 000
本期发生额	40 000	本期发生额	40 000

所得税费用

(25—1)	438 450	(25—2)	438 450
本期发生额	438 450	本期发生额	438 450

营业税金及附加

(21)	50 000	(24—2)	50 000
本期发生额	50 000	本期发生额	50 000

其他业务收入

(24—1)	200 000	(19)	200 000
本期发生额	200 000	本期发生额	200 000

财务费用

(32)	10 000	(33)	800
		(24—2)	9 200
本期发生额	10 000	本期发生额	10 000

图 4—5

根据表 4—8 和图 4—5 编制本期发生额及余额表，如表 4—9 所示。

表 4—9　　**本期发生额及余额表**

20×2 年 12 月 31 日　　单位：元

科目名称	期初余额		本期发生额		期末余额	
	借方金额	贷方金额	借方金额	贷方金额	借方金额	贷方金额
库存现金	26 100		1 000 000	1 001 240	24 860	
银行存款	1 504 300		11 047 800	2 793 200	9 758 900	
应收账款	3 546 000		800 000		4 346 000	
预付账款	700 000		100 000	100 000	700 000	
其他应收款	126 000				126 000	
应收利息	4 000				4 000	
原材料	1 670 000		2 886 440	2 720 000	1 836 440	
在途物资			2 886 440	2 886 440		
生产成本	225 000		3 590 000	2 420 000	1 395 000	
制造费用			120 000	120 000		

续前表

科目名称	期初余额		本期发生额		期末余额	
	借方金额	贷方金额	借方金额	贷方金额	借方金额	贷方金额
库存商品	1 680 000		2 420 000	2 976 000	1 124 000	
固定资产	3 000 000		100 000		3 100 000	
累计折旧		400 000		30 000		430 000
短期借款		2 500 000		2 000 000		4 500 000
应付账款		1 091 400		1 500 000		2 591 400
其他应付款		28 000				28 000
应付职工薪酬		1 010 000	1 000 000	1 000 000		1 010 000
预收账款		210 000	300 000	100 000		10 000
应付股利				600 000		600 000
应交税费		300 000	300 000	488 450		488 450
应付利息		12 000				12 000
实收资本		5 000 000		5 100 000		10 100 000
盈余公积		100 000		160 000		260 000
利润分配		50 000	760 000	3 095 350		2 385 350
本年利润		1 780 000	6 827 000	5 047 000		
主营业务收入			4 800 000	4 800 000		
其他业务收入			200 000	200 000		
主营业务成本			2 976 000	2 976 000		
营业税金及附加			50 000	50 000		
销售费用			50 000	50 000		
管理费用			168 000	168 000		
财务费用			10 000	10 000		
营业外收入			47 000	47 000		
营业外支出			40 000	40 000		
所得税费用			438 450	438 450		
合计	12 481 400	12 481 400	42 917 130	42 917 130	22 415 200	22 415 200

本章小结

借贷记账法的应用

经营过程	经济业务的内容	设置账户
供应过程	（1）购进材料 （2）结算货款	“原材料”、“在途物资”、“库存现金”、“银行存款”、“应付账款”、“预付账款”账户等
生产过程	（1）归集生产耗费 （2）计算产品成本	“生产成本”、“制造费用”、“管理费用”、“固定资产”、“累计折旧”、“库存商品”、“银行存款”、“应付职工薪酬”账户等
销售过程	（1）结算销货款 （2）与收入配比确认费用	“主营业务收入”、“其他业务收入”、“主营业务成本”、“其他业务成本”、“销售费用”、“营业税金及附加”、“所得税费用”账户等
利润形成及分配	（1）利润实现的核算 （2）利润分配	“本年利润”、“利润分配”、“应付股利”、“盈余公积”、“营业外收入”、“营业外支出”账户等
其他经济业务	所有者投资、发生债务、财产清查	“实收资本”、“长期借款”、“短期借款”、“财务费用”、“应交税费”账户等

练习题

某工业企业 2013 年 6 月份发生的有关经济业务如下：

（1）以银行存款 17 500 元缴纳所得税。

（2）开出转账支票 20 000 元，支付应分出的利润。

（3）投资者追加投资 100 000 元，存入银行。

（4）从银行借入一年期的借款 200 000 元，存入银行。

（5）收到出租包装物押金 50 000 元，存入银行。

（6）以银行存款 100 000 元偿还到期的短期借款。

（7）采购材料一批，应付货款为 72 000 元。

（8）以现金支付上述材料的搬运费 200 元，并结转材料采购成本。

（9）以银行存款预付材料款 30 000 元。

（10）采购材料一批，以银行存款支付材料款 46 000 元。

（11）采购已预付货款的材料，共计 57 000 元。冲销原预付货款 30 000 元，不足部分以银行存款支付。

（12）以银行存款支付上述材料的运杂费 1 000 元，并结转材料采购成本。

（13）领用材料一批，其中生产产品耗用 135 000 元，企业管理部门一般耗用 3 000 元。

（14）以现金 80 000 元支付职工工资。

（15）登记本月应付工资，其中生产工人工资 65 000 元，厂部管理人员工资 15 000 元。

（16）以银行存款支付行政管理部门水电费 5 600 元。

（17）以银行存款支付应由管理费用负担的材料仓库租金 4 800 元。

（18）某职工预借 1 000 元现金作为差旅费。

（19）以银行存款 5 000 元支付水电费，其中产品生产耗用 4 000 元，一般耗用 1 000 元。

（20）支付本月银行借款的利息 6 000 元。

（21）以银行存款支付修理费 30 000 元。

（22）计提固定资产折旧，应由产品制造成本负担的折旧费为 24 000 元，应由管理费用负担的折旧费为 20 000 元。

（23）职工报销差旅费 880 元，其余款项退回（原借款 1 000 元）。

（24）期末，结转完工产品的制造成本，共计 200 000 元。

（25）销售产品一批，货款 78 000 元尚未收到。

（26）预收货款 50 000 元存入银行。

（27）销售产品取得货款 96 000 元，已存入银行。

（28）以银行存款支付销售产品的包装费及搬运费 1 200 元。

（29）以现金支付销售产品的广告费 1 000 元。

（30）前欠销货款 78 000 元收回并存入银行。

（31）销售预收货款的产品一批 120 000 元，冲销原预收货款 50 000 元，同时收到不足部分的货款并存入银行。

（32）结转已销售产品的制造成本 200 000 元。

（33）登记应交销售税金 29 400 元。

（34）以银行存款支付出租包装物的押金 6 000 元。

（35）以现金 3 500 元支付罚款。

（36）由于对方违约，根据合同规定收到违约金 2 000 元并存入银行。

（37）根据上述资料结转本期利润。

（38）按规定计算应上缴所得税 5 000 元。

（39）按规定计算应分出利润 5 000 元。

（40）将 6 000 元利润作为公积金。

要求：根据上述经济业务编制会计分录（该企业已设置“制造费用”账户）。

第五章　会计凭证

学习目标

通过本章的学习，掌握原始凭证的作用、分类、审核；掌握记账凭证的作用、分类、填制、审核；掌握会计凭证的传递；熟悉会计凭证的种类、内容和填制要求。

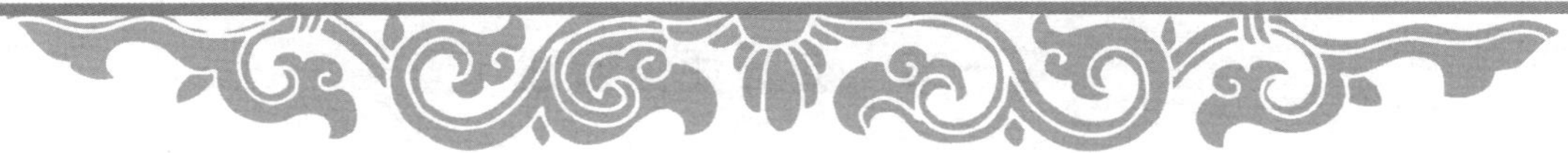

建议学时： **4学时**

教师导读：

1. 案例

张同学根据会计科目对副经理报销的票据进行归类，即将为推销产品支付差旅费、餐费等归类为“销售费用”，将为签订采购合同支付的差旅费等归类为“管理费用”，将为办理企业设立支付的注册费等归类为“管理费用”。然后拿到出纳处准备领取现金，但是出纳人员认为这些票据未经过审核，不能领取现金。

- 为什么要进行审核？
- 如何进行审核？
- 如果审核通过，应该如何处理？
- 如果审核未通过，应该如何处理？

2. 本章在会计记录方法中的地位

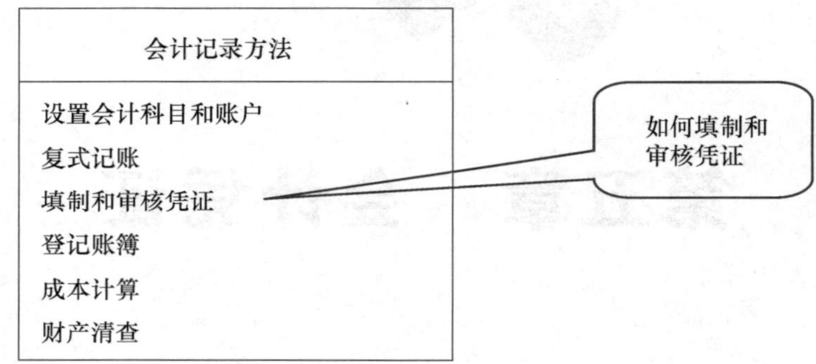

3. 学习方法

(1) 通过预习，对本章的学习内容有初步了解。

(2) 采用归纳学习法，即循序渐进地学习原始凭证分类、审核，记账凭证的填制、审核等知识点，然后将原始凭证、记账凭证的传递贯穿起来。

(3) 完成本章后面的思考题和练习题。

完成本章的学习之后，可以解决章前案例中提出的问题。

第一节　会计凭证概述

会计凭证是会计工作中记录经济业务、明确经济责任的书面证明，是登记账簿的依据。会计主体处理任何一项经济业务都必须办理凭证手续，由执行或完成该项经济业务的有关人员填制或取得会计凭证，详细说明该项经济业务的内容并在会计凭证上签名或盖章，明确经济责任。填制或取得会计凭证后，要由有关人员进行审核，经审核无误并由审核人员签章后，才可作为记账的依据。填制和审核会计凭证是会计核算的专门方法之一。

会计凭证的填制和审核对于如实反映经济业务的内容，有效监督经济业务的合理性和合

法性，保证会计核算资料的真实性、可靠性、合理性，发挥会计在经济管理中的作用具有重要意义。填制和审核会计凭证作为会计核算的一项重要内容，在经济管理中具有重要作用：

（1）会计人员可以根据会计凭证对日常大量分散的各种经济业务进行整理、分类、汇总，并经过会计处理，为经济管理提供有用的会计信息。

（2）通过会计凭证的审核，可以检查经济业务的发生是否符合有关的法令、制度，是否符合业务经营、财务收支的方针和计划、预算的规定，以确保经济业务的合理性、合法性和有效性，可以监督经济业务的发生、发展，控制经济业务的有效实施，发挥会计管理职能的重要作用。

（3）会计凭证是记账的依据，通过会计凭证的填制、审核，按一定方法对会计凭证进行整理、分类、汇总，为会计记账提供真实、可靠的依据，并通过会计凭证的及时传递对经济业务适时地进行记录。

（4）通过会计凭证的填制和审核，使有关责任人在其职权范围内各司其职、各负其责，并利用会计凭证填制和审核的手续及制度，进一步完善经济责任制。

会计凭证是多种多样的，可以按照不同的标志进行分类，但主要是按其填制程序和用途分类，可分为原始凭证和记账凭证两类。

第二节　原始凭证

一、原始凭证及其种类

原始凭证又称原始单据，是在经济业务发生或完成时取得或填制的，用以记录、证明经济业务已经发生或完成的原始证据，是进行会计核算的原始资料。原始凭证记载着大量的经济信息，是证明经济业务发生的初始文件，具有较强的法律效力，所以它是一种很重要的凭证。原始凭证按其形成分为以下几种。

（一）外来原始凭证

外来原始凭证是指同外部单位发生经济往来关系时，从外部单位取得的原始凭证。如购货时取得的发票、付款时取得的收据等。外来原始凭证的一般格式见表5—1～表5—4。

表5—1　　**××专用发票**

发票联　　No. 7384652

付款单位：______　　支票号：______

编号	商品名称	规格	单位	数量	单价	金额								
						百	十	万	千	百	十	元	角	分
MR1—6	轴承	38—102	套	100	148.00			1	4	8	0	0	0	0
MR1—7	机箱	40—110	套	100	152.00			1	5	2	0	0	0	0
MR1—8	电机	XXL	台	50	160.00				8	0	0	0	0	0
小写金额合计							¥	3	8	0	0	0	0	0
大写金额叁万捌仟元整														

二　付款方收执

收款单位（盖章）　　开票人　　20×4年6月25日

表 5—2　　　　××市增值税专用发票　　　　No. 01828834

开票日期：年　月　日

购货单位	名称		纳税人登记号	
	地址、电话		开户银行及账号	

货物或应税劳务名称	计量单位	数量	单价	金额									税率（%）	税额								
				百	十	万	千	百	十	元	角	分		百	十	万	千	百	十	元	角	分
合计																						

价税合计（大写）	仟　佰　拾　万　仟　佰　拾　元　角　分　¥

销货单位	名称		纳税人登记号	
	地址、电话		开户银行及账号	
备注				

第二联　发票联　购货方记账

收款人　　　　开票单位（未盖章无效）

表 5—3　　　　中国建设银行现金交款单

年　月　日

交款单位		收款单位			
款项来源		账号		开户银行	

大写金额	人民币	十	亿	千	百	十	万	千	百	十	元	角	分

券别	100元	50元	20元	10元	5元	2元	1元	5角	2角	1角	5分	2分	1分	合计金额	
整把券															收款银行盖章 年　月　日
零张券															

第一联　银行盖章后退交款人

复核　　　　经办

表 5—4　　　　中国建设银行进账单（收账通知）1

第　号

出票人	全称		持票人	全称	
	账号			账号	
	开户银行			开户银行	

人民币（大写）	千	百	十	万	千	百	十	元	角	分

票据种类		
票据张数		
单位主管　会计　复核　记账		持票人开户行盖章

此联是持票人开户银行交给持票人的收账通知

（二）自制原始凭证

自制原始凭证是指由本单位内部经办经济业务的部门或人员在办理经济业务时所填制的凭证。如商品、材料入库时，由仓库保管人员填制的入库单；商品销售时，由业务部门开出的提货单等。其一般格式见表5—5～表5—12。

表5—5　　**缴款书**

年　月　日　　　　字第　号　（收款单位会计事项）

缴款单位（或缴款人）			款别	
摘要				
款项所属日期	年　月		金额	¥
人民币（大写）				
备注		缴款人		

顺序号	
明细科目	
账页	

收讫章

收款人

（收款单位核收章）科长　　审计　　复核　　记账

表5—6　　**入库单**

供货单位：长城电机厂　　20×3年5月10日　　收货单位：玩具组

库别：四分2—6　　　　库别：自库4

类	种	品	规格	等级	品名	单位	数量	单价	金额								包装数量	件数
原料	主要原料	电机	TCA6	一级	2 000W电机	台	500	26.00		1	3	0	0	0	0	0	100	5
合计									¥	1	3	0	0	0	0	0	100	5

验收单位（签章）　　复核（签章）　　记账号（签章）　　制单（签章）

表5—7　　**提货单**

账货单位：市场建厂　　20×3年5月26日　　运输方式：自提

收货地址：自库6　　　　编号：08494

产品编号	产品名称	规格	单位	数量	单价	金额	备注
SP—A8	机箱	LA6	套	400	210.00	84 000.00	
合计				400	210.00	¥84 000.00	

销售部门负责人（签章）　　发货人（签章）　　提货人（签章）　　制单（签章）

表 5—8　　　　××单位原始报销凭证封面

年　月　日

摘要									
付款方式									
报销金额	大写：	十	万	千	百	十	元	角	分
备注									

报销单位：　　　　　　负责人：　　　　　　经手人：　　　　　　审核：

表 5—9　　　　××单位差旅费报销单

出差人姓名______职别______级别______事由______出差起止日期__________　　　　共计　天

起止日期	车船飞机票			未购卧铺补助	出差补助费			住宿费	外勤交通费	其他	合计金额
	种类	起止地点	金额		天数	标准	金额				
自 月 日 时至 月 日 时											
自 月 日 时至 月 日 时											
自 月 日 时至 月 日 时											
自 月 日 时至 月 日 时											
自 月 日 时至 月 日 时											
自 月 日 时至 月 日 时											
合计：人民币（大写）											
说明											

单位公章　　　　单位负责人　　　　领款人　　　　年　月　日报销

表 5—10　　　　限额领料单

领料部门：　　　　　　　　　　　　　　　　第　号

用途：　　　　　　年　月　日　　　　　　发料仓库：

材料编号	材料名称及规格	计量单位	计划投产量	单位消耗定额	领用限额	实发																
						数量	单价							金额								
							万	千	百	十	元	角	分	百	十	万	千	百	十	元	角	分

日期	领用			退料			限额结余数量
	数量	领料人	发料人	数量	退料人	收料人	

生产计划部门　　　　　　　　　　　　　　仓库

表 5—11　　销售产品成本计算表

品种	数量	计量单位	单位成本	总成本
合计				

表 5—12　　发出材料汇总表

领用部门 \ 材料品种	甲种材料	乙种材料	……	合计
第一生产车间				
第二生产车间				
车间一般领用				
管理部门领用				
⋮				
合计				

除上述原始凭证外，企业在实际工作中还会用到许多其他凭证，由于篇幅所限，在此不能一一列举。企业的自制原始凭证可以按其内容分为以下几类：

（1）一次性凭证。在自制原始凭证中，大部分凭证的填制手续是一次完成的，已填列的凭证不能重复使用，这类自制原始凭证称为一次性凭证，如入库单、提货单等。

（2）累计凭证。在一些特定单位，为了连续反映某一时期内不断重复发生而分次进行的特定业务，需要在一张凭证中连续、累计填列该项特定业务的具体情况，这种凭证称为累计凭证，如限额领料单。限额领料单中标明了某种材料在规定期限内的领用额度，用料单位每次领料及退料都要由经办人员在限额领料单上逐笔记录、签章，并结出限额结余，使用这种凭证，既可以做到对领用材料的事前控制，又可减少凭证填制的手续。但因这种凭证要反复使用，必须严格凭证的保管制度和材料收发手续。

（3）记账编制凭证。在企业自制的各种原始凭证中，一般都是以实际发生或完成的经济业务为依据，由经办人员填制并签章。有些自制原始凭证，由会计人员根据已经入账的结果，对某些特定事项进行归类、整理而编制，这种根据账簿记录而填制的原始凭证称为记账编制凭证。如月末确定已销商品成本时，根据库存商品账簿记录所编制的成本计算表；月末计算产品生产成本时所编制的制造费用分配表以及月末所编制的利润分配计算表等。

（4）汇总原始凭证。在实际工作中，为了集中反映某项经济业务的总括情况，并简化记账凭证的填制工作，往往将一定时期内若干记录同类性质经济业务的原始凭证汇总编制成一张原始凭证，这种凭证称为汇总原始凭证。如收货汇总表、商品销货汇总表、发出材料汇总表等。汇总原始凭证所汇总的内容只能是同类经济业务，即将反映同类经济业务的各种原始凭证汇总编制成一张汇总原始凭证，不能汇总两类或两类以上的经济业务。

思考：企业发生购进业务，会涉及哪些原始凭证？举例说明。

二、原始凭证的填制

（一）原始凭证的基本要素

在会计实务中，由于各种经济业务的内容和经济管理的要求不同，原始凭证的名称、格式和内容多种多样，其填制与审核的具体内容也会因此而多种多样。为了便于使用原始凭证，有关部门制定了统一的凭证格式，如银行结算凭证、增值税专用发票等。原始凭证作为反映经济业务已经发生或已经完成的原始证据，必须反映经济业务发生或完成的情况，并明确有关人员的经济责任，所以各种原始凭证都必须具备一些基本要素，具体包括以下七个方面：

（1）凭证的名称。表明原始凭证所记录业务内容的种类，反映原始凭证的用途。如“发票”、“入库单”等。

（2）填制凭证的日期。填制凭证的日期一般是业务发生或完成的日期。如果在业务发生或完成时，因各种原因未能及时填制原始凭证，应以实际填制日期为准。

（3）填制凭证单位的名称或填制人姓名。

（4）经办人员的签名或盖章。经办人员签名或盖章是为了明确经济责任。

（5）接受凭证单位的名称。将接受凭证单位与填制凭证单位或填制人员相联系，表明经济业务的来龙去脉。

（6）经济业务内容。经济业务内容主要包括经济业务的项目、名称及有关的附注说明。

（7）数量、单价和金额。数量、单价和金额主要表明经济业务的计量情况，是原始凭证的核心。

（二）原始凭证的填制要求

原始凭证应由填制人员将各项原始凭证要素按规定方法填写齐全，办妥签章手续，明确经济责任。原始凭证的填制有三种形式：一是根据实际发生或完成的经济业务由经办人员直接填列，如“入库单”、“出库单”等；二是根据已经入账的有关经济业务由会计人员利用账簿资料进行加工整理填列，如各种记账编制凭证；三是根据若干张反映同类经济业务的原始凭证定期汇总填列，如汇总原始凭证。原始凭证填制的一般要求为：

（1）符合实际情况。凭证的内容、数字等必须根据实际情况填列，确保原始凭证所反映的经济业务真实可靠，符合实际情况。从外单位取得的原始凭证如有遗失，应取得原签发单位盖有财务章的证明，并注明原来凭证的号码、金额和内容等，经单位负责人批准后，可代作原始凭证。对于确实无法取得证明的，如火车票、船票、飞机票等凭证，由当事人写明详细情况，由经办单位负责人批准后可代作原始凭证。

（2）明确经济责任。填制的原始凭证必须由经办人员和部门签章，一旦签章，相关人员负有相应的责任。从外单位取得的原始凭证必须盖有填制单位的财务章；从个人取得的原始凭证必须有填制人员的签名或盖章；自制原始凭证必须有经办单位负责人或其指定人

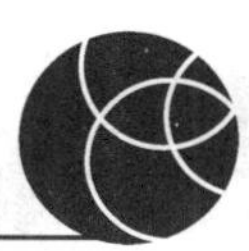

员的签名或盖章。

（3）填写内容齐全。原始凭证的各项内容必须详尽地填写齐全，不得有遗漏，而且凭证填写的手续必须完备，遵循内部牵制原则。凡是填有大写和小写金额的原始凭证，大写与小写金额必须相符；购买实物的原始凭证必须有验收证明；支付款项的原始凭证必须有收款单位和收款人的收款证明。一式几联的原始凭证应当注明各联的用途，只能以一联作为登记账簿的依据；一式几联的发票和收据必须用双面复写纸套写并连续编号，作废时应加盖“作废”戳记，连同存根一起保存，不得撕毁。发生销货退回时，除填制退货发票外，退款时必须取得对方的收款收据或汇款银行的汇出凭证，不得以退货发票代替收据。职工公出借款收据必须附在记账凭证上，收回借款时应另开具收据或退还借款收据副本，不得退还原借款收据。经有关部门批准办理的某些特殊业务，应将批准的文件作为原始凭证的附件，若批准文件需要单独归档，应在凭证上注明批准机关名称、日期和文件字号。

（4）书写格式规范。原始凭证要用蓝色或黑色笔书写，字迹清楚、规范；填写支票必须使用碳素笔；需要套写的凭证，必须一次套写清楚；合计的小写金额前应加注币值符号，如“¥”、“HK$”、“US$”等；大写金额有分的，后面不加“整”字，其余一律在末尾加“整”字，大写金额前还应加注币值单位，注明“人民币”、“美元”、“港币”等字样，且币值单位与金额数字之间以及各金额数字之间不得留有空隙。各种凭证不得随意涂改、刮擦、挖补，若填写错误，应采用规定方法予以更正。对于重要的原始凭证，如支票以及各种结算凭证，一律不得涂改。对于预先印有编号的各种凭证，在填写错误后，要加盖“作废”戳记并单独保管。

阿拉伯数字应一个一个地写，不得连笔写。阿拉伯金额数字前面应写上人民币符号“¥”。人民币符号“¥”与阿拉伯金额数字之间不得留有空白。凡阿拉伯数字前写有人民币符号“¥”的，数字后面不再写“元”字。所有以元为单位的阿拉伯数字，除表示单价等情况外，一律填写到角、分。无角无分的，角位和分位可写“00”或符号“—”；有角无分的，分位应写“0”，不得用符号“—”代替。

汉字大写金额数字一律用正楷或行书书写，如壹、贰、叁、肆、伍、陆、柒、捌、玖、拾、佰、仟、万、亿等易于辨认、不易涂改的字样。

阿拉伯金额数字中间有“0”时，汉字大写金额要写“零”字，如“¥101.50”，汉字大写金额应写成“人民币壹佰零壹元伍角整”。阿拉伯金额数字中间连续有几个“0”时，汉字大写金额中可以只写一个“零”字，如“¥1 004.56”，汉字大写金额应写成“人民币壹仟零肆元伍角陆分”。阿拉伯金额数字元位是“0”或数字中间连续有几个“0”，元位也是“0”，但角位不是“0”时，汉字大写金额可只写一个“零”字，也可不写“零”字，如“¥1 320.56”，汉字大写金额应写成“人民币壹仟叁佰贰拾元零伍角陆分”或“人民币壹仟叁佰贰拾元伍角陆分”。

三、原始凭证的审核

只有经过审核无误的原始凭证才能作为记账的依据。为了正确反映并监督各项经济业务，会计部门的经办人员必须严格审核各项原始凭证，以确保会计核算资料的真实、合法、准确。

（一）原始凭证审核的内容

（1）审核原始凭证的真实性。原始凭证的真实性对会计信息的质量有着至关重要的影响。对其真实性的审核内容包括原始凭证日期是否真实、业务内容是否真实、数据是否真实等。此外，外来原始凭证必须有填制单位的公章和填制人员的签章；自制原始凭证必须有经办部门和经办人员的签字或盖章；对于通用原始凭证，还应审核凭证本身的真实性，以防假冒。

（2）审核原始凭证的合法性。审核原始凭证所记录的经济业务是否有违反国家法律法规的情况，是否履行了规定的凭证传递和审核程序，是否有贪污腐化等违法行为。

（3）审核原始凭证的合理性。审核原始凭证所记录经济业务是否符合企业生产经营活动的需要，是否符合有关的计划或预算等。

（4）审核原始凭证的完整性。审核原始凭证各项基本要素是否齐全，是否有漏项的情况，日期是否完整，数字是否清晰，文字是否工整，有关人员签章是否齐全，凭证联次是否正确等。

（5）审核原始凭证填写的正确性。审核原始凭证各项金额的计算及填写是否正确，包括：阿拉伯数字分位的填写；小写金额前要标明“￥”，中间不能留空位；大写金额前要加“人民币”字样，大写金额与小写金额要相符；凭证中有书写错误的，应采用正确的方法进行更正，不能涂改、刮擦、挖补。

（6）审核原始凭证的及时性。原始凭证的及时性是保证会计信息及时性的基础。为此，要求在经济业务发生或完成时及时填制有关原始凭证，及时进行凭证传递。审核时应注意原始凭证的填制日期。

（二）原始凭证审核结果的处理

经审核后的原始凭证应根据不同情况进行处理，其具体处理方法有：

（1）对于完全符合要求的原始凭证，应及时据以编制记账凭证入账。

（2）对于真实、合法、合理但内容不完整、填写有错误的原始凭证，应退回给有关经办人员，由其负责将有关项目补充完整、更正错误或重新填制后，再办理正式的会计手续。

（3）对于不真实、不合法的原始凭证，会计机构、会计人员有权不予接受，并向单位负责人报告。

第三节　记账凭证

一、记账凭证及其种类

记账凭证是会计人员根据审核无误后的原始凭证进行归类整理并确定会计分录而编制

的凭证，是直接登账的依据。记账凭证记载的是会计信息，从原始凭证到记账凭证是经济信息转换成会计信息的过程，是一种质的飞跃。

记账凭证要根据审核无误后的原始凭证所反映的经济业务按规定的会计科目和复式记账方法编制，以确保账簿记录的准确性。因为原始凭证只表明经济业务的具体内容，不能反映其归类的会计科目和记账方向，而且原始凭证多种多样，其格式、大小也不尽一致，故不能凭以直接入账。为了做到分类反映经济业务的内容，必须按会计核算方法的要求，将原始凭证归类整理为能据以入账的形式，指明应记入的账户名称以及应借、应贷的金额。

记账凭证和原始凭证同属于会计凭证，但二者存在以下区别：

(1) 原始凭证是由经办人员填制的；记账凭证一律由会计人员填制。

(2) 原始凭证是根据发生或完成的经济业务填制；记账凭证是根据审核无误后的原始凭证填制。

(3) 原始凭证仅用以记录、证明经济业务已经发生或完成；记账凭证要依据会计科目对已经发生或完成的经济业务进行归类、整理。

(4) 原始凭证是填制记账凭证的依据；记账凭证是登记账簿的主要依据。

记账凭证的一般格式见图 5—1。

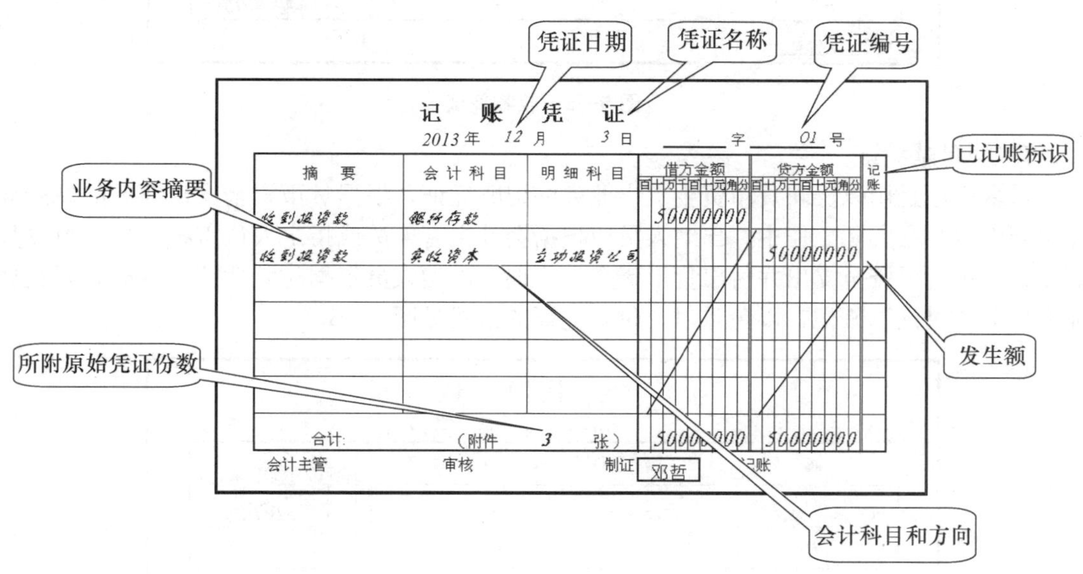

图 5—1　记账凭证的格式

图 5—1 所示的记账凭证格式具有通用性，可以记录各种经济业务。

思考： 企业从银行取得借款 200 万元存入银行。根据此项业务如何填制记账凭证？

在实际工作中，货币资金管理是财会人员的一项重要工作，为了单独反映货币资金的收付情况，货币资金收付业务量较多的单位，往往根据货币资金的收付业务编制专用的记账凭证。

(一）收款凭证

收款凭证是用以反映货币资金收入业务的记账凭证，根据货币资金收入业务的原始凭证填制而成。在实际工作中，出纳人员应根据会计管理人员或指定人员审核批准的收款凭证作为记录货币资金收入的依据。出纳人员根据收款凭证收款（尤其是收入现金）时，要在凭证上加盖“收讫”戳记，以避免差错。收款凭证一般按现金和银行存款分别编制，其格式见图 5—2。

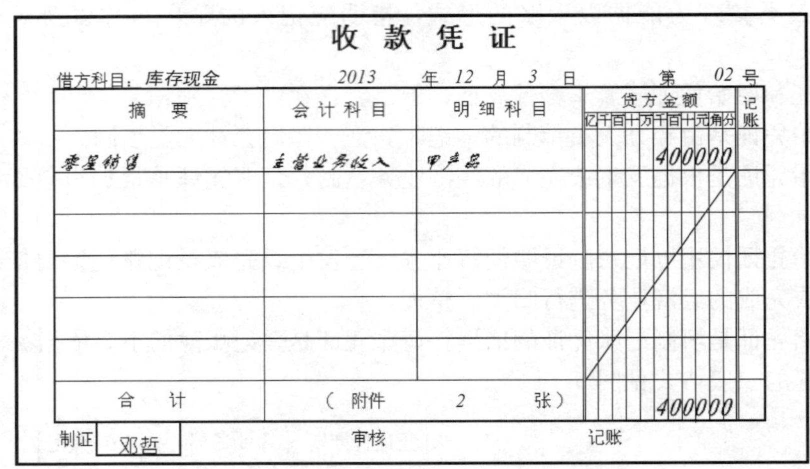

收款凭证

借方科目：库存现金　　2013 年 12 月 3 日　　第 02 号

摘要	会计科目	明细科目	贷方金额（亿千百十万千百十元角分）	记账
零星销售	主营业务收入	甲产品	400000	
合计	（附件 2 张）		400000	

制证 邓哲　　审核　　记账

图 5—2　收款凭证

（二）付款凭证

付款凭证是用以反映货币资金支出业务的记账凭证，根据货币资金支出业务的原始凭证填制而成。在实际工作中，出纳人员应根据会计主管人员或指定人员审核批准的付款凭证作为记录货币资金支出并付出货币资金的依据。出纳人员根据付款凭证付款时，要在凭证上加盖“付讫”戳记，以免重付。付款凭证的格式见图 5—3。

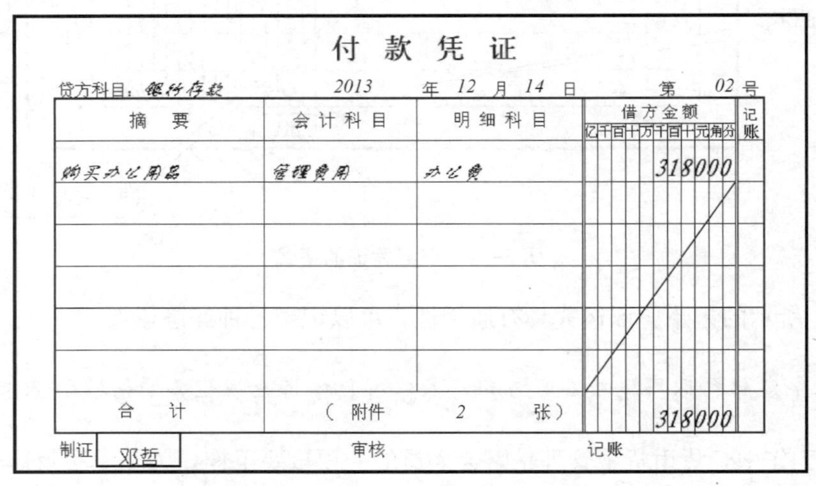

付款凭证

贷方科目：银行存款　　2013 年 12 月 14 日　　第 02 号

摘要	会计科目	明细科目	借方金额（亿千百十万千百十元角分）	记账
购买办公用品	管理费用	办公费	318000	
合计	（附件 2 张）		318000	

制证 邓哲　　审核　　记账

图 5—3　付款凭证

（三）转账凭证

转账凭证是反映与货币资金收付无关的转账业务的凭证，根据有关转账业务的原始凭证或记账编制凭证填制而成。其格式与通用记账凭证相同，见图 5—4。

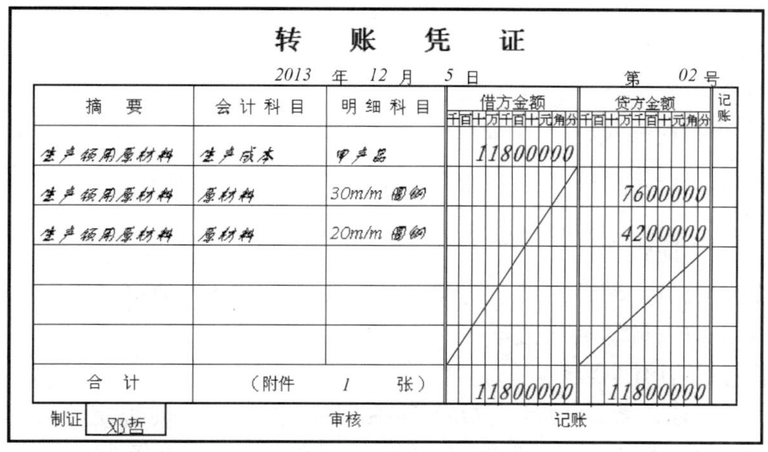

转　账　凭　证

2013 年 12 月 5 日　　　　第 02 号

摘　要	会计科目	明细科目	借方金额（千百十万千百十元角分）	贷方金额（千百十万千百十元角分）	记账
生产领用原材料	生产成本	甲产品	11800000		
生产领用原材料	原材料	30m/m 圆钢		7600000	
生产领用原材料	原材料	20m/m 圆钢		4200000	
合　计	（附件 1 张）		11800000	11800000	

制证 邓哲　　审核　　记账

图 5—4　转账凭证

收款凭证、付款凭证和转账凭证分别用以记录货币资金收入事项、支出事项和转账业务（与货币资金收支无关的业务），为便于识别，各种记账凭证一般印制成不同的颜色。会计实务中，某些经济业务既是货币资金收入业务，又是货币资金支出业务，如现金和银行存款之间的收付业务。为了避免记账重复，对于这类业务，一般只编制付款凭证，不编制收款凭证。即：将现金存入银行时，编制现金付款凭证；从银行提取现金时，编制银行存款付款凭证。

思考： 假设企业采用收款凭证、付款凭证、转账凭证进行会计记录，对于销售商品款项尚未收到的业务，应编制什么凭证？

为了简化凭证的填制手续，自制原始凭证汇总表可以代替记账凭证作为记账依据。这种凭证实际上是将原始凭证和记账凭证相结合的凭证，又称为联合凭证。以自制原始凭证汇总表代替记账凭证时，应当在凭证格式中预先印制应借、应贷科目专栏，或在凭证上为填列应借、应贷科目预留空白。

思考： 记账凭证与会计分录的关系。

二、记账凭证的填制

（一）记账凭证的基本要素

记账凭证是将经济信息转换成会计信息，对经济业务进行分类核算的凭证。它可以根据每项经济业务编制，即根据每项经济业务的原始凭证编制，也可以根据若干项同类经济业务编制，即根据同类原始凭证汇总编制。记账凭证有多种形式，但作为确定会计分录和进行款项收付、账簿记录的依据，必须反映经济业务归类核算的项目、填制依据以及有关人员的责任。所以记账凭证必须具备一些基本要素，这些基本要素主要包括以下七个方面：

（1）填制凭证的日期。

（2）凭证编号。

（3）经济业务内容摘要。

（4）会计科目、记账方向。

（5）记账金额。

（6）所附原始凭证张数。

（7）填制凭证人员、稽核人员、记账人员、会计主管人员的签名或盖章。收、付款的记账凭证还应由出纳人员签名或盖章。

（二）记账凭证的填制要求

填制记账凭证时，要求会计人员将各项记账凭证要素按规定方法填写齐全，便于账簿登记。各种记账凭证除严格按原始凭证的填制要求填制外，还应注意以下事项：

（1）凭证摘要简明。要用简练明确的语句概括经济业务内容的要点，并将其填入记账凭证的摘要栏，以便于查阅凭证和登记账簿。

（2）业务记录明确。不能把不同类型的经济业务合并填制一张记账凭证，一张记账凭证只能反映某一项经济业务或若干项同类经济业务，这主要是为了明确经济业务的来龙去脉和账户对应关系。记账凭证可以根据每一张原始凭证填制，或者根据若干张同类原始凭证汇总填制。以自制的原始凭证或原始凭证汇总表代替记账凭证的，必须具备记账凭证应有的项目。

（3）会计科目运用准确。必须按规定的会计科目及其核算内容正确编制会计分录，确保会计科目的准确运用。

（4）附件完整，数量准确。记账凭证所附的原始凭证必须完整无缺，记账凭证上需注明原始凭证的张数，以便核对摘要及所编写的会计分录是否准确无误。对于同一张原始凭证需填制两张记账凭证的，应在未附原始凭证的记账凭证上注明其原始凭证在哪张记账凭证后，以便查阅。如果一张原始凭证所列支出需要几个单位共同负担，应按其他单位负担的部分，开给对方原始凭证分割单进行结算。对于结账和更正错账的记账凭证，可以不附原始凭证。

（5）填写内容齐全。记账凭证中的各项内容必须填写齐全，并按规定程序办理签章手续，不得简化。

（6）凭证按顺序编号。记账凭证应按业务发生顺序及不同种类的记账凭证连续编号，若一笔经济业务需填制多张记账凭证，可以采用按该项经济业务的记账凭证数量编列分数顺序号的方法。前面的整数为总顺序号，后面的分数为该项经济业务的分顺序号，分母表示该项经济业务的记账凭证总张数，分子表示该项经济业务的序号。

三、记账凭证的审核

记账凭证是登记账簿的直接依据，为了确保账簿记录的准确性，监督款项收付，全面提供会计信息，必须严格按照要求填制记账凭证，同时要由专人对已经填制的记账凭证严格审核。只有经审核无误后的记账凭证才能作为记账的依据。记账凭证的审核主要包括以下几项内容：

（1）内容是否真实。审核记账凭证是否有原始凭证为依据，所附原始凭证的内容与记账凭证的内容是否一致，记账凭证汇总表的内容与其所依据的记账凭证的内容是否一致等。

（2）项目是否齐全。审核记账凭证各项目的填写是否齐全，如日期、凭证编号、摘要、会计科目、金额、所附原始凭证张数及有关人员签章等。

（3）科目是否正确。审核记账凭证的应借、应贷科目是否正确，是否有明确的账户对应关系，所使用的会计科目是否符合国家统一的会计制度的规定等。

（4）金额是否正确。审核记账凭证所记录的金额与原始凭证的有关金额是否一致、计算是否正确，记账凭证汇总表的金额与记账凭证的金额合计是否相等。

（5）书写是否正确。审核记账凭证中的记录是否文字工整、数字清晰，是否按规定进行更正等。

记账凭证的具体审核可通过图 5—5 表示。

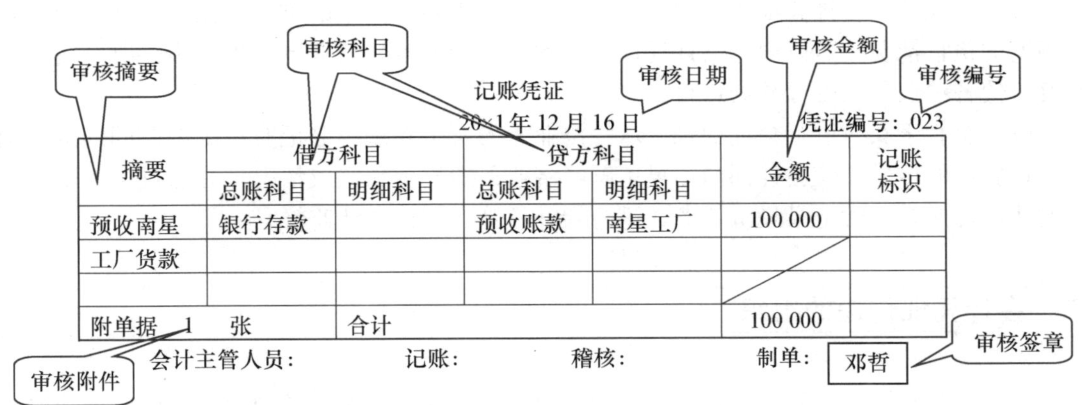

记账凭证

20×1 年 12 月 16 日　　　　凭证编号：023

摘要	借方科目		贷方科目		金额	记账标识
	总账科目	明细科目	总账科目	明细科目		
预收南星	银行存款		预收账款	南星工厂	100 000	
工厂货款						
附单据　1　张		合计			100 000	

会计主管人员：　　记账：　　稽核：　　制单：邓哲

图 5—5　记账凭证的审核

此外，出纳人员在办理收款或付款业务后，应在记账凭证上加盖“收讫”或“付讫”戳记，以避免重收重付。

在审核时，若记账之前发现记账凭证有错误，应重新编制正确的记账凭证，并将错误的记账凭证作废或撕毁。已经登记入账的记账凭证，在当年发现填写错误的，应用红字填写一张与原内容相同的记账凭证，在摘要栏注明“注销某月某日某号凭证”，同时再用蓝字或黑字重新填制一张正确的记账凭证，注明“订正某月某日某号凭证”。如果会计科目没有错误，只是金额错误，也可以将正确数字与错误数字之间的差额，另编制一张调整记账凭证。调增金额用蓝字或黑字，调减金额用红字。发现以前年度的错误，应用蓝字或黑字填制一张更正的记账凭证。

第四节　会计凭证的传递

一、会计凭证传递的作用

会计凭证的传递是指会计凭证从编制时起到归档时止，在单位内部各有关部门及人员之间的传递程序和传递时间。为了能够利用会计凭证及时反映各项经济业务，提供会计信息，发挥会计监督的作用，必须正确、及时地进行会计凭证的传递，不得积压。

正确组织会计凭证的传递，对于及时处理和登记经济业务、明确经济责任、实行会计监督具有重要作用。会计凭证传递的实质是在单位内部各部门之间、各环节之间起着协调和组织的作用。会计凭证传递程序是企业管理规章制度的重要组成部分，传递程序的科学与否，说明了该企业管理的科学程度，其具体作用如下：

(1) 有利于完善经济责任制度。经济业务的发生或完成及记录是由若干责任人共同负责、分工完成的，会计凭证作为记录经济业务、明确经济责任的书面证据，体现了经济责任制度的执行情况。可以通过会计凭证传递程序和传递时间的规定，进一步完善经济责任制度，使各项业务的处理顺利进行。

(2) 有利于及时进行会计记录。从经济业务的发生到账簿登记有一定的时间间隔，通过会计凭证的传递，使会计部门尽早了解经济业务的发生和完成情况，并通过会计部门内部的凭证传递，及时记录经济业务，进行会计核算，实行会计监督。

二、会计凭证传递的组织

为了充分发挥会计的作用，必须合理组织会计凭证的传递。各种记账凭证所记载的经济业务内容不同，涉及的部门和人员不同，办理经济业务的手续也不尽一致。组织会计凭证传递必须遵循内部牵制原则，力求做到及时反映、记录经济业务。内部牵制原则是建立内部牵制制度的基本准则，主要是指办理经济业务的各项手续制度要相互制约、相互监督。内部牵制制度是单位内部的一种管理制度，是指单位的领导、各职能部门、基层机构及其人员之间，在处理各项经济业务时相互联系、相互制约的管理制度体系，通过相互联系、相互制约的关系，达到控制和管理经济活动的目的。建立单位的内部牵制制度，必须结合单位内部管理的要求及特点，必须符合内部牵制的基本准则。内部牵制制度的基本准则主要包括三个方面的内容：一是各职能部门及其人员的职权和责任必须划分清楚；二是各职能部门及其人员按办理经济业务的程序明确各自的手续制度；三是明确各职能部门及

其人员之间的相互联系。内部牵制制度特别强调相互制约的关系，要求在处理各项经济业务时，应由多人负责、共同完成，并相互制约，同时建立复核查对制度。组织会计凭证的传递，还必须根据办理经济业务手续所需的时间，规定会计凭证在各环节的停留时间，保证经济业务记录及时。

各单位在制定会计凭证的传递程序、规定其传递时间时，通常要考虑以下两点内容，以合理地组织会计凭证的传递：

（1）根据各单位经济业务的特点、企业内部机构组织、人员分工情况以及经营管理的需要，从完善内部牵制制度的角度出发，规定各种会计凭证的联次及传递流程，使经办业务的部门及其人员及时办理各种凭证手续，做到既符合内部牵制原则，又能提高工作效率。

（2）根据有关部门和人员办理经济业务的必要时间，同相关的部门和人员协商制定会计凭证在各经办环节的停留时间，以便合理确定办理经济业务的最佳时间，及时反映、记录经济业务的发生和完成情况。

如工业企业入库单首先是由仓库有关人员在材料验收入库时填制一式若干联。其中：一联仓库留作原始凭证，登记仓库材料保管的账簿；一联由仓库传递到有关业务部门，如采购部门，使采购部门了解到该项采购业务所购进的材料已经入库，以便于其掌握库存材料的动向；一联由仓库传递到会计部门，使会计部门从价值方面掌握库存材料的情况，会计部门据此编制记账凭证，根据记账凭证登账后，装订成册，至此完成会计凭证的传递。不论按何种途径传递，都应该保证会计凭证经过必要的环节，在每一环节停留必要的时间。入库单的传递如图 5—6 所示。

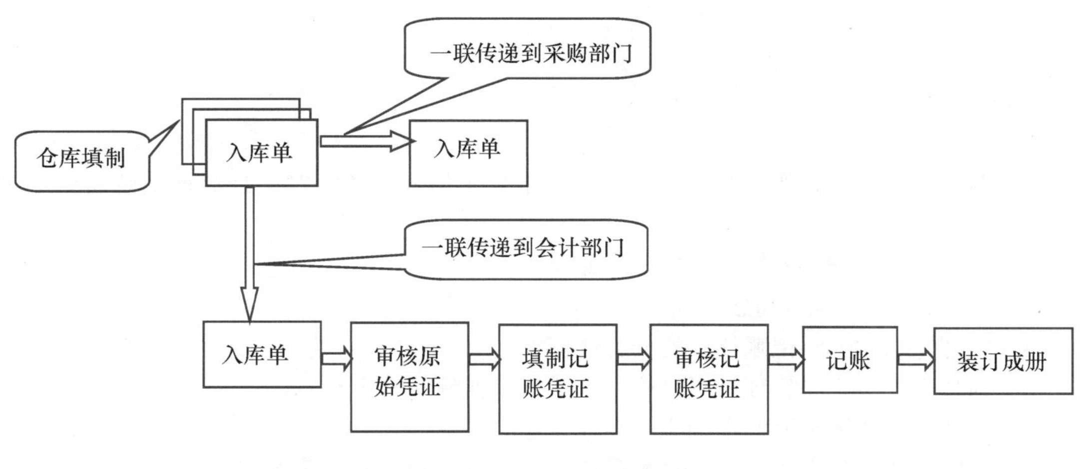

图 5—6　入库单的传递

在会计凭证传递过程中，若遇有不合理的环节，应根据实际情况及时加以修改，确保会计凭证传递程序的合理化、制度化，并节约传递时间。

思考： 销售业务涉及的凭证应如何传递？

本章小结

会计凭证及其分类

会计凭证的定义	原始凭证、记账凭证的定义	分类	分类
会计凭证：会计工作中记录经济业务、明确经济责任的书面证明，是用来登记账簿的依据。	原始凭证：在经济业务发生或完成时取得或填制的，用以记录、证明经济业务已经发生或完成的原始证据。	外来原始凭证	
		自制原始凭证	一次性凭证
			累计凭证
			记账编制凭证
			汇总原始凭证
	记账凭证：会计人员根据审核后的原始凭证进行归类整理并确定会计分录而编制的凭证，是直接登账的依据。	通用记账凭证	
		专用记账凭证	收款凭证
			付款凭证
			转账凭证

原始凭证审核的内容有真实性、合法性、合理性、完整性、正确性、及时性等。

记账凭证审核的内容有内容是否真实、项目是否齐全、科目是否正确、金额是否正确、书写是否正确等。

会计凭证的传递是指会计凭证从编制时起到归档时止，在单位内部各有关部门及人员之间的传递程序和传递时间。

思考题

1. 填制和审核会计凭证在会计记录方法中处于何种地位？对满足会计信息质量要求起到哪些作用？

2. 何谓原始凭证？原始凭证的分类如何？

3. 为什么要对原始凭证进行审核？其审核包括哪些内容？

4. 何谓记账凭证？记账凭证的分类如何？

5. 为什么要对记账凭证进行审核？其审核包括哪些内容？

6. 何谓会计凭证传递？举例说明会计凭证的传递。

7. C先生是某企业财务方面的主要负责人，在一次复核时发现会计小D不小心丢了三张记账凭证，C先生审核原始凭证后，批评小D工作太马虎，同时让他重新编制三张记账凭证。C先生在另外一次复核时发现出纳小E编制银行存款付款凭证所附的20万元的现金支票存根丢失，同时还发现有几张现金付款凭证所附原始凭证与凭证所记的张数不符。C先生马上停止了小E的工作。小E对此非常不满，认为C先生是小题大做，偏向小D。你如何看待这件事？

练习题

某企业采用收款凭证、付款凭证、转账凭证进行会计记录。发生下列经济业务：

（1）购进已预付货款的材料一批，材料的买价为 80 万元，冲减预付货款 20 万元，其余款项以银行存款付清，以现金支付运杂费 2 000 元。材料已验收入库。

（2）以现金 20 万元支付职工工资。

（3）计提固定资产折旧，生产的产品应负担 30 000 元，管理部门应负担 20 000 元。

（4）开出转账支票支付下年的保险费 24 万元。

（5）销售产品一批，商品的售价为 100 万元。收回货款 40 万元，其余款项尚未收回。

（6）以银行存款 3 000 元支付车间的办公费。

（7）结转损益。本期有关科目的资料如表 5—13 所示。

表 5—13　　**部分账户发生额明细表**　　单位：万元

科目名称	借方发生额	贷方发生额	科目名称	借方发生额	贷方发生额
主营业务收入	20	500	营业税金及附加	20	
营业外收入		2	管理费用	80	5
主营业务成本	240		营业外支出	3	
销售费用	60		所得税费用	20	

要求：根据上述资料编制会计分录，并说明依据的原始凭证及原始凭证的种类、应编制何种记账凭证。

第六章 会计账簿

学习目标

通过本章的学习，掌握会计账簿的登记方法；掌握错账的更正方法、平行登记的方法；熟悉会计账簿的作用、分类；了解会计账簿启用的规则。

建议学时：8 学时

教师导读：

1. 案例

公司为了控制费用，需要了解公司本月发生的费用总额及具体的费用项目，以便根据公司的具体情况采取有效的控制措施。于是，会计主管请张同学提供相关的资料。

- 张同学应该提供什么资料才能满足公司控制费用的需要？
- 张同学应如何查找相关的资料？

2. 本章在会计记录方法中的地位

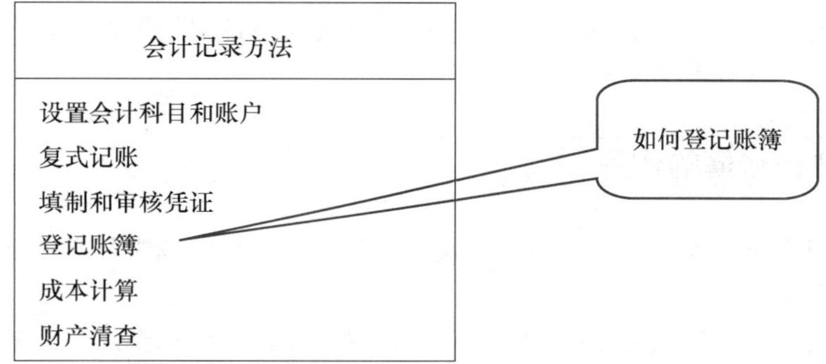

3. 学习方法

(1) 通过预习，对本章的学习内容有初步了解。

(2) 采用归纳学习法，即循序渐进地学习账簿的分类和登记、平行登记、错账更正等知识点，然后将账簿登记作为一个整体将各章贯穿起来。

(3) 完成本章后面的思考题和练习题。

完成本章的学习之后，可以解决章前案例中提出的问题。

第一节　会计账簿概述

一、设置会计账簿的意义

会计账簿简称账簿，是由具有一定格式、互有联系的若干账页所组成，以会计凭证为依据，全面、系统、序时、分类记录各项经济业务的簿记。从外表形式上看，账簿是由若干预先印制成专门格式的账页组成的。在会计实务中，将会计科目填入某个账页后，该账页就成为记录、反映该会计科目所规定核算内容的账户，各账户之间的相互关系通过账户对应关系来体现。

从原始凭证到记账凭证，按照一定的会计科目和复式记账法，将大量的经济信息转化为会计信息记录在记账凭证上。但是会计凭证上记录的信息是分散的、不系统的。为了把分散在会计凭证中的大量核算资料加以集中归类反映，为经营管理提供系统完整的会计核算资料，并为编报财务报表提供依据，就必须设置和登记账簿。会计凭证、账簿、财务报表之间的关系如图 6—1 所示。

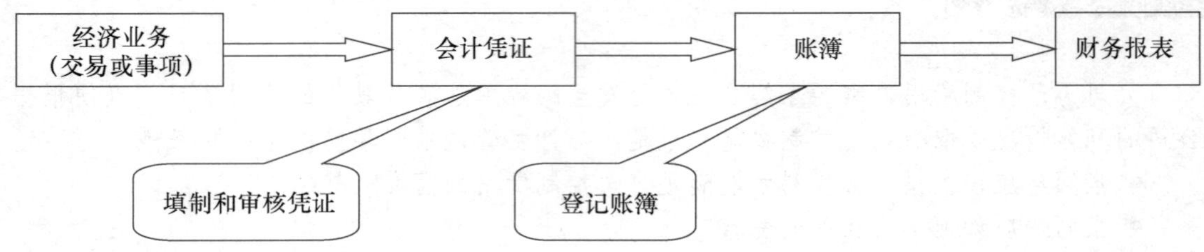

图 6—1　会计凭证、账簿和财务报表之间的关系

账簿的设置和登记对于全面、系统、序时、分类反映各项经济业务，充分发挥会计在经济管理中的作用具有重要意义。

二、设置和登记账簿的作用

设置和登记账簿作为会计核算的一项重要内容，在经济管理中具有重要作用，主要体现在以下几个方面：

(1) 通过设置和登记账簿，可以为经营管理提供比较系统完整的会计核算资料，并为编制会计报表提供依据。

(2) 通过设置和登记账簿，可以连续反映各项财产物资的增减变动及结存情况，并借助于财产清查、账目核对等方法反映财产物资的具体情况，发现问题，及时解决，可以起到控制作用，以保证财产物资的安全完整，合理使用各项资金。

(3) 通过设置和登记账簿，可以确定财务成果的形成，提供经营成果形成的详细内容，并为财务成果分配提供依据。

三、账簿的种类

为了满足经营管理的需要，账簿体系中包含的账簿是多种多样的。这些账簿可以按不同的标准进行分类，其方法主要有以下两种。

(一) 按用途分类

账簿按用途分类，可以分为序时账簿、分类账簿和备查账簿。

1. 序时账簿

序时账簿又称日记账，是对各项经济业务按其发生时间的先后顺序，逐日逐笔连续进行登记的账簿。按记录的内容不同，又分为普通日记账和特种日记账两种。普通日记账是用来登记全部经济业务发生情况的日记账，通常把每天所发生的经济业务，按照业务发生的先后顺序编制成记账凭证记入账簿。特种日记账是用来记录某一类经济业务发生情况的日记账，通常把某一类比较重要的经济业务，按照业务发生的先后顺序记入账簿。

普通日记账实质是把会计分录按照经济业务发生的先后顺序记入日记账，以此作为连

续登记分类账的依据，所以又称为分录日记账。

特种日记账只把重要的项目按经济业务发生的先后顺序记入日记账，反映某个特定项目的详细情况。例如，为了加强货币资金的管理，单设现金日记账和银行存款日记账，就是专为信息使用者提供现金和银行存款收付情况的详细资料而设置的特种日记账。在会计实务中，为了简化记账的手续，除了现金和银行存款收付要记入现金日记账和银行存款日记账以外，其他各项目一般不再设置特种日记账进行登记。

2. 分类账簿

分类账簿又称分类账，是对全部经济业务按总分类账户和明细分类账户进行分类登记的账簿。分类账簿按其反映指标的详细程度划分，分为总分类账簿和明细分类账簿两种。

总分类账簿又称总分类账，简称总账，是根据总账科目开设，用以记录全部经济业务总括核算资料的分类账簿。

明细分类账簿又称明细分类账，简称明细账，是根据总账科目设置，按其所属的明细科目开设，用以记录某一类经济业务明细核算资料的分类账。

3. 备查账簿

备查账簿又称辅助账簿，是对某些不能在日记账和分类账中记录的经济事项或记录不全的经济业务进行补充登记的账簿。其主要是为某些经济业务的经营决策提供必要的参考资料，如以经营租赁方式租入固定资产的登记簿等。备查账簿应根据各单位的实际需要开设，可由各单位根据管理的需要自行设计，也可使用分类账的账页格式。

（二）按形式分类

账簿按形式分类，可以分为订本式账簿、活页式账簿和卡片式账簿。

1. 订本式账簿

订本式账簿又称订本账，是在账簿启用以前就把若干按顺序编号的账页装订在一起的账簿。采用订本式账簿，可以避免账页散失，并防止抽换账页。但由于账页序号和总数已经固定，不能增减，故开设账户时，必须为每一个账户预留账页，在使用中可能出现某些账户预留账页不足，而另外一些账户的预留账页过多，造成浪费的现象。另外，采用订本式账簿，在同一时间里，只能由一人登账，不能分工同时记账。订本式账簿主要适用于总分类账和现金、银行存款日记账。

2. 活页式账簿

活页式账簿又称活页账，是把若干张零散的账页根据业务需要自行组合成的账簿。采用活页式账簿，账页不固定地装订在一起，可以根据实际需要，随时将空白账页加入账簿，在同一时间里，可由多人分工登账。但活页式账簿中的账页容易散失和被抽换，空白账页在使用时必须按顺序编号并放置在账夹内，在更换新账后，要装订成册或予以封扎，并妥善保管。活页式账簿主要适用于各种明细账。

3. 卡片式账簿

卡片式账簿又称卡片账，是利用卡片进行登记的账簿。采用卡片式账簿的优缺点与活页式账簿基本相同，在登记卡片式账簿时，必须按顺序编号并放置在卡片箱内，由专人保管。卡片式账簿主要适用于记录内容比较复杂的财产明细账，如固定资产卡片账。

第二节　会计账簿的基本要素、设置原则及登账规则

一、会计账簿的基本要素

各种账簿所记录的经济内容不同，账簿的格式又多种多样，不同账簿格式所包括的具体内容也不尽一致，但各种账簿都应具备一些基本要素，这些基本要素主要包括以下三项。

（一）封面

封面主要标明账簿名称，如总分类账、材料物资明细账、债权债务明细账等。

（二）扉页

扉页主要列明科目索引及账簿启用登记表，一般将账户目录（格式见表6—1）列于账簿最前面；将账簿装订成册后，填列账簿启用登记表（格式见表6—2）。

表6—1　　账户目录

页数	科目	页数	科目	页数	科目

表6—2　　账簿启用登记表

<table>
<tr><td colspan="2">使用者名称</td><td colspan="4"></td><td colspan="2" rowspan="8">印鉴</td></tr>
<tr><td colspan="2">账簿编号</td><td colspan="4"></td></tr>
<tr><td colspan="2">账簿页数</td><td colspan="4">本账簿共计使用　　页</td></tr>
<tr><td colspan="2">启用日期</td><td colspan="4">年　月　日</td></tr>
<tr><td colspan="2">截止日期</td><td colspan="4">年　月　日</td></tr>
<tr><td rowspan="3">责任者盖章</td><td colspan="2">记账</td><td>审核</td><td>主管</td><td>部门领导</td></tr>
<tr><td colspan="2"></td><td></td><td></td><td></td></tr>
<tr><td colspan="2"></td><td></td><td></td><td></td></tr>
<tr><td colspan="8">交接记录</td></tr>
<tr><td>姓名</td><td colspan="4">交接日期</td><td>交接盖章</td><td colspan="2">监交人员</td></tr>
<tr><td></td><td></td><td></td><td></td><td></td><td></td><td></td><td></td></tr>
<tr><td></td><td></td><td></td><td></td><td></td><td></td><td></td><td></td></tr>
<tr><td>印花税票</td><td colspan="7"></td></tr>
</table>

（三）账页

账页是账簿的主要内容，不同的账簿有不同的格式，其一般格式如图6—2所示。账页的基本要素包括：（1）账户名称（或称会计科目）。（2）登账日期栏。（3）凭证种类和号

数栏。(4) 摘要栏。(5) 借、贷方金额及余额的方向、金额栏。(6) 总页次和分户页次。

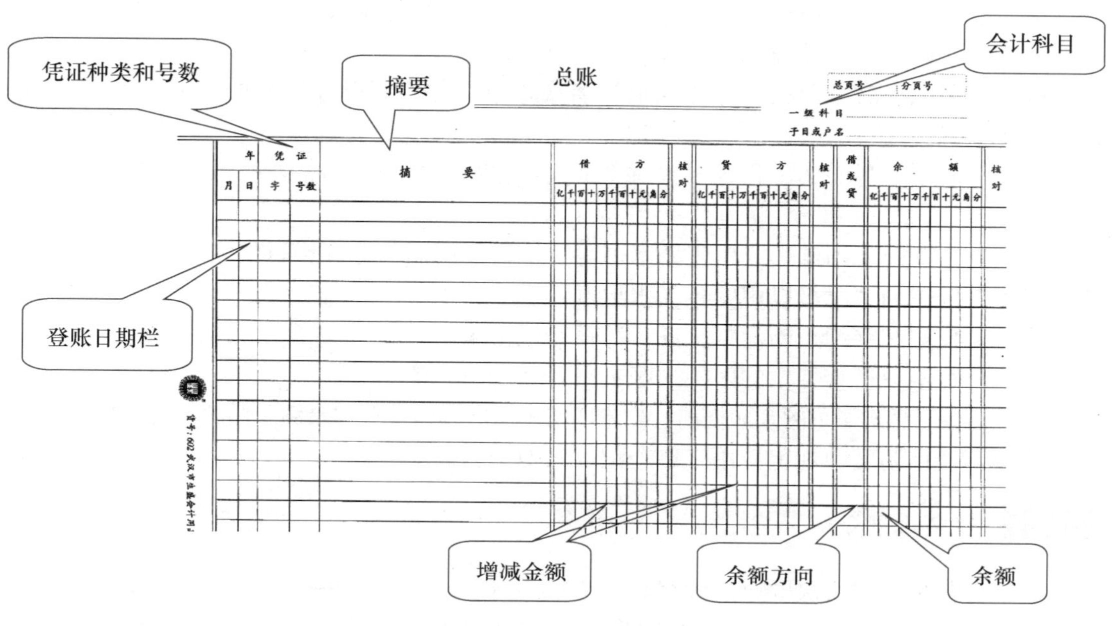

图 6—2　账页的一般格式

二、设置账簿的原则

账簿的种类较多，而且各种账簿所提供的会计信息不同，如何设置账簿关系到会计核算的相关性和核算的效率，因此，设置账簿需要依据下列原则：

(1) 按会计科目的层次和数量设计分类账簿，确保账簿体系完整、严密、协调。

(2) 账簿的数量及分割，必须充分考虑企业的生产经营和管理的要求。

(3) 尽量精简账簿数据的处理程序和方法，提高核算工作效率。

(4) 为对账、查账、结账和编制财务报表提供方便。

三、启用账簿的规则

账簿是重要的会计档案。为了确保账簿记录的合规和完整，明确记账责任，在启用账簿时，应在账簿封面上写明单位名称和账簿名称。在账簿扉页上应附“账簿启用登记表”或“账簿启用表”并登记有关内容。

启用订本式账簿，对于未印制顺序号的，应从第一页到最后一页按顺序编定页码，不得跳页、缺号。使用活页式账簿，应按账页顺序编号，并定期装订成册。装订后再按实际使用的账页顺序编定页码，另加目录，记明每个账户的名称和页次。

四、登记账簿的规则

账簿作为重要的会计档案资料和会计信息的主要储存工具，必须按规定的方法，依据审核无误的记账凭证进行登记。进行账簿登记一般应遵循下列八项原则：

(1) 登记账簿时，将会计凭证的日期、编号、业务内容摘要、金额和其他有关资料逐项记入账内，做到数字准确、摘要清楚、登记及时。

(2) 登记完毕后，要在会计凭证上签名或盖章，并注明已经登账的符号（如“√”），表示已经记账。

(3) 账簿中书写的文字和数字上面要留适当空距，不要写满格，一般应占格高的二分之一。

(4) 登记账簿要用蓝黑或黑色墨水书写，不得使用圆珠笔（银行的复写账簿除外）或铅笔书写。但下列情况可以用红色墨水记账：

第一，依据红字冲账的记账凭证，冲销错误记录。

第二，在不设借贷等栏的多栏式账页中，登记减少数。

第三，在三栏式账页的余额栏前，如未印明余额的方向，在“余额”栏内登记负数余额。

第四，会计制度中规定使用红字登记的其他记录。

思考：红字的含义。

(5) 各种账簿按页次顺序连续登记，不得跳行、隔页。如果发生跳行、隔页，应将空行、空页划线注销，或注明“此行空白”或“此页空白”字样，并由记账人员签名或盖章。

(6) 凡需要结出余额的账户，结出余额后，应在“借或贷”栏内写明“借”或“贷”字样。没有余额的账户，应在“借或贷”栏内写“平”字，并在余额栏内用“0”表示。现金日记账和银行存款日记账必须逐日结出余额。

(7) 每一张账页登记完毕结转下页时，应结出本页合计数及余额，写在本页最后一行和下页第一行有关栏内，并在本页的“摘要”栏内注明“过次页”字样，在次页的“摘要”栏内注明“承前页”字样。

(8) 由于记账凭证错误而导致账簿记录发生错误，应按已经更正的记账凭证登记账簿，并进行更正。

第三节　会计账簿的设置与登记

一、日记账的设置与登记

日记账可以用来连续记录全部经济业务的完成情况，也可以用来连续记录某一类经济业务的完成情况。为了逐日反映现金和银行存款的收付情况，各企业一般应设置特种日记账，如现金日记账和银行存款日记账。通过现金日记账和银行存款日记账分别记录现金和银行存款的收入、支出及结存情况。有条件的企业还可以采用普通日记账形式登记全部经济业务的完成情况。

现金日记账和银行存款日记账是专门记录货币资金收支情况的特种日记账，采用订本

式账簿，其账页格式一般采用三栏式，在同一张账页上分设“借方”、“贷方”和“余额”三栏。为了清晰地反映现金和银行存款收付业务的具体内容，在“摘要”栏后，还专设“对方科目”栏，登记对方科目名称。为了便于与银行对账，也便于反映银行存款收付所采用的结算方式，并突出各单位对支票的管理，银行存款日记账还专设“结算凭证种类和号数”栏或专设“现金支票号数及转账支票号数”栏。现金日记账的格式如表 6—3 所示。

登账的日期

根据记账凭证的编号填列

根据记账凭证的内容填列

根据记账凭证的对应账户填列

根据记账凭证所列金额填列

计算填列

表 6—3　　　　　　　　　　**现金日记账**

日期	凭证号	摘要	对方科目	借方	贷方	余额
12 月 1 日		期初结存				26 100
12 月 10 日	10	支付搬运费	在途物资		1 040	
12 月 10 日	14	提取现金	银行存款	1 000 000		
12 月 10 日	15	发放工资	应付职工薪酬		1 000 000	
		本日合计		1 000 000	1 001 040	25 060
12 月 30 日	12	支付采购费	在途物资		200	
		本日合计			200	24 860
12 月 31 日		本月合计		1 000 000	1 001 240	24 860

现金日记账通常由出纳人员根据审核无误的现金收款凭证、现金付款凭证逐日逐笔按顺序登记，对于从银行提取现金的业务，规定只填制银行存款付款凭证，所以还应根据银行存款付款凭证登记现金日记账的“借方”栏。根据已审核无误的记账凭证，将每项经济业务涉及的借方账户和贷方账户的发生额，分别登记到分类账簿所开设的账户中，会计上称为过账。“借方”栏一般根据现金收款凭证和银行存款付款凭证登记，“贷方”栏一般根据现金付款凭证登记。每次收付现金后，可以随时结出账面余额，也可以将每日收付款项逐笔登记完毕后，计算每日现金收入和支出的合计数及账面余额。其计算公式为：

当日余额＝上日余额＋本日收入额－本日支出额

每日应将现金日记账的账面余额同库存现金实存额核对相符，即日结日清。

银行存款日记账通常由出纳人员根据审核无误的银行存款收款凭证、银行存款付款凭证逐日逐笔按顺序登记。若一个单位开立若干个银行存款户，应分别设立账户进行登记，这样便于与银行核对，也有利于银行存款的管理。银行存款日记账的“借方”栏一般根据银行存款收款凭证登记，“贷方”栏一般根据银行存款付款凭证登记。对于现金存入银行或存款户之间的划转业务，规定只填制现金付款凭证或银行存款付款凭证，所以，对于将现金送存银行或从本单位其他存款户转入本存款户的银行存款收入数额，应根据现金付款凭证或银行存款付款凭证登记银行存款日记账的“借方”栏。每次收付银行存款后，应随时结出银行存款余额，至少将每日收付款项逐笔登记完毕后，计算出每日银行存款收入和支出的合计数及账面余额，以便于定期同银行送来的对账单核对，并随时检查监督各种款项的收付情况，避免因超过实有余额付款而出现透支。

思考： 银行存款日记账的格式、登记人员、登记依据和登记方法。

为了贯彻内部牵制原则，实行钱账分管，出纳人员不得负责登记现金日记账和银行存款日记账以外的任何账簿。出纳人员登记现金日记账和银行存款日记账后，应将各种收付款凭证交由会计人员据以登记总分类账及有关的明细分类账。通过“库存现金”和“银行存款”总账与日记账的定期核对，达到控制现金日记账和银行存款日记账的目的。

思考： 一个小型企业的出纳人员既登记现金日记账、银行存款日记账，又登记“库存现金”总账、“银行存款”总账，同时，还负责到银行支取、存入现金。你认为该企业可能会出现什么情况？为什么？应如何改进？

二、总分类账的设置与登记

总分类账是根据总分类科目设置，总括反映会计主体经济业务情况的账簿。在总分类账中，应按照会计科目的编码顺序分设账户，并为每个账户预留若干账页。由于总分类账能够全面、总括地反映经济活动情况，并为编制财务报表提供资料，因而任何企业都要设置总分类账。

（一）总分类账的格式

总分类账一般采用借方、贷方、余额三栏式的订本账，以“固定资产”总账说明总分类账的登记方法，如表6—4所示。

表6—4 总分类账

会计科目：固定资产

日期	凭证	摘要	借方	贷方	余额
12月1日		期初余额			3 000 000
12月3日	3	购进设备	100 000		3 100 000
12月31日		本月合计	100 000		3 100 000

（二）总分类账的登记依据

企业的规模不同，经济业务的多少不同，因而登记总分类账的依据不同，各种不同的登记依据形成会计核算组织程序。会计核算组织程序就是规定凭证、账簿的种类、格式和登记方法，以及各种凭证之间、账簿之间，各种凭证与账簿之间，各种报表之间和各种账簿与报表之间的相互关系的程序。

选用适当的会计核算组织程序，对于科学地组织本单位的会计核算工作具有重要意义。它可以保证会计数据的整个处理过程有条不紊地进行，保证会计记录正确、及时、完

整；可以加快会计核算工作，提高会计核算工作的效率；可以保证迅速形成会计信息，提高会计核算资料的质量，为企业的经营管理提供准确的会计信息。企业在选用适合本单位的会计核算组织程序时，应考虑以下几方面的因素：

（1）根据本单位经济活动的特点、规模的大小和业务的繁简等实际情况，选用会计核算组织程序。

（2）根据本单位经营管理和提高经济效益的需要，选用会计核算组织程序，以便正确、及时、全面、系统地提供本单位经济活动和财务状况的核算资料。

（3）根据简化核算手续的要求选用会计核算组织程序。

会计核算工作在长期实践中主要形成了三种核算组织程序：记账凭证核算组织程序；科目汇总表核算组织程序；汇总记账凭证核算组织程序。由于计算机的应用，常用的会计核算组织程序是记账凭证核算组织程序，因此本教材主要介绍记账凭证核算组织程序，此外再介绍一种常用于手工记账的科目汇总表核算组织程序。

1. 记账凭证核算组织程序

记账凭证核算组织程序是直接根据各种记账凭证逐笔登记总分类账的核算组织程序，它是会计核算中最基本的一种核算组织程序，也是其他核算组织形式的基础。其基本形式如图 6—3 所示。

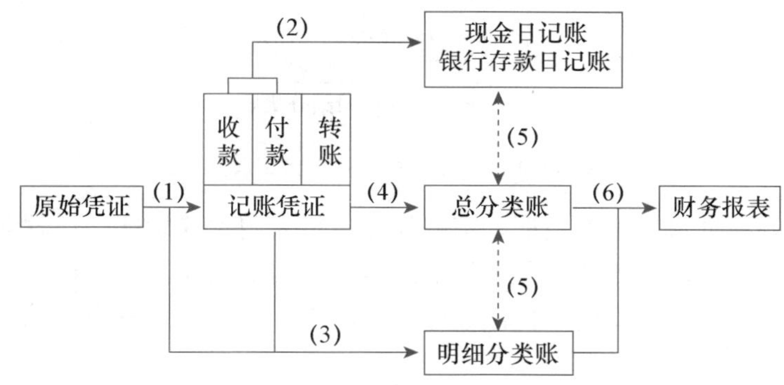

图 6—3　记账凭证核算组织程序

（1）根据原始凭证编制记账凭证。记账凭证通常采用收款凭证、付款凭证和转账凭证的格式，也可采用通用记账凭证格式。

（2）根据收款凭证、付款凭证逐日逐笔登记现金日记账和银行存款日记账。现金日记账和银行存款日记账一般采用收、付、余三栏式账页格式。

（3）根据原始凭证和记账凭证登记各种明细分类账。明细账的格式可根据各单位的实际情况及管理的要求设置，分别采用三栏式、多栏式和数量金额式。

（4）根据各种记账凭证逐笔登记总分类账。总分类账的格式一般采用借、贷、余三栏式。

（5）月末将现金日记账、银行存款日记账和明细分类账的余额与总分类账的有关账户余额进行核对，为正确地编制财务报表提供真实的资料。必须保证账账相符，其手段是在账账之间进行核对。

（6）月末，根据总分类账和明细分类账编制财务报表。财会部门通过定期将日常核算资料加工整理和归类汇总，形成一整套反映经济活动及其成果状况的财务报表体系。

记账凭证核算组织程序的特点是根据记账凭证逐笔登记总分类账。正因为如此，使得该组织程序容易理解，便于掌握。但是当单位的业务量较大时，逐笔登记总分类账会增加登账的工作量。这种程序在手工记账的情况下适用于一些规模小、业务量少、凭证不多的单位；采用会计电算化的单位常用记账凭证核算组织程序。

思考：记账凭证核算组织程序是否适用于计算机操作？第四章具体经济业务的会计处理采用的是什么会计核算组织程序？

2. 科目汇总表核算组织程序

科目汇总表核算组织程序是定期将所有记账凭证汇总编制成科目汇总表，再根据科目汇总表登记总分类账的核算组织程序。其基本形式如图 6—4 所示。

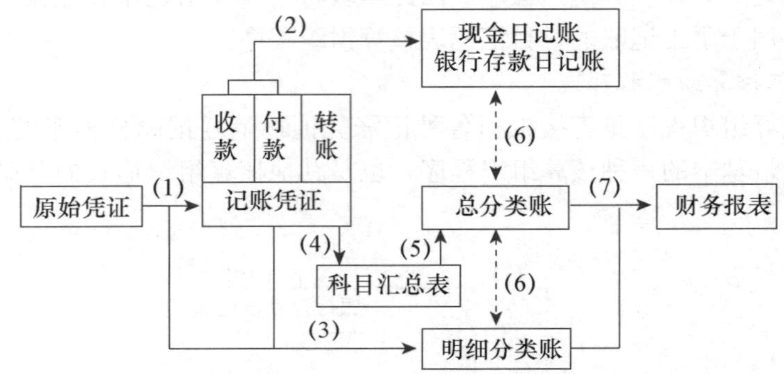

图 6—4　科目汇总表核算组织程序

(1) 根据原始凭证填制记账凭证。记账凭证一般采用收款凭证、付款凭证和转账凭证格式。为了便于按科目归类汇总编制科目汇总表，所有记账凭证中的科目最好按一个借方科目和一个贷方科目相对应。转账凭证最好一式两份，以便分别归类汇总借方科目和贷方科目的本期发生额。

(2) 根据收款凭证、付款凭证登记现金日记账和银行存款日记账。现金日记账和银行存款日记账通常采用收、付、余三栏式账页格式。

(3) 根据原始凭证和各种记账凭证登记各种明细分类账。明细分类账的格式根据各单位的实际情况及管理要求设置，分别采用多栏式、三栏式和数量金额式。

(4) 根据各种记账凭证定期汇总编制科目汇总表。将一定期间的全部记账凭证按照相同科目的借方和贷方归类，定期汇总每一个会计科目的借方本期发生额和贷方本期发生额，填写在科目汇总表的相关栏内。科目汇总表的编制时间根据企业经济业务量的多少来确定，可以每 1 天、3 天、5 天、10 天编制汇总一次。科目汇总表依据汇总天数而采取不同的格式，一般有表 6—5、表 6—6 所示的两种格式。

【例 6—1】 根据第四章有关业务的资料编制科目汇总表。

“库存现金”账户借方发生额为 1 000 000 元，填入科目汇总表的“借方栏”（见表 6—5）；“库存现金”账户贷方发生额为 1 001 240 元（1 040+200+1 000 000），填入科目汇总表的“贷方”栏（见表 6—5）。

表 6—5　　科目汇总表（一）

20×2 年 12 月 31 日

会计科目	账页	本期发生额		记账凭证
		借方	贷方	
库存现金		1 000 000	1 001 240	
……				
合计				

以此类推，其他科目的填列与库存现金基本相同，按旬编制科目汇总表的各个科目余额的填列与此相同。

表 6—6　　科目汇总表（二）

会计科目	账页	1—10 日		11—20 日		21—30 日		本月合计	
		借方	贷方	借方	贷方	借方	贷方	借方	贷方
合计									

表 6—6 所示的科目汇总表适用于按旬汇总的企业，对记账凭证按旬汇总，每月编制一张科目汇总表；以其他汇总时间编制科目汇总表多采用表 6—5 所示的格式，定期汇总，每月编制若干张科目汇总表。编制科目汇总表时，将每一个科目的所有借方发生额相加，其合计数填入科目汇总表的“借方”栏内；将所有贷方发生额相加，其合计数填入科目汇总表的“贷方”栏内。在归类汇总每一个科目的借贷方发生额后，加计本期发生额合计数。如果借方发生额合计数与贷方发生额合计数相等，说明记账凭证和科目汇总表编制基本正确，可以根据科目汇总表登记总分类账。

（5）根据科目汇总表登记总分类账。总分类账一般采用借、贷、余三栏式。其登记日期依科目汇总表的编制时间而定，编制科目汇总表后即可根据该表登记一次总分类账。若分旬汇总科目汇总表，可汇总一次登记一次总分类账，或按全月合计数于月末一次登记总分类账。

（6）月末将现金日记账、银行存款日记账和各明细分类账的余额与总分类账的有关账户余额进行核对。

（7）月末根据总分类账和明细分类账编制财务报表。

科目汇总表核算组织程序的特点是根据记账凭证汇总编制科目汇总表，根据科目汇总表登记总分类账。这种核算组织程序可以减少登记总分类账的工作，手续也比较简便，而且科目汇总表还起着试算平衡的作用。但是按照相同科目归类编制的科目汇总表只能反映各科目的借方本期发生额和贷方本期发生额，不能反映各个科目的对应关系及经济业务的来龙去脉，不便于分析、检查经济活动情况，不便于查对账目。这种核算组织程序一般适用于业务量较大、记账凭证较多的单位。

思考：比较科目汇总表与试算平衡表。

（三）总分类账的登记

1. 记账凭证核算组织程序下的总分类账登记

在记账凭证核算组织程序下，总分类账各个项目的登记如图 6—5 所示。

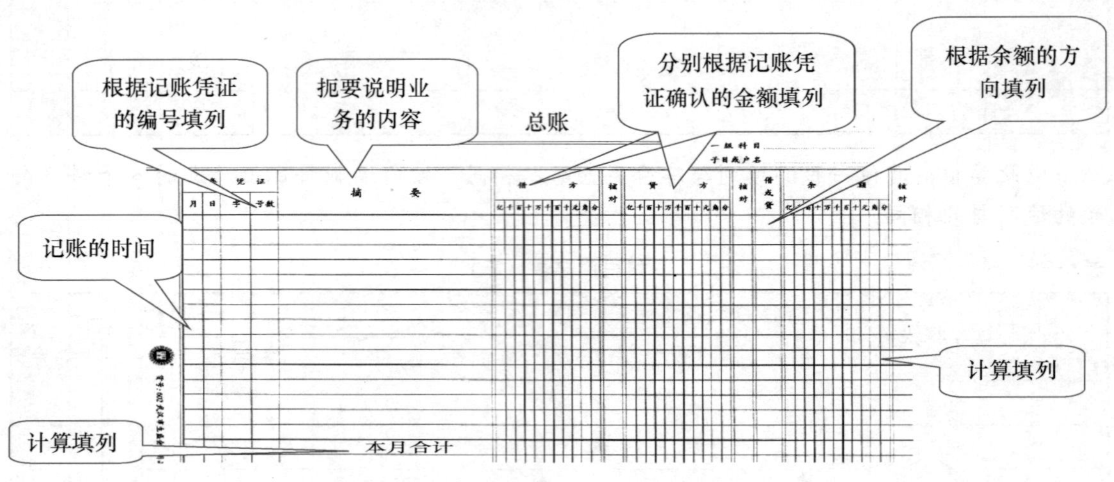

图 6—5　记账凭证核算组织程序下的总分类账登记

【例 6—2】根据第四章有关业务的记账凭证登记的“库存现金”总账如图 6—6 所示。

库存现金

期初余额	26 100		
(7)	1 000 000	(3)	1 040
		(5—1)	200
		(8)	1 000 000
本期发生额	1 000 000	本期发生额	1 001 240
期末余额	24 860		

图 6—6

2. 科目汇总表核算组织程序下的总分类账登记

在科目汇总表核算组织程序下，总分类账是根据科目汇总表登记的。

【例 6—3】根据第四章有关业务编制的科目汇总表如表 6—5 所示，根据表 6—5 登记“库存现金”总账，如图 6—7 所示。

库存现金

期初余额	26 100		
科汇（1）	1 000 000	科汇（1）	1 001 240
本期发生额	1 000 000	本期发生额	1 001 240
期末余额	24 860		

图 6—7

三、明细分类账的设置与登记

明细分类账是按照明细分类账户详细记录经济业务的账簿。根据实际需要，各种明细分类账分别按照二级科目或明细科目开设，并为每一个账户预留若干账页，用来分类、连续地记录有关资产、负债、所有者权益、收入、费用、利润等详细资料。明细分类账所提供的有关经济活动的详细资料是编制会计报表的依据之一。各个单位在设置总分类账的基础上，还应根据管理的需要，按照总账科目设置若干明细分类账，作为总分类账的必要补充。这样既能根据总分类账了解某一个科目的总括情况，又能根据有关的明细分类账进一步了解该科目的详细情况。各个单位应根据经营管理的需要，为各种材料物资、应收应付款项、收入、费用、利润等有关总账科目设置各种明细分类账，进行明细分类核算。明细分类账一般采用活页式账簿，有的也采用卡片式账簿（如固定资产明细账）。根据管理的要求和各种明细分类账记录的经济内容，明细分类账主要有下述三种格式。

（一）三栏式明细分类账

三栏式明细分类账的账页格式同三栏式总分类账相同，即账页只设有“借方”、“贷方”和“余额”三个金额栏，不设数量栏。这种格式适用于那些只需要进行金额核算而不需要进行数量核算的债权、债务结算科目，如“应付账款”、“应收账款”等科目。三栏式明细分类账的一般格式见表6—7。

表6—7　　三栏式明细分类账

会计科目：　　　　二级或明细科目：

日期	凭证	摘要	借方	贷方	余额

（二）数量金额式明细分类账

数量金额式明细分类账在“借方（收入）”、“贷方（发出）”和“余额（结存）”栏内，分别设有“数量”、“单价”和“金额”三个栏次。这种账页格式适用于既要进行金额核算，又要进行实物数量核算的各种财产物资科目，如“原材料”、“库存商品”科目等。数量金额式明细分类账的一般格式见表6—8。

表6—8　　数量金额式明细分类账

类别：　　　　编号：

品名或规格：　　　　存放地点：

储备定额：　　　　计量单位：

年		凭证	摘要	收入			发出			结存		
月	日			数量	单价	金额	数量	单价	金额	数量	单价	金额

（三）多栏式明细分类账

多栏式明细分类账是根据经济业务的特点和经营管理的需要，在一张账页内记录某一个科目所属的各明细科目的内容，按该总账科目的明细项目设专栏记录。这种账页格式适用于只记金额、不记数量，而且在管理上需要了解其构成内容的费用、收入、利润科目，如“管理费用”、“主营业务收入”、“本年利润”科目等。

费用类多栏式明细分类账一般按借方设专栏，若需冲减有关费用，可以在明细账中以红字在借方登记。以生产成本为例说明多栏式明细账的格式及登记方法（见表6—9）。

表6—9 多栏式明细分类账

会计科目：生产成本

年		凭证	摘要	借方				贷方
月	日			原材料	工资	制造费用	合计	
12	1		期初结存				225 000	
12	10	13	领用材料	1 700 000			1 925 000	
12	31	18	结算工资		800 000		2 725 000	
12	31	22－1	结转费用			120 000	2 845 000	
12	31	22－2	结转完工产品成本					2 400 000
12	31		本月合计	1 700 000	800 000	120 000	445 000	2 400 000

多栏式明细分类账除了上述格式外，还可以单独在借方设置多栏，不设贷方栏。如“管理费用”总分类账户下一般按项目设若干明细账，只有在期末时一次将其借方余额转入“本年利润”账户，因此可以只在借方设多栏，设一个贷方栏，或不设贷方栏，如果需要减少费用，可用红字冲销。此外，可以单独在贷方设置多栏，如“主营业务收入”总分类账户下一般按项目设若干明细账，只有在期末时一次将其贷方余额转入“本年利润”账户，因此可以只在贷方设多栏，设一个借方栏，或不设借方栏，如果需要减少收入，用红字冲销。

各种明细分类账的登记方法应根据各单位的业务量大小、人员多少、经济业务内容以及经营管理的需要而定。根据原始凭证或标有明细科目及金额的记账凭证进行登记，可以逐笔登记，也可以定期汇总登记。其登记方法与总分类账基本相同。

思考：“应付职工薪酬”账户适宜采用哪种明细分类账格式？

四、备查账的设置与登记

备查账是对某些不能在日记账和分类账中记录的经济事项或记录不全的经济业务进行补充登记的账簿。备查账一般采用订本式，没有统一的格式，直接根据经济业务登记。

第四节　更正错账及平行登记

一、更正错账

如果发现账簿记录有错误，应按规定的方法进行更正，不得涂改、挖补或用涂改液消除字迹。

（一）划线更正法

划线更正法又称红线更正法。如果发现账簿记录有错误，而其所依据的记账凭证没有错误，即纯属记账时文字或数字的笔误，应采用划线更正法进行更正。更正的方法是将错误的文字或数字划一条红色横线注销，但必须使原有字迹仍可辨认，以备查考；然后在同一行划线的上方用蓝字或黑字填写正确的文字或数字，并由更正人员在更正处盖章，以明确责任。采用划线更正法进行错账更正时应注意：对于文字差错，可只划去错误的部分，不必将与错字相关联的其他文字划去；但对于数字差错，应将错误的数额全部划线，不得只更正错误数额中的个别数字。

【例 6—4】在登记账簿时误将 8 900 元写成 9 800 元，其更正方法见表 6—10。

表 6—10　　生产成本明细账

年		凭证	摘要	借方				贷方
月	日			原材料	工资	制造费用	合计	
12	1		期初结存				225 000	
12	10	13	领用材料	8 900 ~~9 800~~			233 900	

（二）红字更正法

红字更正法又称红字冲销法，是以红字冲销原错误记录的方法。会计上以红字记录表明对原记录的冲减。红字更正法适用于以下两种情况：

（1）根据记账凭证所记录的内容记账以后，发现记账凭证中的应借、应贷会计科目或记账方向有错误，应采用红字更正法。更正的方法是：先用红字填制一张与原错误记账凭证内容完全相同的记账凭证，并据以用红字登记入账，冲销原有错误的账簿记录；然后，用蓝字或黑字填制一张正确的记账凭证，并登记入账。

【例 6—5】以转账支票支付下年度报刊费 6 000 元，在填制记账凭证时误记入“销售费用”科目，并据以登记入账，其错误记账凭证所反映的会计分录为：

借：销售费用　　6 000

　贷：银行存款　　6 000

该项分录应借记“管理费用”科目。在更正时，应用红字编制如下记账凭证进行更正：

借：销售费用　　[6 000]

贷：银行存款 [6 000]

注：[ ]表示红字。

根据更正错账的记账凭证以红字金额记账后，表明已全部冲销原有错误记录，然后用蓝字或黑字编制如下正确分录，并据以登记入账：

借：管理费用 6 000

　贷：银行存款 6 000

（2）根据记账凭证所记录的内容记账以后，发现记账凭证中应借、应贷的会计科目、记账方向都没有错误，记账凭证和账簿记录的金额相吻合，只是所记金额大于应记的正确金额，应采用红字更正法。更正的方法是：将多记的金额用红字填制一张与原错误记账凭证所记载的借贷方向相同，应借、应贷会计科目也相同的记账凭证，并据以登记入账，以冲销多记金额，求得正确金额。

【例 6—6】生产产品领用材料 4 000 元，在填制记账凭证时误将金额记为 40 000 元，但会计科目、借贷方向均无错误，其错误记账凭证所反映的会计分录为：

借：生产成本 40 000

　贷：原材料 40 000

应编制如下记账凭证进行更正：

借：生产成本 [36 000]

　贷：原材料 [36 000]

根据更正错误的记账凭证以红字金额记账后，即可反映其正确金额，即 4 000 元。

采用红字更正法进行错账更正时应注意，不得以蓝字或黑字金额填制与原错误记账凭证记账方向相反的记账凭证去冲销错误记录或冲销原错误金额，因为蓝字或黑字记账凭证反方向记载的会计分录反映某些特殊经济业务，而不反映错账更正的内容。如编制蓝字或黑字记账凭证时，借记“银行存款”科目，贷记“销售费用”科目，反映已支付的款项又收回；借记“原材料”科目，贷记“生产成本”科目，反映已领用的材料退库。尽管这样记录也能使记账的结余数额与实际情况相符，但不能表明更正错误记录的内容，这样的记账凭证也无法附上与分录内容相吻合的原始凭证，很容易使人产生误解。但若发现以前年度的错误，因错误的账簿记录已经在以前会计年度终了时结账或决算，不可能再将已经决算的数字进行红字冲销，这时只能用蓝字或黑字凭证更正错账，并在更正凭证上特别注明“更正××年度错账”的字样。

（三）补充登记法

补充登记法又称蓝字或黑字补记法。根据记账凭证所记录的内容记账以后，发现记账凭证中应借、应贷的会计科目和记账方向都没有错误，记账凭证和账簿记录的金额相吻合，只是所记金额小于应记的正确金额，这时应采用补充登记法。更正的方法是：将少记的金额用蓝字或黑字填制一张与原错误记账凭证所记载的借贷方向、应借应贷会计科目相同的记账凭证，并据以登记入账，以补记少记金额，求得正确金额。

【例 6—7】计算本月银行借款利息为 40 000 元，在填制记账凭证时，误将金额记为 4 000 元，会计科目、借贷方向均无错误，其错误记账凭证所反映的会计分录为：

借：财务费用　　4 000

　　贷：其他应付款　　4 000

应用蓝字编制如下记账凭证进行更正：

借：财务费用　　36 000

　　贷：其他应付款　　36 000

根据更正错误的记账凭证以蓝字或黑字记账后，即可反映正确的金额，即40 000元。

思考：生产用固定资产应计提折旧50 000元。编制的会计分录为：

借：生产成本　　5 000

　　贷：累计折旧　　5 000

根据上述会计分录已经登记入账。

请判断该会计处理是否正确。如果不正确，你认为应采用哪种错账更正方法？描述该项错误如何影响账户。

二、总分类账同明细分类账的平行登记规则

（一）总分类账和明细分类账的关系

总分类账是根据总分类科目开设，用以提供总括指标的账簿；明细分类账是根据明细分类科目开设，用以提供明细指标的账簿。在总分类账中进行的核算称为总分类核算（简称总核算）；在明细分类账中进行的核算称为明细分类核算（简称明细核算）。明细分类核算可以提供更加具体及详细的会计信息指标。各单位在进行总分类核算的同时，应根据管理的需要进行必要的明细分类核算。可将总分类账和明细分类账的关系归纳为：

（1）总分类账和明细分类账的联系。两者所反映的经济业务内容相同；登记总分类账与明细分类账的原始依据相同。

（2）总分类账和明细分类账的区别。反映经济业务内容的详细程度不同，总分类账反映的是总括内容，提供的是总括资料；明细分类账反映的是某一方面的具体资料，可以提供数量指标和劳动量指标。

（3）总分类账和明细分类账的作用不同。总分类账提供的经济指标是明细分类账资料的总和，对明细分类账起统驭作用；明细分类账是对总分类账的补充，起着对总分类账解释、说明的作用。

（二）平行登记

总分类账户与其所属的明细分类账户所反映的会计事项是相同的，登账时所依据的是同一原始凭证，分别以总括指标和详细指标的形式反映同一项内容。为了使总分类账与其所属的明细分类账之间能起到统驭与补充的作用，便于账户核对并确保核算资料的正确、完整，必须采用平行登记的方法，在总分类账及其所属的明细分类账中进行登记。平行登记是指经济业务发生后，根据会计凭证，一方面要登记有关的总分类账户，另一方面要同时登记该总分类账所属的各有关明细分类账户。

采用平行登记规则，应注意以下要点：

（1）期间相同。对于需要提供详细指标的每一项经济业务，应根据审核无误的记账凭证，一方面记入有关的总分类账户，另一方面记入同期总分类账户所属的有关各明细分类账户。这里所指的同期是指在同一会计期间，而并非同时，因为明细账一般根据记账凭证及其所附的原始凭证平时登记，而总分类账因会计核算组织程序而不同，可能在平时登记，也可能定期登记，但登记总分类账和明细分类账必须在同一会计期间内完成。

（2）方向一致。登记总分类账及其所属的明细分类账的方向应当相同。这里所指的方向是指变动方向，在总分类账及其所属明细分类账中的记账方向是相同的，如债权、债务结算账户即属于这种情况。但有些明细分类账按收入、发出、结存或其他容易理解的增减符号设栏登记，如材料明细账有时按收入、发出和结存设数量金额式明细账。还有一些明细账按组成项目设多栏记录，采用多栏式明细账格式。在这种情况下，对于某项需要冲减有关组成项目金额的事项，只能用红字记入其相反的记账方向，以红字在其相反的记账方向登记来表示总分类账中的相同方向的记录，如财务费用按其组成项目设置借方多栏式明细账，发生需冲减利息费用的存款利息收入时，在总分类账中记入贷方，而在其明细账中则以红字记入管理费用（财务费用）项目的借方，以其净发生额来反映利息净支出。这时在总分类账及其所属的明细分类账中，就不可能按相同的记账符号，以相同的记账方向进行登记，而只能以相同的变动方向进行登记。

（3）金额相等。记入总分类账户的金额与记入其所属的各明细分类账户的金额相等。总分类账户提供总括指标，明细分类账户提供总分类账户所记内容的具体指标，所以记入总分类账户的金额与记入其所属各明细分类账户的金额相等。这只表明其数量关系，而不是借方发生额相等和贷方发生额相等的关系，例如在既有存款利息收入也有存款利息支出的情况下，"财务费用"明细分类账户的贷方发生额并不等于"财务费用"总分类账户的贷方发生额。

（4）依据相同。登记总分类账户和明细分类账户的依据相同。根据发生的经济业务编制记账凭证，根据记账凭证登记总分类账，同样根据记账凭证登记明细分类账，如果记账凭证记载信息不详细，还需参考原始凭证。

综上所述，总分类账及其所属的明细分类账按平行登记规则进行登记，可以概括为：期间相同、依据相同、方向一致、金额相等。

根据总分类账与其所属明细分类账的平行登记规则记账之后，总分类账与明细分类账之间产生了下列数量关系：

第一，总分类账有关账户本期发生额与其所属各个明细分类账户本期发生额的合计数之和必然相等。以公式表示为：

总分类账本期发生额＝所属明细分类账本期发生额合计

第二，总分类账有关账户期末余额与其所属各个明细分类账户期末余额之和必然相等。以公式表示为：

总分类账期末余额＝所属明细分类账期末余额合计

在会计核算工作中，可以利用上述关系检查账簿记录的正确性。检查时，根据总分类账与明细分类账之间的数量关系，编制明细分类账的本期发生额和余额明细表，同其相应的总分类账户本期发生额和余额相互核对，以检查总分类账与其所属明细分类账记录的正

确性。明细分类账户本期发生额和余额明细表根据不同的业务内容可以分别采用不同的格式。

【例6—8】某企业“应付账款”和“原材料”科目的期初余额如表6—11所示。

表6—11　　有关科目余额表　　单位：元

会计科目	借方金额	贷方金额	会计科目	借方金额	贷方金额
原材料	5 000 000		应付账款		1 000 000
——A材料	2 000 000		——C企业		600 000
——B材料	3 000 000		——D企业		400 000

发生下列经济业务：

（1）从C企业购买A材料700吨，单价1 000元，共计700 000元；B材料100吨，单价5 000元，共计500 000元。材料已验收入库，尚未支付货款。

（2）以银行存款500 000元偿还C企业的货款。

（3）从D企业购买A材料500吨，单价1 000元，共计500 000元；B材料120吨，单价5 000元，共计600 000元。材料已验收入库，尚未支付货款。

（4）以银行存款800 000元偿还D企业的货款。

根据上述经济业务编制会计分录：

（1）借：原材料——A材料　　700 000
　　　　　　　——B材料　　500 000
　　贷：应付账款——C企业　　1 200 000

（2）借：应付账款——C企业　　500 000
　　贷：银行存款　　500 000

（3）借：原材料——A材料　　500 000
　　　　　　　——B材料　　600 000
　　贷：应付账款——D企业　　1 100 000

（4）借：应付账款——D企业　　800 000
　　贷：银行存款　　800 000

根据上述会计分录登记有关的总分类账和明细分类账，见表6—12～表6—17。

表6—12　　应付账款总账

日期（略）	凭证	摘要	借方	贷方	余额
		期初余额			1 000 000
	（1）	从C企业购进材料		1 200 000	
	（2）	偿还C企业货款	500 000		
	（3）	从D企业购进材料		1 100 000	
	（4）	偿还D企业货款	800 000		
		发生额及余额	1 300 000	2 300 000	2 000 000

表 6—13 应付账款——C 企业

日期（略）	凭证	摘要	借方	贷方	余额
		期初余额			600 000
	(1)	从 C 企业购进材料		1 200 000	
	(2)	偿还 C 企业货款	500 000		
		发生额及余额	500 000	1 200 000	1 300 000

表 6—14 应付账款——D 企业

日期（略）	凭证	摘要	借方	贷方	余额
		期初余额			400 000
	(3)	从 D 企业购进材料		1 100 000	
	(4)	偿还 D 企业货款	800 000		
		发生额及余额	800 000	1 100 000	700 000

表 6—15 原材料总账

日期（略）	凭证	摘要	借方	贷方	余额
		期初余额			5 000 000
	(1)	购进材料	1 200 000		6 200 000
	(3)	购进材料	1 100 000		7 300 000
		合计	2 300 000		7 300 000

表 6—16 原材料——A 材料

日期（略）	凭证	摘要	收入			发出			结存		
			数量	单价	金额	数量	单价	金额	数量	单价	金额
		期初							2 000	1 000	2 000 000
	(1)	购进	700	1 000	700 000				2 700	1 000	2 700 000
	(3)	购进	500	1 000	500 000				3 200	1 000	3 200 000
		合计	1 200		1 200 000				3 200	1 000	3 200 000

表 6—17 原材料——B 材料

日期（略）	凭证	摘要	收入			发出			结存		
			数量	单价	金额	数量	单价	金额	数量	单价	金额
		期初							600	5 000	3 000 000
	(1)	购进	100	5 000	500 000				700	5 000	3 500 000
	(3)	购进	120	5 000	600 000				820	5 000	4 100 000
		合计	220		1 100 000				820	5 000	4 100 000

三、账簿更换

为了清晰地反映企业各个会计年度的财务状况和经营成果，每个会计年度开始时，一般都要启用新账，并把上年度的会计账簿归档保管。

现金日记账、银行存款日记账、总分类账及明细分类账都要每年更换，但固定资产明细账或固定资产卡片可以继续使用，不必每年更换。

年终结账时，需要将更换的账簿中各账户的年末余额直接抄入新账的有关账户中。因会计制度改变而需要变更账户名称及核算内容的，应在上年度结账时编制余额调整分录，按本会计年度的账户名称、核算内容，将上年度有关账户的余额进行合并或分解结出新账中应列出的余额，然后过渡到新账中的各有关账户，或者在上年度结账后，通过编制余额调整工作底稿的方式将上年度有关账户余额分解、归并为本年度有关账户的余额，然后开设本年度新账，并将余额抄入有关账户第一行并标明余额方向，同时在“摘要”栏内注明“上年结转”或“年初余额”字样。上年末编制的余额调整分录应与上年度会计凭证一并归档保管；编制的余额调整工作底稿应与上年度的账簿一并归档保管。对于过入新账的有关账户余额的结转事项，无须再编制结转分录。

本章小结

账簿的分类及登记

<table>
<tr><td rowspan="14">会计账簿，是由具有一定格式、互有联系的若干账页所组成，以会计凭证为依据，全面、系统、序时、分类记录各项经济业务的簿记</td><td rowspan="11">按用途分类</td><td rowspan="3">序时账</td><td rowspan="2">特种日记账</td><td>现金日记账</td><td rowspan="2">登记人员、格式、登记方法、登记依据</td></tr>
<tr><td>银行存款日记账</td></tr>
<tr><td>普通日记账</td><td colspan="2"></td></tr>
<tr><td rowspan="7">分类账</td><td rowspan="4">总分类账</td><td colspan="2">总账的格式</td></tr>
<tr><td rowspan="2">总账的登记依据</td><td>记账凭证核算组织程序</td></tr>
<tr><td>科目汇总表核算组织程序</td></tr>
<tr><td colspan="2">总账的登记</td></tr>
<tr><td rowspan="3">明细分类账</td><td colspan="2">三栏式明细账</td></tr>
<tr><td colspan="2">数量金额式明细账</td></tr>
<tr><td colspan="2">多栏式明细账</td></tr>
<tr><td>备查账</td><td></td><td></td><td></td></tr>
<tr><td rowspan="3">按形式分类</td><td>订本式</td><td></td><td></td><td></td></tr>
<tr><td>活页式</td><td></td><td></td><td></td></tr>
<tr><td>卡片式</td><td></td><td></td><td></td></tr>
</table>

项目	内容
更正错账	划线更正法
	红字更正法
	补充登记法
平行登记	期间相同、方向一致、金额相等、依据相同
	总账期末余额＝所属明细账期末余额合计 总账本期发生额＝所属明细账本期发生额合计
账簿更换	

思考题

1. 设置和登记账簿在会计记录方法中处于何种地位？账簿与会计凭证的关系如何？
2. 如何对账簿进行分类？
3. 简述登记现金日记账和银行存款日记账的人员、依据和方法。
4. 明细分类账依据账页格式如何进行分类？各种格式明细账的适用范围是什么？
5. 简述更正错账的方法及其适用范围。
6. 为什么需要每年更换账簿？
7. A 先生应聘为一家外国公司的会计，发现这家公司与其他公司不同，具体表现为：

(1) 公司的所有账簿均采用活页式，理由是活页式账簿便于改错。

(2) 公司的往来账采用“抽单捏对”（将两联原始凭证对应上，表明该项业务完成）核对的方法，直接用会计凭证控制，不再记账。

(3) 在记账发生错误时允许使用涂改液，但是强调必须由有关责任人签字。

(4) 经理要求 A 先生在登记“库存现金”总分类账的同时也要负责出纳工作。

经过 3 个月的试用期，尽管这家公司的报酬比其他类似公司高，但 A 先生还是决定辞职。请问他为什么辞职？该公司在会计处理方面存在什么问题？

练习题

1. 某企业的银行存款日记账如表 6—18 所示。

表 6—18 银行存款日记账

日期（略）	凭证号数	摘要	对方科目	借方	贷方	余额
		期初余额				812 000
	(1)	提取现金	库存现金		20 000	792 000
	(2)	支付电话费	管理费用		5 000	787 000

续前表

日期（略）	凭证号数	摘要	对方科目	借方	贷方	余额
	(3)	缴纳税金	应交税费		8 000	779 000
	(4)	销售款存入银行	应收账款	200 000		979 000
	(5)	支付材料款	在途物资		150 000	829 000
	(6)	销售商品款项	主营业务收入	100 000		929 000
	(7)	支付货款	应付账款		100 000	829 000
	(8)	支付保险费	管理费用		20 000	809 000
	(9)	支付水电费	管理费用		20 000	789 000
	(10)	支付罚款	营业外支出		10 000	779 000

要求：根据上述日记账写出记账时依据的会计分录并指出应编制何种记账凭证。

2. 某企业将账簿记录与记账凭证进行核对，发现下列经济业务的凭证内容和账簿记录有错误：

（1）开出现金支票 2 000 元，支付管理部门办公费用。根据此项经济业务编制的记账凭证（用会计分录代替，下同）为：

借：管理费用　　2 000
　贷：库存现金　　2 000

（2）结转本月已销商品的成本 54 万元。根据此项经济业务编制的记账凭证为：

借：主营业务成本　　450 000
　贷：库存商品　　450 000

（3）分配本月应付工资，其中生产工人工资 30 万元，车间管理人员工资 5 万元，企业管理部门人员工资 10 万元。根据此项经济业务编制的记账凭证为：

借：生产成本　　300 000
　　制造费用　　50 000
　　管理费用　　100 000
　贷：应付职工薪酬　　450 000

根据该记账凭证，在登记"应付职工薪酬"总账时，将 450 000 元误写为 540 000 元。

（4）结转本月发生的制造费用 54 000 元。根据此项经济业务编制的记账凭证为：

借：本年利润　　45 000
　贷：制造费用　　45 000

要求：说明上述经济业务记账错误的类型和应采用的更正方法，并予以更正。

第七章　编制报表前的准备工作

学习目标

通过本章的学习，掌握期末账项调整的内容，财产清查结果的会计处理，对账及结账的内容和方法；熟悉财产清查的方法；了解编制报表前准备工作的意义。

建议学时：6 学时

教师导读：

1. 案例

李同学在学生会的帮助下，与 3 位摄影爱好者共同组建校园摄影公司，旨在为校园学生聚会摄影。假设大一的三个班预付给该公司 4 年的摄影费共计 3 600 元，当年为大四的同学毕业聚会摄影收费 1 000 元。

- 当年年末该公司收到多少现金？
- 当年年末该公司实现多少收入？获得收入的原因是什么？

2. 本章在会计核算方法中的地位

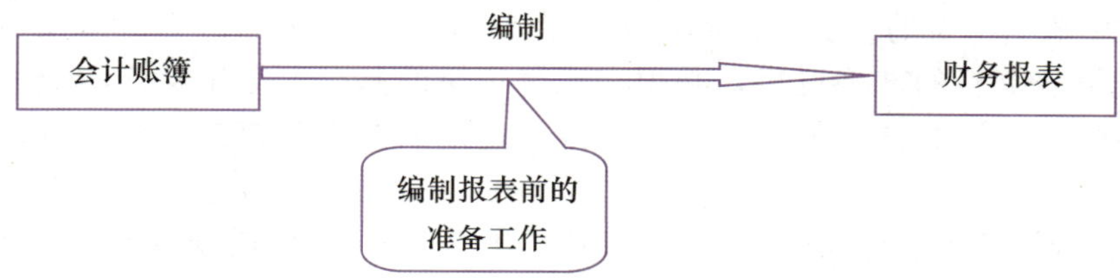

3. 学习方法

(1) 通过预习，对本章的学习内容有初步了解。

(2) 采用循序渐进学习法、归纳学习法、总结学习法。采用循序渐进学习法，按照教材的内容逐个对知识点进行学习；在采用循序渐进学习法学习各个知识点后，利用归纳学习法将本章内容与前几章内容联系起来，形成对会计记录方法的整体认识；通过前几章会计记录方法的学习，采用总结学习法，自我评价学习成果，找出不足，尽快弥补，以便第八章的顺利学习。

(3) 完成本章后面的思考题和练习题。

完成本章的学习之后，可以解决章前案例中提出的问题。

第一节　编表前准备工作的意义和内容

第五章及第六章已分别介绍了会计凭证和会计账簿，按照“会计凭证—会计账簿—财务报表”的循环过程，本章阐述财务报表编制前的准备工作。财务报表是会计核算工作的结果，是反映会计主体财务状况、经营成果和现金流量变动情况的书面文件，也是会计部门提供会计信息的重要手段。因此，财务报表必须数字真实、计算准确、内容完整、编报及时。为了保证财务报表的编制满足上述要求，需要做好编表前的准备工作。

一、编表前准备工作的意义

企业持续、正常的生产经营活动是一个循环往复的过程。为了进行分期核算、分期结算账目和编制报表，需要划分会计期间。会计分期涉及收入、费用的归属期确定，如收入中哪些属于本期收入，哪些不属于本期收入；费用中哪些属于本期费用，哪些不属于本期费用。只有划清会计期间，才能按会计期间提供收入、费用、成本、经营成果和财务状况等会计信息。因此，要以权责发生制为标准，对账簿记录中的有关收入、费用等项目进行必要的调整，以便正确地反映本期的收入和费用情况，正确计算本期的损益。

账簿记录的正确性并不能说明账簿记录的客观真实性。因为种种原因可能使各项财产的账面数额与实际结存数额产生差异，或者存在虽然账实相符但某些材料、物资已毁损变质的情况。如保管过程中发生的自然损耗；收发管理中发生错收、错付；计量、检验不准确或发生错误；因管理人员的过失发生存货的毁损变质和不法分子的贪污盗窃、破坏等。此外，现金、银行存款等各项货币资金和各项应收、应付款的账面数额与实际数额都有发生账实不符的可能。因此，为了正确掌握各项财产物资、债权债务的真实情况，保证报表资料的准确可靠，必须在账簿记录的基础上运用财产清查这一专门方法，对各项财产物资、债权债务进行定期或不定期的盘点和核对。账实核对即为财产清查。

在将全部经济业务登记入账的基础上，应结出本期发生额和期末余额，以便为编制报表做好准备工作。

为了保证账簿记录的正确和完整，应当加强会计凭证的日常审核，定期进行账证核对、账账核对、账实核对。

二、编表前准备工作的内容

为了保证财务报表所提供的信息能够满足会计信息使用者的要求，编制报表前，应做好下列准备工作：

(1) 期末账项调整。按照权责发生制原则，正确地划分各个会计期间的收入、费用，为正确计算并结转本期经营成果提供有用的资料。

(2) 全面清查资产、核实债务。清查资产、核实债务的内容包括：结算款项是否存在，是否与债务债权单位的债权债务金额一致；各项存货的实存数与账面数是否一致，是否有报废损失和积压物资等；各项投资是否存在，是否按照国家统一的会计制度进行确认、计量；各项固定资产的实存数与账面数是否一致；需要清查、核实的其他内容。

(3) 结账和对账。期末结出本期发生额和期末余额。通过对账保证账证相符、账账相符、账实相符。

第二节　期末账项调整

会计核算的一个基本前提是会计分期，通过会计分期将持续不断的生产经营过程人为

地划分为会计期间。会计期间的产生使会计核算必然涉及划分本期和非本期的收入、费用等问题，于是就产生了权责发生制和收付实现制等记账基础。由于平时仅对涉及货币资金的收付业务进行核算，没有涉及一些转账业务的核算，因此，会计账簿中的日常记录还不完整，不能确切地反映本期的收入、费用，如有些款项虽已收到入账，但它并不属于本期的收入；有些款项虽已支付，但它并不属于本期的费用。所以，在结账前对这些账项必须进行调整。通过调整，合理地确定各期的收入，并将费用与收入配比，正确地计算各期的经营成果。期末账项调整的主要内容是调整各期的收入、费用，在调整收入、费用的同时要确认资产、负债。期末需调整的账项内容较多，为便于说明，将其分为应计收入的账项调整、应计费用的账项调整、收入分摊的账项调整、费用分摊的账项调整。期末账项调整的方法是通过编制调整分录，将未入账的事项全部调整入账。

一、应计收入的账项调整

应计收入是指已在本期实现、因款项未收而未登记入账的收入。企业发生的应计收入，主要是本期已经发生且符合收入实现确认标准，但尚未收到相应款项的收入。如应收金融机构的存款利息等。凡属于本期的收入，不管其款项是否收到，都应作为本期收入，期末时将尚未收到的款项调整入账。

企业存入银行的款项通常按季结算利息，即每个季度的季末结算存款利息，并确认为企业的收入。如果将存款利息收入作为结算期的收入处理，会使各期的收入不均衡，而且不符合权责发生制原则。因此，按权责发生制原则核算时，在每个季度中的第一个、第二个月对存款利息收入估算入账，在第三个月与银行结算利息。如果利息收入金额不大，也可以按照收付实现制原则记账，直接计入结算期的损益。

【例 7—1】某企业 12 月末接到银行通知，本季度的利息收入为 6 200 元。企业根据其银行存款的金额和该类存款的利息率估算，10 月、11 月银行存款利息收入各为 2 000 元，并按照权责发生制的原则将其登记入账。

为了系统地反映为筹集资金发生的费用，企业应设置“财务费用”账户，该账户属于费用类账户，其借方记录发生的利息支出；一般情况下，存款的利息收入较少，为了简化核算，不必单独设置账户核算利息收入，而是将其作为利息支出的减项记入“财务费用”账户的贷方，以核算净利息支出；期末将该账户的余额转入“本年利润”账户后，没有余额。

估算银行存款利息收入时，记入“财务费用”账户的贷方。由于款项尚未收到，估算时将未收到的利息记入“应收利息”账户。“应收利息”账户属于资产类账户，其借方登记应收的利息，实际收到利息时记入贷方，期末借方余额表示应收未收的利息。10 月、11 月末，将估算的本月银行存款利息收入登记入账时，借记“应收利息”科目，贷记“财务费用”科目。12 月末，仍按上述办法处理结清利息。如果出现估算入账的利息收入与实际利息收入不一致，其差额作为增减财务费用处理。当全季利息收入实际额大于估算金额时，按其差额借记“应收利息”科目，贷记“财务费用”科目；当全季利息收入实际额小于估算金额时，按其差额借记“财务费用”科目，贷记“应收利息”科目。为了简化核算，可以于结算期将实收利息收入、已预计的利息收入、结算期的利息收入一并处理，即按实收利息收入借记“银行存款”科目，按预计的利息收入贷记“应收利息”科目，按两者的差额贷记“财务费用”科目。根据上述经济业务编制的会计分录如下：

10 月、11 月编制的会计分录为：

借：应收利息　　2 000

　贷：财务费用　　2 000

12 月编制的会计分录为：

借：银行存款　　6 200

　贷：财务费用　　2 200

　　　应收利息　　4 000

如果利息收入相对于企业的整体收入来说金额较小，可直接于收到时进行会计处理。假设该企业于收到利息时进行会计处理，则编制的会计分录为：

借：银行存款　　6 200

　贷：财务费用　　6 200

二、应计费用的账项调整

应计费用是指已在本期发生、因款项未付而登记入账的费用。企业发生的费用，本期已经受益，由于这些费用尚未支付，故在日常的账簿中尚未登记，如应付银行借款利息支出、保险费支出、大修理费用支出等。凡属于本期的费用，不管其款项是否支付，都应作为本期费用处理。期末，应将那些属于本期但尚未支付的费用调整入账。

企业从银行借入的款项是有偿使用的，需支付利息。通常，银行借款利息按季结算，即每个季度的最后一个月结算借款利息。但整个季度内企业都从贷款中受益，按权责发生制原则应负担借款利息。因此，每个季度第一个月、第二个月应根据借款本金估算利息支出并入账，季度中的第三个月末与银行结算利息支出。

【例 7—2】 某企业 12 月末根据银行借款金额和借款利息率计算，本季度应付银行借款利息支出为 20 000 元。企业按照权责发生制原则，根据银行借款的金额和借款利息率计算 10 月、11 月银行借款利息各为 6 000 元，并将其登记入账。

银行借款的利息支出通过“财务费用”账户进行核算。将估算的银行借款利息支出登记入账时，借记“财务费用”科目，贷记“应付利息”科目。“应付利息”账户属于负债类账户，其贷方登记应付的利息，借方登记实际支付的利息，期末贷方余额表示应付未付的利息。待季度结束，银行计算出本季度银行借款利息后，再根据银行计算结果借记“应付利息”科目，贷记“银行存款”科目。如果出现各月估计入账的利息支出与实际的利息支出不一致，其差额应作增减财务费用处理。为了简化核算，可以于结算期将实际支付的利息支出、已预计的利息支出、结算期的利息支出一并处理，即按预计的利息支出借记“应付利息”科目，按实付利息支出贷记“银行存款”科目，按两者的差额借记“财务费

用”科目。根据上述经济业务编制如下会计分录：

（1）10月、11月编制的会计分录为：

借：财务费用　　6 000

　贷：应付利息　　6 000

（2）12月编制的会计分录为：

借：应付利息　　12 000

　　财务费用　　8 000

　贷：银行存款　　20 000

三、收入分摊的账项调整

收入分摊是指企业已经收取有关款项，但未完成销售商品或提供劳务，需在期末按本期已完成的比例，分摊确认本期已实现收入的金额，并调整以前预收款项时形成的负债。收款入账时，因尚未向付款单位提供商品或劳务，或财产物资使用权，故收入没有实现，不能确认为收款期的收入，而应将其作为一种负债性质的预收款项，只能在向付款单位提供商品或劳务，或财产使用权的期间确认收入，因此，当满足收入确认条件时，应该将预收款作为收入调整入账。

收到预收款项时，不符合收入确认的条件，不能将其记入有关的收入科目，应通过“预收账款”科目予以核算。待满足收入实现条件时再确认为收入，从“预收账款”科目转入有关的收入科目。如预收货款、租金等都属于预收收入，收到时借记“银行存款”科目，贷记“预收账款”科目；在收入实现的期末进行账项调整，把该期实现的收入从“预收账款”账户的借方转入“主营业务收入”或“其他业务收入”账户的贷方。

【例7—3】某企业年初收到承租固定资产单位交来的本年全年固定资产租金120 000元并已存入银行。12月实现的收入为10 000元。根据上述经济业务编制的会计分录如下：

1月份收款时：

借：银行存款　　120 000

　贷：预收账款　　120 000

此后每月确认当期实现的收入，12月份确认收入时：

借：预收账款　　10 000

　贷：其他业务收入　　10 000

四、费用分摊的账项调整

费用分摊是指企业已经发生的支出能使若干会计期间受益，为正确计算各个会计期间的盈亏，将这些支出在其受益的会计期间进行分摊，如固定资产折旧费用的计提、营业成本的结转、营业税金的计算与缴纳、所得税的计算与缴纳等，在计算本期费用时，应该将这部分费用进行调整。属于本期负担的费用，采用一定的方法分摊计入本期。

因支付款项时还未受益，故不符合费用确认的条件，不能将其确认为费用，而是作为一项资产加以确认，应通过“预付账款”科目核算，待以后期间受益时，将其转为受益期间的费用。

【例 7—4】 某企业在每年的 12 月份以银行存款支付下一年的财产保险费 120 000 元。支付保险费的月份并没有受益，而是在下一年受益，故保险费应分摊到下一年的 12 个月中。根据上述经济业务编制的会计分录如下：

12 月份支付保险费时：

借：预付账款　　120 000

　贷：银行存款　　120 000

下一年的每个月摊销时：

借：管理费用　　10 000

　贷：预付账款　　10 000

如果期末账项调整发生在结转利润之前，则根据账项调整后的损益类账户余额结转本年损益；如果期末账项调整发生在结转本年利润之后，除调整账项外，还应将账项调整涉及的损益类账户结清，即将其转入“利润分配”科目，并相应地调整所得税。假设例 7—1～例7—4 是第四章经济业务的继续，而例 4—24 已经将各损益类账户结清，故账项调整的经济业务在调整后需要将例 7—1～例 7—4 中各损益类账户发生额转入“本年利润”科目，并相应地调整所得税和计提盈余公积。为此编制的会计分录如下：

“财务费用”科目借方发生额为 8 000 元，贷方发生额为 2 200 元，将差额 5 800 元转入“本年利润”科目。

借：本年利润　　5 800

　贷：财务费用　　5 800

“其他业务收入”科目贷方发生额为 10 000 元，应转入“本年利润”科目。

借：其他业务收入　　10 000

　贷：本年利润　　10 000

经过上述损益结转后，增加利润 4 200 元（10 000－5 800），按照 25%的所得税税率计算应交所得税 1 050 元。

借：所得税费用　　1 050

　贷：应交税费　　1 050

借：本年利润　　1 050

　贷：所得税费用　　1 050

“本年利润”科目贷方余额为 3 150 元（4 200－1 050），将其转入“利润分配”账户。

借：本年利润　　3 150

　贷：利润分配　　3 150

假设该企业按照净利润的 10%计提盈余公积，则：

借：利润分配　　315

贷：盈余公积　　　　　　　　　　　　　　　　　　　315

思考：期末账项调整与权责发生制的关系如何？举例说明期末账项调整的重要性。

第三节　财产清查

一、财产清查概述

财产清查是通过对各项财产物资进行盘点和核对，确定其实存数，查明实存数与账存数是否相符的一种专门方法。

保证财务信息资料的真实性是会计核算最重要的质量要求，只有真实的会计信息才能起到会计核算应有的作用。但是由于种种主客观原因，导致财产物资和债权债务等出现账实不符的情况。因此，必须进行财产清查，对各项财产物资和债权债务进行定期或不定期的盘点和核对。

通过财产清查可以起到如下作用：

（1）可以确定各项财产物资的实存数，与其账存数相核对，查明各项财产物资的账实是否相符以及产生差异的原因，及时调整账存记录，使账实相符，从而保证会计账簿记录的真实性，为编制报表做好准备。

（2）可以发现财产管理上存在的问题，促使企业不断改进财产物资管理，健全财产物资管理制度，确保财产物资的安全、完整。

（3）可以促进财产物资的有效使用，充分发挥财产物资的潜力，加速资金周转，避免损失和浪费。

在财产清查中，对于债权债务等往来结算账款，要与对方逐一核对清楚，对于各种应收、应付账款，应及时进行结算，已确认的坏账要按规定处理，避免长期拖欠和长年挂账，共同维护结算纪律和商业信用。

（一）财产清查的分类

财产清查的种类很多，可以按不同的标志进行划分。主要分类有以下两种。

1．按照清查对象的范围分类

财产清查按照清查对象的范围大小可分为全面清查和局部清查。

（1）全面清查。全面清查是对属于本单位或存放在本单位的所有财产物资、货币资金和各项债权债务进行全面盘点和核对。对资产负债表内所列的项目，要一一盘点、核对。全面清查的内容多、范围广，一般在以下几种情况下采用：第一，年终决算之前；第二，单位撤销、合并或改变隶属关系时；第三，开展资产评估、清产核资等活动时。

（2）局部清查。局部清查是根据管理的需要或依据有关规定，对部分财产物资、债权债务进行盘点和核对。一般情况下，对于流动性较大的财产物资，除年度清查外，年内还要轮流盘点或重点抽查；对于各种贵重物资，每月都应清查盘点一次；对于现金，应由出纳人员当日清点核对；对于银行存款，每月要同银行核对一次；对于各种应收账款，每年至少核对一至两次。

2. 按照清查的时间分类

财产清查按照清查时间是否事先有计划可分为定期清查和不定期（临时）清查。

（1）定期清查。定期清查是按事先计划安排的时间对财产物资、债权债务进行的清查。一般是在年度、季度、月度、每日结账时进行。例如，每日结账时要对现金进行账实核对；每月结账时要将银行存款日记账与银行对账单进行核对等。定期清查可以是局部清查，也可以是全面清查。

（2）不定期清查。不定期清查是事先并无计划安排，而是根据实际需要所进行的临时性清查。一般在以下几种情况下需要进行不定期清查：第一，更换财产物资和现金的保管人员时，要对有关人员所保管的财产物资和现金进行清查，以分清经济责任。第二，发生非常灾害和意外损失时，要对受灾和损失的有关财产物资进行清查，以查明损失情况。第三，单位撤销、合并或改变隶属关系时，应对本单位的各项财产物资、货币资金、债权债务进行清查，以摸清家底。不定期清查可以是局部清查，也可以是全面清查。

（二）财产清查的一般方法

财产清查是确定财产的实存数，查明实存数与账存数是否相符的一种专门方法。因此，进行财产清查，首先要清查财产的实存数量和金额，确定其账存数量和金额，将实存数量和金额与账存数量和金额进行比较，便可以查明实存数与账存数是否相符。

对于各项财产物资实存数量的清查，一般采用实地盘点法、技术推算法和查询核实法。

（1）实地盘点法。实地盘点法是通过实地逐一点数或用计量器具确定实存数量的一种常用方法。如逐台清点机床的数量，用秤计量库存钢材的数量等。

（2）技术推算法。技术推算法是通过技术推算确定实存数量的一种方法。对有些价值低、数量大的材料物资，如露天堆放的原煤、沙石等，不便于逐一过磅、点数，可以在抽样盘点的基础上，进行技术推算，从而确定其实存数量。

（3）查询核实法。查询核实法是依据账簿记录，以一定的查询方式清查财产物资、货币资金、债权债务数量及价值量的方法。这种方法根据查询结果进行分析，来确定有关财产物资、货币资金、债权债务的实物数量和价值量，适用于债权债务、出租出借的财产物资以及外埠存款的查询核实。

思考：对于库存现金、应收账款，应分别采用什么方法进行清查？

二、财产清查结果的会计处理

财产清查的种类不同，所采用的清查方法以及清查结果的会计处理也不同。本书主要阐述编制报表前进行的财产清查及其会计处理。

财产清查后，如果实存数与账存数一致，账实相符，不必进行会计处理。如果实存数与账存数不一致，会出现两种情况：当实存数大于账存数时，称为盘盈；当实存数小于账存数时，称为盘亏。实存数虽与账存数一致，但实存的财产物资有质量问题，不能按正常的财产物资使用的，称为毁损。不论盘盈、盘亏还是毁损，都需要进行会计处理，调整账存数，使账存数与实存数一致，保证账实相符。盘盈时调增账存数，使其与实存数一致；盘亏或毁损时调减账存数，使其与实存数一致。盘盈、盘亏或毁损等都说明企业在经营管理、财产物资的保管中存在着一定的问题。因此，一旦发现账存数与实存数不一致，应核准数字，并进一步分析形成差异的原因，明确经济责任，并提出相应的处理意见。经规定的程序批准后，才能对差异进行处理。财产清查结果的会计处理分两步：首先，根据已查明属实的财产盘盈、盘亏或毁损的数字编制"实存账存对比表"，据此填制记账凭证并登记有关账簿，调整账簿记录，使各项财产物资的实存数和账存数一致。然后，待查清原因、明确责任以后，根据审批后的处理决定文件，填制记账凭证，分别记入有关账户。

为了核算和监督财产清查结果的会计处理情况，企业需设置"待处理财产损溢"账户。该账户的借方用来登记发生的待处理财产盘亏、毁损的金额，待盘亏、毁损的原因查明并经审批后，再从该账户的贷方转入有关账户的借方；该账户的贷方用来登记发生的待处理财产盘盈的金额，待盘盈的原因查明并经审批后，再从该账户的借方转入有关账户的贷方。"待处理财产损溢"账户的结构如图 7—1 所示。

借方　　　　待处理财产损溢　　　　贷方

借方	贷方
发生额：发生的待处理财产盘亏和毁损数以及批准转销的待处理财产盘盈数	发生额：发生的待处理财产盘盈数以及批准转销的待处理财产盘亏和毁损数
结余额：尚未批准处理的盘亏和毁损数与盘盈数的差额	结余额：尚未批准处理的盘盈数与盘亏或毁损数的差额

图 7—1　"待处理财产损溢"账户的结构

思考：分别核算盘盈、盘亏的作用。

"待处理财产损溢"账户下设置"待处理流动资产损溢"和"待处理固定资产损溢"两个明细分类账户，分别对流动资产和固定资产损溢进行核算。

三、具体项目的清查

（一）库存现金的清查

库存现金清查采用实地盘点的方法，先确认库存现金数，再将出纳保管的现金与现金日记账的期末余额进行核对。如果账实不一致，需要编制"现金盘点报告单"，并以其作为原始凭证，通过"待处理财产损溢"账户进行会计处理。通常情况下，现金盘亏，应由出纳人员赔偿；现金盘盈，应作为营业外收入处理。库存现金清查流程如图 7—2 所示。

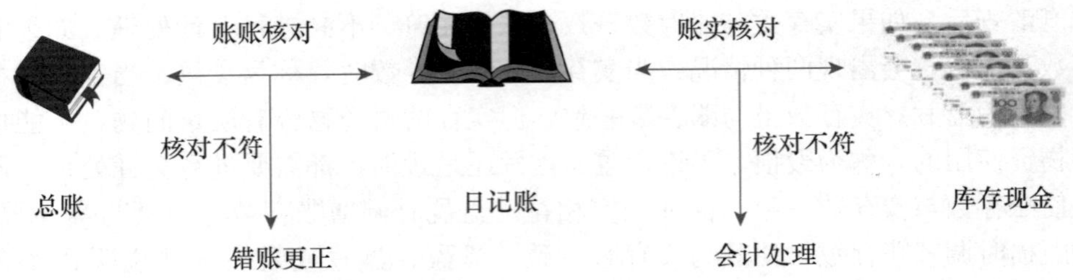

图 7—2　库存现金清查流程

【例 7—5】企业对库存现金进行盘点，填制的“现金盘点报告单”如表 7—1 所示。

表 7—1　现金盘点报告单

单位名称：　20×2 年 12 月 31 日　单位：元

实存金额	账存金额	对比结果	
		盘盈	盘亏
3 500	3 546		46

盘点人：张三　出纳员：王五

根据表 7—1 的内容进行会计处理：

借：待处理财产损溢　46

　贷：库存现金　46

借：其他应收款——出纳人员　46

　贷：待处理财产损溢　46

假设当日收到出纳人员的赔款，编制的会计分录如下：

借：库存现金　46

　贷：其他应收款——出纳人员　46

（二）银行存款的清查

银行存款的清查采用与开户银行核对账目的方法进行。在同银行核对账目之前，应检查本单位银行存款日记账的正确性和完整性，然后将银行存款日记账与银行对账单逐笔核对。如果核对不符，其原因主要有：本单位与银行之间的一方或双方记账有错误；双方往往出现未达账项。如果为记账错误，错误方应及时更正；如果出现未达账项，应采用一定的方法进行调节。银行存款清查流程如图 7—3 所示。

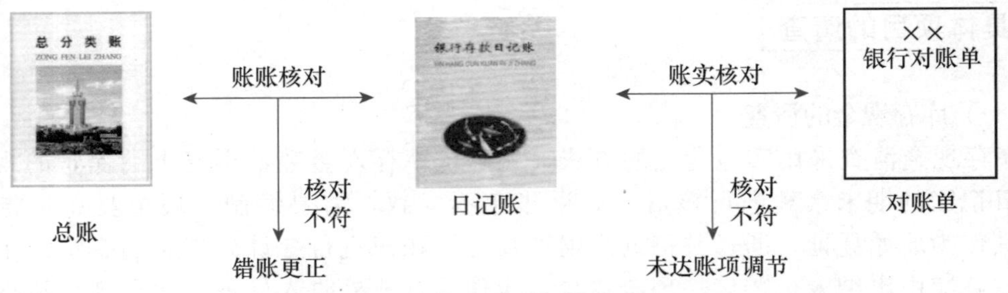

图 7—3　银行存款清查流程

未达账项是指在开户银行和企业之间对于同一款项的收付业务由于凭证传递时间和记账时间的不同，发生一方已经入账而另一方尚未入账的会计事项。开户银行和企业之间的未达账项有以下四种情况：

（1）企业已经入账而银行尚未入账的收入事项。如将取得销售收入的支票送存开户银行，银行尚未收款入账。

（2）企业已经入账而银行尚未入账的付出事项。如企业因购买材料签发银行支票，支票尚未送到开户银行。

（3）银行已经入账而企业尚未入账的收入事项。如开户银行代企业收到一笔应收账款，而票据尚未转到企业。

（4）银行已经入账而企业尚未入账的付出事项。如开户银行收取企业向银行借款的利息，而票据尚未转到企业。

上述任何一种未达账项的发生都会造成开户银行与企业银行存款账面余额的不一致。对于未达账项，通常采用余额调节法编制“银行存款余额调节表”，以检查银行存款日记账记录是否正确。

余额调节法是指编制调节表时在双方（开户银行和企业各为一方）现有银行存款余额的基础上，各自加减未达账项进行调节的方法。其计算公式为：

$$\text{企业银行存款日记账余额} + \text{银行已收入账企业尚未入账} - \text{银行已付入账企业尚未入账} = \text{银行对账单余额} + \text{企业已收入账银行尚未入账} - \text{企业已付入账银行尚未入账}$$

实际工作中，通过编制“银行存款余额调节表”进行核对调整。

【例 7—6】 某企业接到开户银行的对账单，10 月 31 日的银行对账单余额为 180 917 元，企业银行存款日记账余额为 164 049 元。经核对找出下列未达账项，见表 7—2。

表 7—2　　**未达账项表**　　单位：元

未达账项种类	金额
企业已收入账、银行尚未入账 企业将取得销售收入的支票送存开户银行	4 000
企业已付入账、银行尚未入账 企业因购买材料和支付劳务费用签发银行支票，转账支票号码为Ⅷ2944720	18 968
银行已收入账、企业尚未入账 银行代企业收到一笔应收账款	2 000
银行已付入账、企业尚未入账 银行收取企业办理结算的手续费 银行收取企业办理结算的电报费	25 75

根据表 7—2，采用余额调节法编制的“银行存款余额调节表”见表 7—3。

表 7—3

银行存款余额调节表

20×2 年 10 月 31 日

单位：元

项目	金额	项目	金额
银行存款日记账余额	164 049	银行对账单余额	180 917
加：银行已收、企业未收款项	2 000	加：企业已收、银行未收款项	4 000
减：银行已付、企业未付款项	25	减：企业已付、银行未付款项	18 968
	75		
调节后余额	165 949	调节后余额	165 949

需要指出的是，编制“银行存款余额调节表”的目的是检查账簿记录的正确性，并不是要更改账簿记录，对于银行已经入账而企业尚未入账的业务和企业已经入账而银行尚未入账的业务，均不作会计处理，待以后业务凭证到达后，再作会计处理。对于长期悬置的未达账项，应及时查阅凭证、账簿及有关资料，查明原因，及时和银行联系，并予以解决。

（三）存货清查

1. 存货盘存制度

存货盘存制度是财产清查中确定企业期末的原材料、库存商品等实物资产结存数量的方法。确定各项存货账存数量的方法有两种：永续盘存制和实地盘存制。

（1）永续盘存制。永续盘存制又称永续盘存法、账面盘存制，是根据账簿记录计算账面结存数量的方法。在这种方法下，存货的增加和减少要随时根据会计凭证连续登记入账，根据账簿记录可以随时结出账面结存数。发出存货价值和期末账面结存数量的计算公式为：

发出存货价值＝发出存货数量×存货单价

期末账面结存数量＝期初账面结存数量＋本期增加数量－本期减少数量

【例 7—7】某企业甲商品的有关资料如下：

（1）6 月 1 日，结存 200 件，单价 100 元，金额 20 000 元；

（2）6 月 5 日，销售 100 件；

（3）6 月 10 日，购进 300 件，单价 100 元，金额 30 000 元，以银行存款支付货款；

（4）6 月 20 日，购进 200 件，单价 100 元，金额 20 000 元，以银行存款支付货款；

（5）6 月 23 日，销售 500 件。

根据上述资料，采用永续盘存制，库存商品明细账如表 7—4 所示。

表 7—4

库存商品明细账

品名：甲商品

数量单位：件

金额单位：元

日期	凭证	摘要	收入			发出			结存		
			数量	单价	金额	数量	单价	金额	数量	单价	金额
6.1		结存							200	100	20 000
6.5		销售				100	100	10 000	100	100	10 000
6.10		购进	300	100	30 000				400	100	40 000
6.20		购进	200	100	20 000				600	100	60 000

续前表

日期	凭证	摘要	收入			发出			结存		
			数量	单价	金额	数量	单价	金额	数量	单价	金额
6.23		销售				500	100	50 000	100	100	10 000
6.30		盘点				10	100	1 000			
6.30		合计	500		50 000	610		61 000	90	100	9 000

通过例7—7可以看出，采用永续盘存制，可以在账簿中反映存货的收入、发出和结存情况，并可从数量和金额两方面进行管理与控制。账簿上的结存数量，可以通过盘点加以核对。如果账簿上的结存数量与实存数量不符，应及时查明原因，并将其按照盘亏进行处理，发出成本仍然为60 000元。但是采用这种盘存制度，要求每一个品种的存货都要开设一个明细账，存货的明细分类核算工作量较大。

（2）实地盘存制。实地盘存制又称实地盘存法，是根据实地盘点或技术推算所得的实存数量确认各项存货账面结存数量的方法。在这种方法下，存货增加时要随时根据会计凭证连续登记入账。但对于存货的正常减少业务，平时不登记入账。平时不结算账面结存数，期末根据实地盘点或技术推算所得的实存数量确认账面结存数量。然后，再倒推计算出本期财产物资的减少数。期末存货价值和本期减少数量的计算公式为：

期末存货价值＝期末存货盘点数量×存货单价

本期减少数量＝期初账面结存数量＋本期增加数量－期末实际结存数量

【例7—8】沿用例7—7的资料。期末盘点，该种商品的结存数量为90件。采用实地盘存制登记库存商品明细账，见表7—5。

表7—5　　库存商品明细账

品名：甲商品

数量单位：件　　金额单位：元

日期	凭证	摘要	收入			发出			结存		
			数量	单价	金额	数量	单价	金额	数量	单价	金额
6.1		结存							200	100	20 000
6.10		购进	300	100	30 000				500	100	50 000
6.20		购进	200	100	20 000				700	100	70 000
6.30		盘点							90	100	9 000
6.30		销售				610	100	61 000	90	100	9 000
6.30		合计	500	100	50 000	610	100	61 000	90	100	9 000

通过例7—8可以看出，采用实地盘存制，平时只记录购进成本，不记录发出存货的数量、金额，可以简化存货的核算工作。但采用这种盘存制度不能从账面上随时反映存货的收入、发出和结存情况，只能通过定期盘点，计算、结转发出存货的成本。由于倒推发出存货的成本，故使得结转的发出成本中可能包含非正常耗用的成本，如表7—5中的发出成本为61 000元。

两种盘存制度各有利弊，但二者相比较，采用永续盘存制能够加强存货的管理，能够随时提供有用的资料，因而在实际工作中，企业对绝大部分存货都采用该制度，只对一些价值低、品种多、收发频繁的存货采用实地盘存制。

思考：举例说明永续盘存制和实地盘存制的区别。

【例 7—9】沿用例 7—7 的资料，分别采用永续盘存制和实地盘存制进行会计处理，其结果如表 7—6 所示。

表 7—6　不同存货盘存制度下的会计处理

业务	永续盘存制	实地盘存制
销售	借：主营业务成本 10 000 贷：库存商品 10 000	
购进	借：库存商品 30 000 贷：银行存款 30 000	借：库存商品 30 000 贷：银行存款 30 000
购进	借：库存商品 20 000 贷：银行存款 20 000	借：库存商品 20 000 贷：银行存款 20 000
销售	借：主营业务成本 50 000 贷：库存商品 50 000	
盘点	借：待处理财产损溢 1 000 贷：库存商品 1 000	
期末		借：主营业务成本 61 000 贷：库存商品 61 000

思考：根据例 7—9 比较永续盘存制和实地盘存制的优缺点。

2. 存货清查的方法

在存货清查之前，要确定需要清查存货的范围；采用过磅、测量、点数等方法进行实物盘点，编制“盘存单”；清查盘点之后，填制“实存账存对比表”，反映各种存货的账面数与实存数；反映账面数与实存数不符的存货数量及原因，揭示存货管理中可能存在的问题，并以此为依据进行账务处理。

3. 存货清查结果的会计处理

造成存货账实不符的原因是多种多样的，应根据不同情况作不同的处理。一般处理办法是：定额内的盘亏，应增加费用；由责任事故造成的损失，应由过失人负责赔偿；非常事故造成的损失，如自然灾害，在扣除保险公司赔款和残料价值后，经批准应列作营业外支出等；如果发生盘盈，则一般冲减费用。

【例 7—10】年末，企业对原材料进行盘点，编制的“实存账存对比表”如表 7—7 所示。

表 7—7　实存账存对比表

单位名称：　20×2 年 12 月 31 日　单位：元

类别名称	计量单位	单价	实存		账存		对比结果			
			数量	金额	数量	金额	盘盈		盘亏	
							数量	金额	数量	金额
A	件	500	994	497 000	1 000	500 000			6	3 000

续前表

类别名称	计量单位	单价	实存		账存		对比结果			
							盘盈		盘亏	
			数量	金额	数量	金额	数量	金额	数量	金额
B	吨	1 000	600	600 000	595	595 000	5	5 000		

单位负责人签章：　　　　　　　　　　填表人签章：

根据表7—7进行会计处理如下：

盘亏A材料：

借：待处理财产损溢　　3 000

　贷：原材料　　3 000

盘盈B材料：

借：原材料　　5 000

　贷：待处理财产损溢　　5 000

应注意：盘点时会出现有的材料盘盈，有的材料盘亏的情况，但盘盈和盘亏不能合并处理，应分别进行。

经企业查明，盘亏原因为：定额内损耗1 500元；因管理员过失损失100元；非常事故损失1 400元。保险公司同意赔款1 000元，残料作价50元入库。盘盈原因是由于自然升溢所致。

经有关部门核准后，对材料清查结果进行会计处理。编制记账凭证，结转“待处理财产损溢”账户，其会计分录如下：

盘亏结果的会计处理：

借：管理费用　　1 500

　　其他应收款——某管理员　　100

　　　　　　　——保险公司　　1 000

　　原材料　　50

　　营业外支出　　350

　贷：待处理财产损溢　　3 000

盘盈结果的会计处理：

借：待处理财产损溢　　5 000

　贷：管理费用　　5 000

（四）固定资产的清查

固定资产的清查方法与存货基本相同。一般一年进行一次全面清查，平时可根据需要进行局部清查，通常采用实地盘点法，即以实地盘点的固定资产数量与固定资产卡片进行核对。根据盘点结果编制“固定资产盘盈盘亏报告表”，作为固定资产清查结果处理的原始凭证。

固定资产出现盘亏的原因主要是自然灾害、责任事故和丢失等，应根据不同的情况作不同的处理。一般处理方法是：由自然灾害造成的固定资产毁损，其净值在扣除保险公司赔款和残值收入后，经批准应列作营业外支出；由责任事故造成的固定资产毁损，应由责任人酌情赔偿损失；丢失的固定资产，经批准应列作营业外支出。

固定资产出现盘盈大都是由企业自制设备交付使用后未及时入账所造成的。经核准，应以其净值计入营业外收入（现行准则规定作为以前年度损益调整处理）。

【例 7—11】“固定资产盘盈盘亏报告表”列示：盘盈机器设备一台，重置价值为 20 000 元，按其新旧程度估计已计提折旧 4 000 元，净值为 16 000 元。编制记账凭证，调整固定资产账存数。其会计分录如下：

借：固定资产　　16 000
　贷：待处理财产损溢　　16 000

经查，盘盈原因是自制设备完工交付使用后未及时入账。经有关部门核准后，据此编制记账凭证，结转待处理财产损溢。其会计分录如下：

借：待处理财产损溢　　16 000
　贷：营业外收入　　16 000

【例 7—12】“固定资产盘盈盘亏报告表”列示：盘亏设备一台，原价为 10 000 元，已计提折旧 6 000 元，净值为 4 000 元。编制记账凭证，调整固定资产账存数。其会计分录如下：

借：待处理财产损溢　　4 000
　　累计折旧　　6 000
　贷：固定资产　　10 000

经查，盘亏是自然灾害造成的。保险公司同意赔款 2 500 元，其余损失经批准计入营业外支出。据此编制记账凭证，结转待处理财产损溢。其会计分录如下：

借：营业外支出　　1 500
　　其他应收款　　2 500
　贷：待处理财产损溢　　4 000

（五）应收应付款项的清查

应收应付款项的清查采用同对方单位核对账目的方法。清查单位应在检查本单位应收应付款项账目正确、完整的基础上，编制应收款对账单和应付款对账单，分送有关单位进行核对。对账单一式两联，其中一联作为回单。对方单位核对相符，应在对账单上盖章后退回本单位；如有数字不符，应在对账单上注明，或另抄对账单退回本单位，作为进一步核对的根据。

通常在年末结账前进行财产清查，对清查结果进行会计处理后再结账，但是本书从教学规律出发，在第四章已经结账，故清查结果处理后需要将各损益类账户结清，编制如下会计分录：

“管理费用”科目借方发生额为 1 500 元，贷方发生额为 5 000 元，应从借方转出 3 500 元（5 000−1 500）；“营业外支出”科目借方发生额为 1 850 元（350+1 500），应从贷方转出。

借：管理费用　　3 500
　贷：营业外支出　　1 850
　　　本年利润　　1 650

“营业外收入”科目贷方发生额为 16 000 元，应从借方转出。

借：营业外收入　　16 000

　贷：本年利润　　16 000

经过上述损益结转后，增加利润 17 650 元（16 000+1 650），按照 25%的所得税税率计算应交所得税 4 412.5 元。

借：所得税费用　　4 412.5

　贷：应交税费　　4 412.5

借：本年利润　　4 412.5

　贷：所得税费用　　4 412.5

“本年利润”科目的贷方余额为 13 237.5 元（17 650－4 412.5），将其转入“利润分配”账户。

借：本年利润　　13 237.5

　贷：利润分配　　13 237.5

假设该企业按照净利润的 10%计提盈余公积，则：

借：利润分配　　1 323.75

　贷：盈余公积　　1 323.75

思考：描述期末账项调整、财产清查与第三章经济业务的时间顺序。

根据表 4—9 和本章的会计处理编制试算平衡表，如表 7—8 所示。

表 7—8

试算平衡表

20×2 年 12 月 31 日

单位：元

	调整前		调整前		调整后	
	借方	贷方	借方	贷方	借方	贷方
库存现金	24 860		46	46	24 860	
银行存款	9 758 900		6 200	20 000 120 000	9 625 100	
应收账款	4 346 000				4 346 000	
预付账款	700 000		120 000		820 000	
其他应收款	126 000		46 1 100 2 500	46	129 600	
应收利息	4 000			4 000	0	
原材料	1 836 440		5 000 50	3 000	1 838 490	
在途物资						
生产成本	1 395 000				1 395 000	
制造费用						
库存商品	1 124 000				1 124 000	
固定资产	3 100 000		16 000	10 000	3 106 000	
累计折旧		430 000	6 000			424 000

续前表

	调整前		调整前		调整后	
待处理财产损溢			46 3 000 5 000 16 000 4 000	46 5 000 3 000 16 000 4 000	0	
短期借款		4 500 000				4 500 000
应付账款		2 591 400				2 591 400
其他应付款		28 000				28 000
应付职工薪酬		1 010 000				1 010 000
预收账款		10 000	10 000			0
应付股利		600 000				600 000
应交税费		488 450		1 050 4 412.5		493 912.5
应付利息		12 000	12 000			0
实收资本		10 100 000				10 100 000
盈余公积		260 000		315 1 323.75		261 638.75
利润分配		2 385 350	315 1 323.75	3 150 13 237.5		2 400 098.75
本年利润			5 800 1 050 3 150 4 412.5 13 237.5	10 000 1 650 16 000		0
主营业务收入						
其他业务收入			10 000	10 000		
主营业务成本						
营业税金及附加						
销售费用						
管理费用			1 500 3 500	5 000		
财务费用			8 000	2 200 5 800		
营业外收入			16 000	16 000		
营业外支出			350 1 500	1 850		
所得税费用			1 050 4 412.5	1 050 4 412.5		
合计	22 415 200	22 415 200	282 589.25	282 589.25	22 409 050	22 409 050

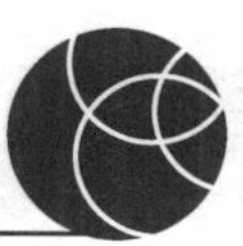

第四节　结账和对账

一、结账

结账就是在会计期末计算并结转各账户的本期发生额和余额。各会计期间内所发生的经济业务于该会计期间全部登记入账并对账以后，即可通过账簿记录了解经济业务的发生和完成情况，但管理上需要掌握各会计期间的经济活动情况及其结果，并相应编制各会计期间的财务报表。根据会计凭证将经济业务记入账簿后，还不能直观地获得所需的各项数字资料，必须通过结账的方式把各种账簿记录结算清楚，才能提供所需的各项信息资料。

会计分期一般实行日历制，月末进行计算，季末进行结算，年末进行决算。结账于各会计期末进行，可以分为月结、季结和年结。

（一）结账的内容和程序

结账前，必须将本期内发生的各项经济业务和应由本期受益的收入、负担的费用全部登记入账。在此基础上，才可保证结账的有用性，确保财务报表的正确性。为了确保结账的正确，在本期发生的各项经济业务全部入账的基础上，按照会计核算的要求将有关的转账事项编制成记账凭证并据以记入有关账簿。结账的内容包括：一是结清各种损益类账户，并据以计算本期利润；二是结清各资产、负债和所有者权益类账户，分别结算出本期发生额和期末余额。具体的程序如下：

（1）将本期发生的经济业务全部登记入账，并保证其正确性。

（2）根据权责发生制要求，调整有关账项，合理确定本期应计收入和应计费用。

（3）将损益类账户转入“本年利润”账户，结平所有损益类账户。

（4）结算出资产、负债和所有者权益账户的本期发生额和期末余额，并结转至下期。

结账程序可用图 7—4 表示。

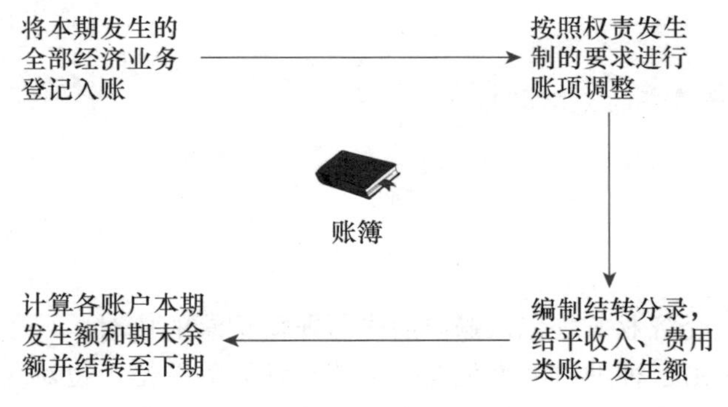

图 7—4　结账程序

（二）结账的方法

（1）对不需按月结计本期发生额的账户，如各项应收应付款明细账和各项财产物资明细账等，每次记账后，随时结出余额，每月最后一笔余额即为月末余额。月末结账时，只需要在最后一笔经济业务记录之下通栏划单红线，不需要再结计一次余额。

(2) 现金、银行存款等特种日记账和需要按月结计发生额的收入、费用等明细账，每月结账时，在最后一笔经济业务记录下面划一条单红线至余额栏，结出本月发生额和余额，在"摘要"栏内注明"本月合计"字样，并在下面再划一条单红线至余额栏。

(3) 需要结计本年累计发生额和余额的某些明细账户，每月结账时，应在"本月合计"行下结出自年初起至本月末止的累计发生额，登记在月份发生额下面，在"摘要"栏内注明"本年累计"字样，并在下面划一条通栏单红线。12 月末的"本年累计"就是全年累计发生额，在全年累计发生额下划通栏双红线。

(4) 总账账户平时只需结出月末余额。年终结账时，为了总括反映全年经济活动的全貌，便于核对账目，要将所有总账账户结出全年发生额和余额，在"摘要"栏内注明"本年合计"字样，并在合计数下划通栏双红线。

年度终了结账时，有余额的账户，应将其余额结转至下年，并在"摘要"内注明"结转下年"字样；在下一会计年度新建有关会计账户的第一行"余额"栏内填写上年结转的余额，并在"摘要"栏内注明"上年结转"或"年初余额"字样。即将有余额的账户余额直接记入新账"余额"栏内，不需要编制记账凭证，也不必将余额再记入本年度账户的借方或贷方，使本年有余额的账户余额变为零。

【例 7—13】"原材料"账户的月结如图 7—5 所示。

图 7—5　"原材料"账户的月结

思考： 结账与财产清查的先后顺序。

二、对账

对账就是在有关经济业务登记入账以后进行账簿记录的核对。

在会计工作中，由于种种原因难免发生记账、计算等差错，也难免出现账实不符的现象。为了确保账簿记录的正确、完整、真实，在有关经济业务入账之后必须进行账簿记录的核对。对账工作是为保证账证相符、账账相符和账实相符的一项检查性工作。

对账分为日常核对和定期核对两种。日常核对是指会计人员在编制会计凭证时对原始凭证和记账凭证的审核，以及在登记账簿时对账簿记录与会计凭证的核对。定期核对是指

在期末结账前对凭证、账簿记录等进行的核对。

对账工作一般分三步进行：一是账证核对，二是账账核对，三是账实核对。

（一）账证核对

账证核对是将各种账簿（总分类账、明细分类账以及现金和银行存款日记账等）的记录与有关会计凭证（记账凭证及其所附的原始凭证）相核对。这种核对主要是在日常编制凭证和记账过程中进行。月终如果发现账证不符，再对账簿记录与会计凭证进行核对，以保证账证相符。会计凭证是登记账簿的依据，账证核对主要检查登账中的错误。核对时将会计凭证和账簿记录的内容、数量、金额和会计科目等相互对比，保证二者相符。

（二）账账核对

账账核对是在账证核对的基础上对各种账簿之间的有关指标进行核对。主要包括：总分类账各账户借方期末余额合计数与贷方期末余额合计数相核对；现金、银行存款日记账期末余额以及各明细分类账的期末余额合计数与有关总分类账户期末余额相核对；会计部门各种财产物资明细分类账期末余额与财产物资保管和使用部门的有关财产物资明细分类账期末余额相核对。核对的方法是编制总分类账余额试算平衡表、总分类账与其所属明细分类账余额明细表等。

（三）账实核对

账实核对是在账账核对的基础上将各种财产物资的账面余额与实存数额相核对。主要包括：现金日记账账面余额与现金实际库存数额相核对；银行存款日记账账面余额与开户银行对账单相核对；各种材料、物资明细分类账账面余额与材料、物资实存数额相核对；各种应收、应付款明细分类账账面余额与有关债务、债权单位的对账单相核对。账实核对一般要结合财产清查进行。

思考： 账实核对与财产清查的关系。

本章小结

为了保证财务报表所提供的信息能够满足会计信息使用者的要求，编制报表前，应做好的准备工作有：期末账项调整、财产清查、结账和对账。

期末账项调整

定义	依据	内容
按照权责发生制原则，划分各会计期间的收入、费用的会计处理	权责发生制	应计收入的账项调整
		应计费用的账项调整
		收入分摊的账项调整
		费用分摊的账项调整

财产清查

<table>
<tr><th>定义</th><th>财产清查分类</th><th>财产清查方法</th><th>财产清查内容</th><th>设置账户</th></tr>
<tr><td rowspan="2">确定财产实存数，查明实存数与账存数是否相符的一种专门方法</td><td>按清查对象的范围分类：
全面清查
局部清查</td><td rowspan="2">实地盘点法
技术推算法
查询核实法</td><td rowspan="2">库存现金清查
银行存款清查
存货清查
固定资产清查
应收应付款项清查</td><td rowspan="2">待处理财产损溢</td></tr>
<tr><td>按清查时间分类：
定期清查
不定期清查</td></tr>
</table>

结账：会计期末计算并结转各账户的本期发生额和余额。

对账：通过对账保证账证相符、账账相符、账实相符。

思考题

1. 为什么编制财务报表前要做好必要的准备工作？编表前的准备工作包括哪些内容？
2. 为什么期末需要进行账项调整？期末账项调整的内容包括哪些？
3. 如何结账？
4. 期末对账的目的是什么？对账包括哪些内容？
5. 为什么需要对财产进行清查？财产清查的内容包括哪些？有哪些方法？
6. 对财产清查结果如何进行会计处理？
7. 未达账项产生的原因是什么？未达账项包括哪几种类型？如何对未达账项进行调整？
8. 某企业在 2013 年 5 月 30 日将银行存款日记账与银行对账单进行核对，发现一笔 50 万元的账项对不上，经过多方查找，发现将一张银行进账单重复记账，然后会计人员对此进行了更正；同时发现 8 笔账项属于未达账项，会计人员编制了未达账项调整表，并根据对账单进行了账簿记录。请问该企业的会计处理是否正确？为什么？

练习题

1. 某企业 3 月份的银行存款日记账和银行对账单资料如表 7—9 所示。

表 7—9　某企业的银行存款日记账和银行对账单　单位：元

银行存款日记账			银行对账单		
日期	摘要	金额	日期	摘要	金额
3.28	开出支票支付保险费	750	3.30	收到支票支付应付款	2 300
3.28	收回应收账款	1 370	3.30	代收货款	1 700
3.29	开出支票支付材料款	2 560	3.31	代付水电费	420

续前表

银行存款日记账			银行对账单		
日期	摘要	金额	日期	摘要	金额
3.30	开出现金支票预付差旅费	400	3.31	收到支票支付保险费	750
3.30	开出支票支付应付款	2 300	3.31	结算存款利息	330
3.31	银行存款日记账余额	5 230	3.31	银行对账单余额	8 430

要求：根据上述资料编制银行存款余额调节表。

2. 某企业进行盘点，编制的“实存账存对比表”如表7—10所示。

表7—10　　**实存账存对比表**

单位名称：　　20×2年6月30日　　单位：元

类别名称	计量单位	单价	实存		账存		备注
			数量	金额	数量	金额	
材料A	件	500	994	497 000	1 000	500 000	责任者赔偿2 000元，其余为损失
材料B	吨	1 000	600	600 000	595	595 000	自然升溢
材料C	套	2 000	490	980 000	500	1 000 000	自然损失
设备D	台	60 000	20	1 200 000	19	1 140 000	七成新
设备E	台	40 000	50	2 000 000	52	2 080 000	已计提折旧50 000元

单位负责人签章：　　填表人签章：

要求：根据上述资料进行财产清查结果的会计处理。

3. 根据第四章的例题指出属于账项调整的经济业务。

第八章　财务报表

学习目标

通过本章的学习，掌握财务会计报告的构成、编制要求；掌握资产负债表的定义、结构、编制方法；掌握利润表的定义、结构、编制方法；熟悉财务报表的作用，财务会计报告的报送、汇总和审批；了解财务报表与会计账簿的关系。

建议学时：6学时

教师导读：

1. 案例

张同学所在的公司出于经营的需要，拟与A公司进行重组。因张同学已经实习了两个月，因此会计主管要求张同学整理与此次重组相关的基本会计资料。张同学认为至少应该提供下列资料：

- 公司的基本财务状况。
- 公司的规模。
- 公司的债务情况。
- 公司的所有者权益情况。
- 公司的盈利情况。
- 公司盈利的构成情况。

请帮助张同学整理上述会计资料。

2. 本章在会计核算方法中的地位

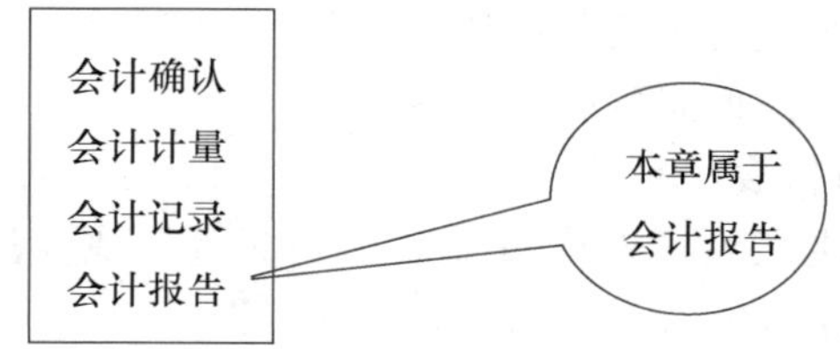

3. 学习方法

(1) 通过预习，对本章的学习内容有初步了解。

(2) 采用循序渐进学习法、归纳学习法。采用循序渐进学习法，按照教材的内容逐个学习财务报表的定义、结构、编制；在循序渐进学习各个知识点后，采用归纳学习法将本章内容与前几章联系起来，形成对会计核算方法的整体认识。

(3) 完成本章后面的思考题和练习题。

完成本章的学习之后，可以解决章前案例中提出的问题。

第一节　财务会计报告概述

一、编制财务会计报告的意义

财务会计报告是会计核算工作的结果，是企业对外提供的反映企业某一特定日期财务状况和某一会计期间经营成果、现金流量的文件，是财务会计部门提供财务会计信息资料的一种重要手段。编制财务会计报告是财务会计工作的一项重要内容。

通过日常会计核算，虽然可以提供反映会计主体经营活动和财务状况的会计信息，但是，反映在会计凭证和会计账簿上的会计信息比较分散，不集中，不概括，不便于理解和利用，很难满足投资者、债权人等会计信息使用者了解企业财务状况和经营成果的需要。因此，有必要在日常会计核算的基础上，根据会计信息使用者的需要，定期地对日常会计核算资料进行加工处理和分类。通过编制财务会计报告，可以总括、综合、清晰明了地反映会计主体的财务状况和经营成果以及财务收支情况。

财务会计报告所提供的会计信息是投资者、债权人、银行、供应商等会计信息使用者了解企业的财务状况、经营成果和现金流量情况，进而了解投资风险和投资报酬、债务风险，进行决策的重要依据，也是国家经济管理部门制定宏观经济管理政策、进行经济决策的重要信息来源。

财务会计报告所提供的会计信息还是企业内部管理人员了解企业财务状况和经营成果的重要经济信息来源。企业决策人员可以根据财务报表所反映的情况总结经验，制定改善经营管理的措施，不断提高企业的经济效益。

二、财务会计报告的组成

财务会计报告是反映企业财务状况和经营成果的书面文件。财务会计报告主要包括对外报送的财务报表、附注和其他需要披露的资料。

（一）对外报送的财务报表

对外报送的财务报表主表包括资产负债表、利润表、现金流量表和所有者权益变动表。附表根据各行业、各企业的特点编制，如分部报告。

（二）附注

附注是对在资产负债表、利润表、现金流量表和所有者权益变动表中列示项目的文字描述或明细资料，以及对未能在这些报表中列示项目的说明等。附注应当披露财务报表的编制基础，相关信息应当与资产负债表、利润表、现金流量表和所有者权益变动表等报表中列示的项目相互参照。其披露的内容有：

（1）财务报表的编制基础。

（2）遵循会计准则的声明。

（3）重要会计政策的说明，包括财务报表项目的计量基础和会计政策的确定依据。

（4）重要会计估计的说明，包括下一会计期间内可能导致资产、负债账面价值发生重大调整的会计估计的确定依据等。

（5）会计政策和会计估计变更以及差错更正的说明。

（6）对已在资产负债表、利润表、现金流量表和所有者权益变动表中列示的重要项目的进一步说明。

（7）或有事项和承诺事项、资产负债表日后事项、关联方关系及交易等需要说明的事项。

此外，企业还应当在附注中披露在资产负债表日后、财务报告报出前提议或宣布发放的股利总额和每股股利金额。

（三）其他需要披露的资料

除上述信息外，企业还应针对会计信息使用者的需要披露一些相关信息，如企业注册地、组织形式和总部地址；企业的业务性质和主要经营活动；母公司以及集团最终母公司的名称；等等。

三、财务报表的分类

为便于财务报表的汇总、比较，报表的种类、格式和内容要求统一、稳定，报表指标要求集中、扼要，指标之间关系要求严谨。因此对外报送的财务报表的种类、格式、内容乃至编表说明应由国家统一规定。《企业会计准则第30号——财务报表列报》对此作了统一规定。为了更充分地发挥财务报表的作用，企业在编制对外报送的财务报表的同时，还应根据企业内部管理的需要，编制若干内部使用的财务报表，如有关成本费用的报表。企业内部管理需要的内部报表，则根据内部管理的需要由企业自行确定。

财务报表按照编制时期可分为月报、季报和年报。月报即月度财务报表；季报是按季度编制的财务报表；年报即年度财务报表，亦称年终决算报表，它包括规定对外报送的全部财务报表，用以全面反映企业的财务状况、经营成果和现金流量。

财务报表按照编制单位可分为个别报表和合并报表。个别报表是指独立核算单位根据本单位的会计账簿编制的财务报表；合并报表是指母公司和其全部子公司形成的反映企业集团整体财务状况、经营成果和现金流量的财务报表。

企业对外报送的财务报表，按其反映的经济内容可以分为三类：一是反映企业在一定日期财务状况的财务报表，如资产负债表；二是反映企业一定时期收支情况和经营成果的财务报表，如利润表；三是反映企业一定时期现金流量变动及其原因的财务报表，如现金流量表。本书仅对资产负债表和利润表进行说明。

四、财务报表的编制要求

为了确保财务报表的质量，充分发挥其作用，编制财务报表时应符合以下要求。

（一）数字真实

会计核算应当以实际发生的经济业务为依据，如实反映企业的财务状况和经营成果。财务报表所提供的会计信息应具有可靠性，不应有意伪造。财务报表项目的数字主要来源于账簿记录，账簿记录是编制财务报表的主要依据。为了保证财务报表数字的真实可靠，账簿记录必须真实完整。因此在编制报表前必须做好以下工作：

（1）核对各会计账簿记录与会计凭证的内容、金额等是否一致，记账方向是否相符。

（2）按期结账。依照财务报告准则规定的结账日进行结账，结出有关会计账簿的余额和发生额，并核对各会计账簿之间的余额。会计人员不得为赶制报表而提前结账，应在本期所有已发生的经济业务、期末账项调整和转账业务全部登记入账的基础上，结清各个账户的本期发生额和期末余额。

（3）检查相关的会计核算是否按照会计准则的要求进行。

(4) 对于会计准则没有规定统一核算方法的交易、事项，检查其是否按照会计核算的一般原则进行确认和计量以及相关账务处理是否合理。

(5) 检查是否存在因会计差错、会计政策变更等原因需要调整前期或者本期相关项目的情况。

在财务报表编制完成之后，必须认真复核，进一步核对账表数字是否相符，不同报表中同一指标的数字是否相符等，以确保报表数字的真实性。

(二) 内容完整

财务报表必须按照规定的报表种类、格式和内容来编制，不应漏编、漏报报表，也不应漏填、漏列报表项目。对于不同会计期间应当编报的各种财务报表，都应该编报齐全；对于应当填列的报表项目，无论是表内项目还是补充资料，都必须填列齐全。如果有的项目无数字填列，应在金额栏用横线划去，以表示此项目无数字填报。报表中需要加以说明的项目应在报表附注中用文字进行简要说明，以便报表使用者理解和利用。企业对外投资如占被投资企业资本总额一定比例以上，或实质上拥有被投资企业控制权的，应当编制合并财务报表。

(三) 计算准确

各种财务报表项目的金额主要来自于日常的账簿记录，但这并不完全是账簿数字的简单转抄。财务报表中有些项目的金额需要对有关会计科目的期末余额进行分析、计算整理后才能填列，而且报表项目之间存在着一定的数量勾稽关系。所以，要求采用正确的计算方法，保证计算结果准确。计算准确并不排除谨慎性原则的运用。对于一些不确定因素，如应收账款的可收回程度等，可遵循谨慎性原则，即在有不确定因素的情况下，需要作出所要求的预计时进行谨慎的判断，不高估资产或收益，也不过分低估费用。

计算准确程度的确定应以是否最大限度地满足报表使用者经营决策的需要为标准。同时要注意效益和成本之间的平衡，即会计信息资料所产生的效益应当超过提供资料的成本。

(四) 编报及时

会计信息如果提供不及时就可能失去其效用，所以财务报表必须按规定的期限和程序及时编制、及时报送，以便报表使用者及时了解编报单位的财务状况和经营成果。为了及时编制财务报表，会计部门应当科学地组织好日常的会计核算工作，认真做好记账、算账、对账和财产清查等编表前的各项准备工作。同时，要加强与企业内部各有关部门的协作，相互配合，使日常核算工作能均衡有序地进行，只有这样，财务报表才能顺利编制完成，及时报送。

(五) 指标可比

各种财务报表中的经济指标应当尽可能口径相同，计算方法一致。这样不仅便于报表使用者比较同一企业不同时期的财务状况和经营成果，也有利于报表使用者用来比较不同企业的财务状况和经营成果。因此，企业在不同时期的报表指标和同类型企业之间的报表指标应当尽可能口径一致。即无论任何地方、任何时期的任何企业，同类经济业务的计量和列报都必须按照一致的方法进行。在确实需要变动时，应该把变动原因和变动的影响告诉报表使用者。这意味着财务报表的编报单位应当把编制财务报表所采用的会计政策以及

这些政策中的变动和变动的影响告诉报表使用者，这样报表使用者才能够鉴别同一个企业在不同时期以及不同企业的财务状况和经营成果之间的差别。

第二节　资产负债表

资产负债表是反映企业在某一特定日期财务状况的报表。某一特定日期是指编制报表这一天，因此资产负债表是静态报表。财务状况主要是指企业资产、负债、所有者权益的总额、构成以及各项目之间的合理组合。资产负债表根据“资产＝负债＋所有者权益”这一会计等式，依照一定的分类标准和次序，把企业在某一特定日期的资产、负债和所有者权益项目予以适当排列编制而成。

资产负债表是主要财务报表之一，它所提供的会计信息是国家宏观管理和企业内部管理所必需的，企业的投资者和债权人可分别从不同的角度来利用它。每一会计主体都必须编制资产负债表。

资产负债表是以企业的资产、负债和所有者权益的静态状况来说明企业某一特定日期的财务状况。利用资产负债表的资料，可以了解企业拥有或控制的资产总额及其构成情况、企业负债和所有者权益状况；评价企业的偿债能力和筹资能力；考察企业资本的保值和增值情况；分析企业财务结构的优劣和负债经营的合理程度；预测企业未来的财务状况和财务安全程度等。

一、资产负债表的结构和内容

（一）资产负债表项目的列报

资产负债表采取了资产总额和负债与所有者权益总额相平衡对照的结构。因此，资产负债表的项目应当分为资产、负债和所有者权益三类，并分别结出总额。

1. 资产类项目

资产类项目按其流动性的大小，或按资产变现能力的强弱，分为流动资产和非流动资产两类，并分项列示。

满足下列条件之一的资产，应当归为流动资产：

（1）预计在一个正常营业周期中变现、出售或耗用；

（2）主要为交易目的而持有；

（3）预计在资产负债表日起一年内（含一年）变现；

（4）自资产负债表日起一年内，交换其他资产或清偿负债的能力不受限制的现金或现金等价物。

流动资产项目包括：现金及各种存款、应收账款、预付账款、其他应收款、存货等。

将流动资产以外的资产归为非流动资产，并按其性质分类列示。非流动资产项目主要包括：长期股权投资、固定资产、无形资产和其他资产等。

2. 负债类项目

负债类项目按其承担偿债义务期限的长短，分为流动负债和非流动负债两类，并分项列示。

满足下列条件之一的负债，应当归为流动负债：

(1) 预计在一个正常营业周期中清偿；

(2) 主要为交易目的而持有；

(3) 自资产负债表日起一年内到期并予以清偿；

(4) 企业无权自主地将清偿推迟至资产负债表日后一年以上。

流动负债项目包括：应付账款、预收账款、应付职工薪酬、应交税费、应付股利、其他应付款等。

将流动负债以外的负债归为非流动负债，并按其性质分类列示。对于在资产负债表日起一年内到期的负债，企业预计能够自主地将清偿义务展期至资产负债表日后一年以上的，应当归为非流动负债；不能自主地将清偿义务展期的，在资产负债表日后、财务报表批准报出日前签订了重新安排清偿计划协议的，该项负债仍应归为流动负债。

3. 所有者权益类项目

所有者权益类项目按其来源划分，一般分为实收资本、盈余公积、未分配利润等项目。

上述资产类项目金额合计数与负债和所有者权益类项目金额合计数必须相等。

为了提高资产负债表的利用效率，资产负债表采用了前后期对比方式编列，表中各项目不仅列出了期末数，还列示了年初数，相当于两年期的资产负债表（亦称比较资产负债表），报表使用者利用期末数与年初数进行比较，便可了解企业财务状况变动情况以及企业经营发展趋势。

（二）资产负债表的格式

资产负债表一般有报告式和账户式两种格式：

(1) 报告式资产负债表亦称垂直式资产负债表，是将资产、负债和所有者权益项目采用垂直分列的形式排列于表格的上下两段，按“资产总额＝负债总额＋所有者权益总额”或“资产总额－负债总额＝所有者权益总额”排列。

(2) 账户式资产负债表是将资产类项目排列在表的左方，即丁字形账户的左方；负债类和所有者权益类项目排列在表的右方，即丁字形账户的右方。因此，账户式资产负债表左右两方总计金额相等。账户式资产负债表的格式如表8—1所示。

表8—1 **资产负债表**

年 月 日

会企01表

编制单位： 单位：元

项目	年初数	期末数	项目	年初数	期末数
流动资产：			流动负债：		
货币资金			短期借款		
交易性金融资产			交易性金融负债		
应收票据			应付票据		
应收账款			应付账款		
预付款项			预收款项		

续前表

项目	年初数	期末数	项目	年初数	期末数
应收利息			应付职工薪酬		
应收股利			应交税费		
其他应收款			应付利息		
存货			应付股利		
一年内到期的非流动资产			其他应付款		
其他流动资产			一年内到期的非流动负债		
流动资产合计			其他流动负债		
非流动资产：			流动负债合计		
可供出售金融资产			非流动负债：		
持有至到期投资			长期借款		
长期应收款			应付债券		
长期股权投资			长期应付款		
投资性房地产			专项应付款		
固定资产			预计负债		
在建工程			递延所得税负债		
工程物资			其他非流动负债		
固定资产清理			非流动负债合计		
无形资产			负债合计		
开发支出			所有者权益（或股东权益）：		
商誉			实收资本（股本）		
长期待摊费用			资本公积		
递延所得税资产			盈余公积		
其他非流动资产			未分配利润		
非流动资产合计			所有者权益合计		
资产总计			负债和所有者权益总计		

思考：资产负债表的结构与“资产＝负债＋所有者权益”的关系。

二、资产负债表的编制

（一）资产负债表各项目的填列

通过资产负债表具体项目的填列说明资产负债表的编制。

【例 8—1】沿用表 4—9 和表 7—8 的资料编制资产负债表。有关账户余额如表 8—2 所示。

表 8—2　　总分类账户余额表　　单位：元

科目名称	11 月 30 日余额		12 月 31 日余额	
	借方金额	贷方金额	借方金额	贷方金额
库存现金	26 100		24 860	
银行存款	1 504 300		9 625 100	
应收账款	3 546 000		4 346 000	
预付账款	700 000		820 000	
其他应收款	126 000		129 600	
应收利息	4 000		0	
原材料	1 670 000		1 838 490	
在途物资			0	
生产成本	225 000		1 395 000	
制造费用			0	
库存商品	1 680 000		1 124 000	
固定资产	3 000 000		3 106 000	
累计折旧		400 000		424 000
待处理财产损溢				0
短期借款		2 500 000		4 500 000
应付账款		1 091 400		2 591 400
其他应付款		28 000		28 000
应付职工薪酬		1 010 000		1 010 000
预收账款		210 000		0
应付股利				600 000
应交税费		300 000		493 912. 5
应付利息		12 000		0
实收资本		5 000 000		10 100 000
盈余公积		100 000		261 638. 75
利润分配		50 000		2 400 098. 75
本年利润		1 780 000		
合计	12 481 400	12 481 400	22 409 050	22 409 050

思考：试算平衡表对编制资产负债表的作用。

资产负债表中的“年初数”栏内各项目的金额应根据上年末资产负债表的“期末数”

栏内各项目的金额填列。

资产负债表中的“期末数”栏内各项目的金额应根据期末资产类、负债类、所有者权益类等账户的期末余额填列。各项目的内容及填列方法如下：

（1）“货币资金”项目，反映企业现金、银行存款等货币资金的合计数。应根据“库存现金”、“银行存款”账户期末余额合计数填列。例如，在表8—2中，“库存现金”账户的借方余额为24 860元，“银行存款”账户的借方余额为9 625 100元，将两个账户余额合计数9 649 960元（24 860＋9 625 100）填入资产负债表。

思考：将库存现金、银行存款合并为“货币资金”项目，依据的会计信息质量要求是什么？

（2）“应收账款”项目，反映企业因销售产品和提供劳务而应向购买单位收取的各种款项。应根据“应收账款”账户的期末借方余额填列。表8—2中“应收账款”账户的借方余额为4 346 000元，将其直接填入资产负债表。如果企业将预收账款的内容并入“应收账款”账户进行核算，“应收账款”账户既核算应收的各种款项，又核算预收的各种款项，其总分类账的期末余额是借贷方相抵后的差额，不能说明是应收账款还是预收账款。在这种情况下，“应收账款”项目应根据“应收账款”账户所属各明细账户的期末借方余额的合计数填列。如果企业设置“预收账款”账户对预收账款进行核算，当预收的各种款项少于提供产品或劳务应收的款项时，“预收账款”账户可能是借方余额，具有应收账款的性质。在这种情况下，“应收账款”项目应根据“应收账款”、“预收账款”两个账户所属明细账户的期末借方余额的合计数填列。

思考：为什么“应收账款”项目需要根据“应收账款”、“预收账款”账户所属明细账户的合计数填列？

（3）“预付款项”项目，反映企业预付给供应单位的款项。应根据“预付账款”账户的期末余额直接填列。表8—2中“预付账款”账户的期末余额为820 000元，所以资产负债表中的“预付款项”项目应填列820 000元。如果企业将预付账款的内容并入“应付账款”账户核算，而不单独设置“预付账款”账户，则“应付账款”账户既核算各种应付的款项，又核算各种预付的款项，其总分类账户不论是借方余额还是贷方余额，都不能说明是应付账款还是预付账款。“预付款项”项目只能根据“应付账款”账户所属明细账户的借方余额合计数填列。如果企业对预付的款项通过“预付账款”账户核算，当预付的款项小于购进材料应付的款项时，“预付账款”账户可能出现贷方余额，具有应付账款的性质。在这种情况下，“预付款项”项目应根据“应付账款”、“预付账款”账户所属的明细账户的借方余额的合计数填列。

（4）“应收利息”项目，反映企业应收取的债券投资等的利息。应根据“应收利息”账户的期末余额减去“坏账准备”账户中有关应收利息计提的坏账准备期末余额后的金额填列。本例中的应收利息为零。

（5）“其他应收款”项目，反映企业对其他单位和个人的应收和暂付款项。应根据

“其他应收款”账户的借方余额填列。如果通过“其他应收款”账户核算其他应付款的内容，则“其他应收款”项目应根据“其他应收款”账户所属明细账户的期末借方余额的合计数填列。表8—2中“其他应收款”账户为借方余额129 600元，将其直接填入资产负债表。

(6)“存货”项目，反映企业期末库存的各项存货的实际成本，包括原材料、在产品、产成品等。应根据“在途物资”、“原材料”、“生产成本”、“库存商品”等账户期末余额的合计数填列。表8—2中“在途物资”账户的期末余额为零，“原材料”账户的期末余额为1 838 490元，“生产成本”账户的期末余额为1 395 000元，“库存商品”账户的期末余额为1 124 000元，将其合计数4 357 490元（1 838 490+1 395 000+1 124 000）填入资产负债表。

(7)“一年内到期的非流动资产”项目，反映企业持有的非流动资产中不超过一年的可耗用、变现、出售的资产。应对非流动资产各个项目进行分析，将一年内到期的非流动资产转为流动资产填入资产负债表，本例中的一年内到期的非流动资产为零。

(8)“其他流动资产”项目，反映企业除以上流动资产项目外的其他流动资产的实际成本。本例中的其他流动资产为零。

(9)“流动资产合计”项目，反映企业在一年内变现或耗用资产的金额，应根据上述各流动资产项目的合计数填列。各流动资产项目的金额分别是：货币资金为9 649 960元，应收账款为4 346 000元，预付款项为820 000元，其他应收款为129 600元，存货为4 357 490元，合计数为19 303 050元（9 649 960+4 346 000+820 000+129 600+4 357 490）填入资产负债表。

(10)“固定资产”项目，反映企业各种固定资产的净值。应根据“固定资产”账户和“累计折旧”账户的期末余额计算填列。表8—2中“固定资产”账户的借方余额为3 106 000元，“累计折旧”账户的期末余额为424 000元，将两者差额2 682 000元（3 106 000−424 000）填入资产负债表。

(11)“其他非流动资产”项目，反映除以上资产外的其他长期资产，本例中其他非流动资产为零。

(12)“非流动资产合计”项目，反映企业各项非流动资产的合计数，应根据各项非流动资产的金额计算填列。本例中的非流动资产合计为2 682 000元。

(13)“资产总计”项目，反映企业的资产总额，应根据流动资产合计数和非流动资产合计数计算填列。流动资产合计数为19 303 050元，非流动资产合计数为2 682 000元，则资产总额为21 985 050元（19 303 050+2 682 000），将其填入资产负债表。

(14)“短期借款”项目，反映企业向金融机构借入的期限不超过一个营业周期的款项。表8—2中“短期借款”账户的贷方余额为4 500 000元，将其直接填入资产负债表“短期借款”项目。

(15)“应付账款”项目，反映企业购买材料或接受劳务供应而应付给供应单位的款项。应根据“应付账款”账户的期末余额填列。表8—2中“应付账款”账户的期末余额为2 591 400元，将其直接填入资产负债表中。如果“应付账款”账户核算有预付款项的内容且“预付账款”账户表现为贷方余额，则“应付账款”项目应根据“应付账款”、“预

付账款”账户所属明细账户的贷方余额的合计数填列。

(16)“预收款项”项目，反映企业预收购买单位的货款。应根据“预收账款”账户的期末余额填列。表 8—2 中“预收账款”账户期末余额为零。如果预收的款项并入“应收账款”账户核算且“预收账款”账户表现为借方余额，则“预收款项”项目应根据“应收账款”、“预收账款”账户所属明细账户的贷方余额合计数填列。

(17)“应付职工薪酬”项目，反映企业应付未付的职工工资及各种薪酬。应根据“应付职工薪酬”账户的期末贷方余额填列。如果“应付职工薪酬”账户为借方余额，则以“－”号填列。表 8—2 中“应付职工薪酬”账户的期末余额为 1 010 000 元，将其直接填入资产负债表。

(18)“应交税费”项目，反映企业应交未交的各种税费。应根据“应交税费”账户的期末贷方余额填列。如果“应交税费”账户为借方余额，则表示多交的税金，应以“－”号填列。表 8—2 中“应交税费”账户的期末贷方余额为 493 912.5 元，将其直接填入资产负债表。

(19)“应付利息”项目，反映企业分配的现金股利或利润。企业分配的股票股利，不通过本项目列示。应根据“应付股利”账户的期末余额填列。本例中的应付利息为零。

(20)“应付股利”项目，反映企业期末应付未付给投资者及其他单位和个人的利润。应根据“应付股利”账户的贷方余额填列。如果该账户为借方余额，则以“－”号填列。表 8—2 中“应付股利”账户的期末贷方余额为 600 000 元，将其直接填入资产负债表。

(21)“其他应付款”项目，反映企业所有应付和暂收其他单位和个人的款项。应根据“其他应付款”账户的贷方余额填列。如果“其他应付款”账户中核算有其他应收款的内容，则“其他应付款”项目应根据“其他应付款”、“其他应收款”账户所属明细账户的期末贷方余额合计数填列。表 8—2 中“其他应付款”账户为贷方余额 28 000 元，将其直接填入资产负债表。

(22)“一年内到期的非流动负债”项目，反映企业持有的非流动负债中的有不超过一个营业周期需要清偿的债务。应对非流动负债各个项目进行分析，将一年内到期的非流动负债转为流动负债填入资产负债表，本例中一年内到期的非流动负债为零。

(23)“其他流动负债”项目，反映除以上流动负债以外的其他流动负债，本例中其他流动负债为零。

(24)“流动负债合计”项目，反映企业一年内应偿还的负债金额，应根据各流动负债项目的合计数填列。各流动负债项目的金额分别是：短期借款为 4 500 000 元，应付账款为 2 591 400 元，应付职工薪酬为 1 010 000 元，应交税费为 493 912.5 元，应付股利为 600 000 元，其他应付款为 28 000 元，合计数为 9 223 312.5 元（4 500 000＋2 591 400＋1 010 000＋493 912.5＋600 000＋28 000)，将其填入资产负债表。

(25)“长期借款”项目，反映企业向金融机构借入的期限超过一个营业周期的款项。如果长期借款的清偿期限不超过一个营业周期，则其具有流动负债的性质，应将其转为流动负债，即根据“长期借款”账户余额扣除“长期借款”账户所属明细账户中将于一年内到期的部分分析计算填列。本例中长期借款为零。

(26)“其他非流动负债”项目，反映除以上负债项目外的其他非流动负债，本例中其他非流动负债为零。

（27）“实收资本”项目，反映企业实际收到的资本总额。应根据“实收资本”账户的期末余额填列。表 8—2 中“实收资本”账户的期末余额为 10 100 000 元，将其直接填入资产负债表。

（28）“盈余公积”项目，反映企业从利润中提取公积金的总额。应根据“盈余公积”账户的期末余额填列。表 8—2 中“盈余公积”账户的期末余额为 261 638.75 元，将其直接填入资产负债表。

（29）“未分配利润”项目，反映企业尚未分配的利润。1—11 月应根据“本年利润”账户和“利润分配”账户相加减后的余额填列。如果“本年利润”账户和“利润分配”账户的余额方向一致，将其合计数填入报表；如果“本年利润”和“利润分配”账户的余额方向不一致，将其差额填入报表。也可以将“利润分配”和“本年利润”项目单独列示（见表 8—3）。因为企业一般情况下在年末才进行利润的分配，一年内利润分配的数字反映年初数，因此单独列示可以简化编制报表的工作。12 月末，利润已结转，可直接根据“利润分配”账户的年末余额填列。该项目如为正数，表示未分配利润；如为负数，表示未弥补亏损，应以“—”号填列。表 8—2 中 12 月份“利润分配”账户的贷方余额为 2 400 098.75 元，将其直接填入资产负债表。

思考： 如果“未分配利润”项目为负数，其含义是什么？

（30）“所有者权益合计”项目，反映企业的所有者在企业资产中享有的权益数，应根据各所有者权益项目的合计数填列。各所有者权益项目的金额分别是：实收资本为 10 100 000 元，盈余公积为 261 638.75 元，未分配利润为 2 400 098.75 元，合计数为 12 761 737.5元（10 100 000＋261 638.75＋2 400 098.75），将其填入资产负债表。

（31）“负债和所有者权益总计”项目，反映企业的债权人和所有者在企业资产中所享有的权益，应根据“负债合计”项目和“所有者权益合计”项目计算填列。负债总额为 9 223 312.5 元，所有者权益总额为 12 761 737.5 元，合计数为 21 985 050 元（9 223 312.5＋12 761 737.5），将其填入资产负债表。

根据表 8—2 的资料及上述项目的计算结果，编制的简易资产负债表如表 8—3 所示。

表 8—3 资产负债表

编制单位：××公司 20×2 年 12 月 31 日 单位：元

资产	11 月末数	期末数	负债及所有者权益	11 月末数	期末数
流动资产：			流动负债：		
货币资金	1 530 400	9 649 960	短期借款	2 500 000	4 500 000
应收账款	3 546 000	4 346 000	应付账款	1 091 400	2 591 400
预付款项	700 000	820 000	预收款项	210 000	
应收利息	4 000		应付职工薪酬	1 010 000	1 010 000
其他应收款	126 000	129 600	应交税费	300 000	493 912.5

续前表

资产	11月末数	期末数	负债及所有者权益	11月末数	期末数
存货	3 575 000	4 357 490	应付利息	12 000	
一年内到期的非流动资产			应付股利		600 000
其他流动资产			其他应付款	28 000	28 000
流动资产合计	9 481 400	19 303 050	一年内到期的非流动负债		
非流动资产：			其他流动负债		
固定资产	2 600 000	2 682 000	流动负债合计	5 151 400	9 223 312.5
其他非流动资产			长期借款		
非流动资产合计	2 600 000	2 682 000	其他非流动负债		
			非流动负债合计		
			负债合计	5 151 400	9 223 312.5
			所有者权益：		
			实收资本	5 000 000	10 100 000
			资本公积		
			盈余公积	100 000	261 638.75
			未分配利润	50 000	2 400 098.75
			本年利润	1 780 000	
			所有者权益合计	6 930 000	12 761 737.5
资产总计	12 081 400	21 985 050	负债和所有者权益总计	12 081 400	21 985 050

注：(1) 由于资料所限，期初数为11月末数。
(2) 由于基础会计学所学知识的限制，本报表仅列报与此有关的项目。

(二) 资产负债表具体项目的填列方法

从上述具体项目的填列分析，可将资产负债表的编制方法归纳为以下几种：

(1) 直接根据总账科目的余额填列。如“短期借款”、“应付职工薪酬”、“应交税费”、“应付股利”、“其他应付款”、“实收资本”、“盈余公积”等项目。

(2) 根据几个总账科目的余额计算填列。如“货币资金”、“存货”、“未分配利润”等项目。

(3) 根据有关明细科目的余额分析计算填列。如“应收账款”、“预收款项”、“应付账款”、“预付款项”等项目。

(4) 根据总账科目和明细科目的余额分析计算填列。如“长期借款”项目。

(5) 根据总账科目与其备抵科目抵消后的净额填列。如“固定资产”项目，应当根据“固定资产”科目期末余额减去“累计折旧”科目期末余额后的金额填列。

第三节 利润表

利润表又称损益表，是反映企业在一定会计期间经营成果的报表。一定会计期间可以是一个月、一个季度、半年，也可以是一年，因此利润表又称为动态报表。经营成果是指企业进行经营活动产生的结果，主要用利润及其构成表示。利润表根据“收入－费用＝利润”这一会计等式，依照一定的标准和次序，把企业一定时期内的收入、费用和利润项目予以适当排列编制而成。

利润表是企业的主要财务报表之一，利用利润表的资料可以了解企业一定时期实现利润或发生亏损的情况，评价企业该时期经营业绩的好坏；检查影响利润（或亏损）变动的原因，分析企业的盈利能力和经济效益；了解企业一定时期利润的分配或亏损的弥补情况等。每一个独立核算的企业都必须按期编制利润表。

一、利润表的结构和内容

利润表能够反映企业在一定会计期间的利润形成情况。利润表中各项目的排列格式有单步式和多步式两种，与此相适应，有单步式利润表和多步式利润表两种格式。单步式利润表首先列示所有的收入，然后再列示所有的费用，最后按照收入减费用计算利润。这种利润表格式虽然能够反映企业当期实现的收入和费用总额，但不能反映各项收入和费用在利润总额中所占地位，一般行政事业单位采用单步式利润表。

多步式利润表按照各个损益类项目对利润的贡献程度分步列报，其各步骤如下：

（1）从营业收入出发，减去营业成本、营业税金及附加、销售费用、管理费用和财务费用等，得出营业利润。

（2）营业利润加上营业外收入，减去营业外支出，得出利润总额，又称税前利润。

（3）利润总额减去所得税费用，得出净利润，又称税后利润。

多步式利润表中利润形成的排列格式注意了收入与费用支出配比的层次性，考虑了各个损益项目对利润的贡献程度。根据多步式利润表可以分析企业的利润构成、企业的盈利能力，分析企业经营的可持续性，而且便于不同企业之间进行盈利能力的比较，因而企业普遍采用多步式利润表。多步式利润表的格式如表 8—4 所示。

表 8—4 **利润表**

年度

会企 02 表

编制单位： 单位：元

项目	行次	本月数	本年累计数
一、营业收入	1		
减：营业成本	2		
营业税金及附加	3		

续前表

项目	行次	本月数	本年累计数
销售费用	4		
管理费用	5		
财务费用	6		
资产减值损失	7		
加：公允价值变动收益（损失以“－”号填列）	8		
投资收益（损失以“－”号填列）	9		
其中：对联营企业和合营企业的投资收益	10		
二、营业利润（亏损以“－”号填列）	11		
加：营业外收入	12		
减：营业外支出	13		
三、利润总额（亏损总额以“－”号填列）	14		
减：所得税费用	15		
四、净利润（净亏损以“－”号填列）	16		

多步式利润表中各项收入和费用按照权责发生制原则和收入与费用相互配比的原则确认，以保证正确地反映各期的损益。多步式利润表项目的设置和列示方法按照重要性和明晰性等会计核算原则，反映企业经营成果的资料既概括又突出重点，层次也清楚，便于会计信息使用者理解和利用。利润表不仅列示了报告期金额，还列示了本年累计金额，年度利润表还列示上年金额，据此会计信息使用者可以了解企业利润计划完成的进度、利润构成变动等情况，以及盈利能力的变化趋势。

思考： 利润表的结构与“收入－费用＝利润”的关系。

二、利润表的编制

（一）利润表各项目的填列

通过利润表具体项目的填列说明利润表的编制。

【例 8—2】 沿用表 4—9 和表 7—8 的资料编制利润表。有关账户的发生额如表8—5所示。

表 8—5　　**部分账户发生额表**

20×2 年 12 月 31 日　　单位：元

会计科目	借方发生额	贷方发生额
主营业务收入		4 800 000
其他业务收入		210 000

续前表

会计科目	借方发生额	贷方发生额
主营业务成本	2 976 000	
营业税金及附加	50 000	
销售费用	50 000	
管理费用	164 500	
财务费用	15 000	
营业外收入		63 000
营业外支出	41 850	
所得税费用		443 912.5

利润表中的“本年累计数”栏反映各项目自年初起至本月末止的累计实际发生数，应根据本月数与前期累计数填列。

利润表中的“本月数”栏反映各项目的本月实际发生数。应根据收益类和费用类等账户的本期发生额分析填列，或根据结账前的余额填列。具体的项目内容和填列方法如下：

(1)“营业收入”项目，反映企业销售产品或提供劳务所取得的经营收入。应根据“主营业务收入”和“其他业务收入”账户的本期发生额分析计算填列。表 8—5 中“主营业务收入”账户的贷方发生额为 4 800 000 元，“其他业务收入”账户的贷方发生额为 210 000 元，将其合计数 5 010 000 元（4 800 000＋210 000）填入利润表。

(2)“营业成本”项目，反映企业销售产品和提供劳务等经营业务的实际成本。应根据“主营业务成本”和“其他业务成本”账户的本期发生额分析计算填列。表 8—5 中“主营业务成本”账户的本期借方发生额为 2 976 000 元，“其他业务成本”为零，故将 2 976 000 元直接填入利润表。

(3)“营业税金及附加”项目，反映企业销售产品和提供劳务等经营业务所应负担的税金。应根据“营业税金及附加”账户的发生额分析填列。表 8—5 中“营业税金及附加”账户的借方发生额为 50 000 元，将其直接填入利润表。

(4)“销售费用”项目，反映企业在销售产品和提供劳务等经营过程中发生的各项销售费用。应根据“销售费用”账户的本期发生额分析填列。表 8—5 中“销售费用”账户的借方发生额为 50 000 元，将其直接填入利润表。

(5)“管理费用”项目，反映企业发生的各项管理费用。应根据“管理费用”账户的本期发生额分析填列。表 8—5 中“管理费用”账户的借方发生额为 164 500 元，将其直接填入利润表。

(6)“财务费用”项目，反映企业为筹集资金发生的各项费用。应根据“财务费用”账户的本期发生额分析填列。表 8—5 中“财务费用”账户的借方发生额为 15 000 元，将其直接填入利润表。

(7)“营业利润”项目，反映企业进行经营活动所取得的利润。应根据公式“营业收入＝营业收入－营业成本－营业税金及附加－销售费用－管理费用－财务费用”计算填列。表 8—5 中营业收入为 5 010 000 元，营业成本为 2 976 000 元，营业税金及附加为

50 000 元，销售费用为 50 000 元，管理费用为 164 500 元，财务费用为 15 000 元，将其差额 1 754 500 元（5 010 000－2 976 000－50 000－50 000－164 500－15 000）填入利润表。

（8）“营业外收入”项目和“营业外支出”项目，反映企业经营业务以外的收入和支出。应分别根据“营业外收入”、“营业外支出”账户的本期发生额分析填列。表 8—5 中“营业外收入”账户的贷方发生额为 63 000 元，“营业外支出”账户的借方发生额为 41 850 元，将其分别填入利润表。

（9）“利润总额”项目，反映企业实现的利润。可以按公式“利润总额＝营业利润＋营业外收入－营业外支出”计算填列，也可以根据“本年利润”账户的借贷方发生额计算填列。如果出现亏损，应以“－”号填列。营业利润、营业外收入、营业外支出分别为 1 754 500元、63 000 元、41 850 元，将其计算结果 1 775 650 元（1 754 500＋63 000－41 850）填入利润表。

（10）“所得税费用”项目，反映企业实现利润后所应负担的税金。应根据“所得税费用”账户的本期发生额分析填列。表 8—5 中“所得税费用”账户的借方发生额为 443 912.5 元，将其直接填入报表。

（11）“净利润”项目，反映企业所实现的利润中属于本企业的部分。可以根据公式“净利润＝利润总额－所得税费用”计算填列，也可以根据“本年利润”账户的借贷方发生额计算填列。如果出现亏损，应以“－”号填列。利润总额、所得税费用分别为 1 775 650 元、443 912.5 元，将其差额 1 331 737.5 元（1 775 650－443 912.5）填入利润表。

根据表 8—5 的资料以及上述计算结果编制简易的利润表，如表 8—6 所示。

表 8—6　　**利润表**

编制单位：××　　20×2 年 12 月　　单位：元

项目	本月数	本年累计数（略）
一、营业收入	5 010 000	
减：营业成本	2 976 000	
营业税金及附加	50 000	
销售费用	50 000	
管理费用	164 500	
财务费用	15 000	
二、营业利润	1 754 500	
加：营业外收入	63 000	
减：营业外支出	41 850	
三、利润总额	1 775 650	
减：所得税费用	443 912.5	
四、净利润	1 331 737.5	

思考：怎样用收入、费用计量会计期间的利润？

(二) 利润表具体项目的填列方法

从上述具体项目的填列分析，利润表的填列方法可归纳为以下两种：

(1) 根据账户的发生额分析填列。利润表中的大部分项目都可以根据账户的发生额分析填列，如"营业收入"、"营业成本"、"营业税金及附加"、"销售费用"、"管理费用"、"财务费用"、"营业外收入"、"营业外支出"、"所得税费用"等。

(2) 根据报表项目之间的关系计算填列。利润表中的某些项目需要根据项目之间的关系计算填列，如"营业利润"、"利润总额"、"净利润"等。

利润表编制完成后，可利用"本年利润"账户的数字与利润表有关项目进行核对，以检查报表编制的正确性。

思考：采购员报销差旅费 5 000 元。描述该项业务发生会影响哪些报表以及影响的情况。

第四节 财务会计报告的报送、汇总和审批

为了充分发挥财务会计报告的作用，应当依照法律、行政法规和会计准则中有关财务会计报告提供期限的规定，及时对外提供财务会计报告。

企业对外提供的财务会计报告应当依次编定页数，加具封面，装订成册，加盖公章。封面上应当注明企业名称、企业统一代码、组织形式、地址、报表所属年度或者月份、报出日期，并由企业负责人和主管会计工作的负责人、会计机构负责人、会计主管人员签名并盖章，设置总会计师的企业还应当由总会计师签名并盖章。

企业应当依照企业章程的规定，向会计信息使用者提供财务会计报告。国务院派出监事会的国有重点大型企业、国有重点金融机构和省、自治区、直辖市人民政府派出监事会的国有企业，应当依法定期向监事会提供财务会计报告。各个报送单位应向哪些部门或单位报送财务会计报告，同各单位的隶属关系、经济管理和经济监督的需要有关。如国有企业一般要向上级主管（公司或管理局）、财政、税务及审计机关等单位报送财务会计报告；同时，还应向投资者、债权人以及其他与企业有关的会计信息使用者提供财务会计报告。公开发行股票的股份有限公司应当向证券交易机构和证券监督管理委员会等提供年度财务会计报告。国有企业的年度财务会计报告还应报送同级国有资产管理部门。各个报送单位应按规定的报送期限报送财务会计报告，以保证满足接收单位或个人及时了解、利用、汇总的需要，发挥财务会计报告应有的作用，报送的期限一般视需要与可能作明确规定。

有关部门或者机构依照法律、行政法规或者国务院的规定，要求企业提供部分或者全部财务会计报告及其有关数据的，应当向企业出示依据，并不得要求企业改变财务会计报告有关数据的会计口径。非依照法律、行政法规或者国务院的规定，任何组织或者个人不得要求企业提供部分或者全部财务会计报告及有关数据。

企业依照财务报告准则的规定向有关各方提供财务会计报告的编制基础、编制依据、编制原则和方法应当一致，不得提供编制基础、编制依据、编制原则和方法不同的财务会

计报告。

财务会计报告需要经注册会计师审计的，企业应当将注册会计师及会计师事务所出具的审计报告随同财务会计报告一并对外提供。

各有关部门或注册会计师对报送的财务会计报告应进行审核，主要审核财务会计报告的编制、报送是否符合规定，财务会计报告的内容是否符合财经法规、制度的要求。前者属于技术性审核，后者属于内容性审核。技术性审核主要审查报表的种类、填报的份数是否符合规定；报表的项目是否填列齐全，补充资料和必要的编制说明是否完备，报表的签章是否齐全，汇总财务会计报告应汇编的单位是否完全，有无漏编、漏报；报表数字计算是否正确，报表与报表有关指标是否衔接一致等。内容性审核主要检查资金筹集、使用、缴拨是否符合资金管理制度；利润或亏损的形成和利润分配是否合法，有无违反法律、财经纪律和弄虚作假的现象，应上缴的税金和利润是否及时足额上缴，有无拖欠截留情况；财务收支计划完成情况，有无不按计划、制度办事的现象等。

在审核过程中，如果发现报表编制有错误或不符合制度的要求，应及时通知报送单位进行更正。如果发现有违反财经法规的情况，应查明原因，及时纠正，严肃处理。

本章小结

本章主要阐述财务会计报告编制的必要性及财务报表的构成、分类、编制要求；资产负债表和利润表的定义、结构和编制方法；财务会计报告的报送、汇总和审批。

财务会计报告

项目	内容
定义	企业对外提供的反映企业某一特定日期财务状况和某一会计期间经营成果、现金流量的文件。
分类	对外报送的财务报表、附注和其他需要披露的资料。
编制要求	数字真实、内容完整、计算准确、编报及时、指标可比。

资产负债表

项目	内容
定义	反映企业在某一特定日期财务状况的报表。
设计依据	资产＝负债＋所有者权益。
编制依据	资产、负债和所有者权益等账户的期末余额。
编制方法	（1）直接根据总账科目的余额填列。 （2）根据几个总账科目的余额计算填列。 （3）根据有关明细科目的余额分析计算填列。 （4）根据总账科目和明细科目的余额分析计算填列。 （5）根据总账科目与其备抵科目抵消后的净额填列。

利润表

项目	内容
定义	反映企业在一定会计期间的经营成果的报表。
设计依据	收入－费用＝利润。
编制依据	收入、费用等账户的发生额。
编制方法	(1) 根据账户的发生额分析填列。 (2) 根据报表项目之间的关系计算填列。

思考题

1. 为什么要编制财务会计报告？财务会计报告的构成如何？有哪些编制要求？

2. 财务会计报告与会计凭证和会计账簿的关系如何？

3. 资产负债表设计的依据是什么？结构如何？结构设计的依据是什么？如何编制资产负债表？

4. 利润表设计的依据是什么？结构如何？结构设计的依据是什么？如何编制利润表？

5. A先生在2011年6月份成立的甲股份有限公司中担任财务总监。在2012年1月份召开的董事会上提交了资产负债表和利润表，董事会对A先生的工作非常不满意，主要批评的内容是：年底在编制财务报表前没有进行财产清查；会计报表的截止日期为12月25日；没有报表附注；没有编制现金流量表；利润表中的“净利润”项目与资产负债表中的“未分配利润”项目不相符。对此A先生不服气。你认为董事会的批评是否正确？为什么？

6. A企业为从事商品生产和销售的工业企业，与其长期客户B企业经常发生商品交易，并定期结算销售款。A企业负责该项交易的会计人员为了准确地核算与B企业的往来情况，设置了“应收账款——B企业”和“预收账款——B企业”两个账户。年末，这两个账户的余额为：“应收账款——B企业”借方余额100万元，“预收账款——B企业”账户贷方余额80万元。该会计人员对应收账款的余额进行清查，并督促业务人员及时与B企业结算应收款100万元。业务人员认为会计人员提供的数据不准确，因而与其发生争执。你认为应向B企业收取的款项是多少？为什么？该会计人员的问题出在什么地方？

练习题

1. 某企业3月份发生下列经济业务：

(1) 销售产品一批，售价为80万元。商品已经提供，收回款项50万元存入银行，其余款项尚未收回。

(2) 销售预收货款的商品一批，商品售价为100万元，预收货款20万元，其余款项收回存入银行。由于对方违反销售合同，按合同规定收回违约金2万元存入银行。

(3) 收回应收货款30万元存入银行。

（4）以银行存款5万元支付销售商品的运输费。

（5）以银行存款10万元支付管理费用。计提应由管理部门负担的固定资产折旧费5万元。

（6）结转商品销售成本110万元。

（7）以现金5万元捐赠灾区。

（8）计算本月应交所得税为13万元。

（9）结转本期损益。

（10）计提盈余公积5万元。

要求：（1）根据上述经济业务编制会计分录。

（2）根据会计分录编制利润表的本月数。

2. 某企业部分账户的余额如表8—7所示。

表8—7　　**部分账户余额表**　　单位：万元

总账科目	借方余额	贷方余额	明细账科目	借方余额	贷方余额
应收账款	500		A公司 B公司 C公司	300 300	 100
在途物资	50				
原材料	400				
生产成本	200				
库存商品	300				
固定资产	1 000				
累计折旧		150			
应付账款		600	D公司 E公司 F公司	 40	350 290
应交税费	50				
本年利润		800			
利润分配		300			

要求：根据表8—7的资料计算资产负债表中“应收账款”、“预付款项”、“存货”、“固定资产”、“应付账款”、“预收款项”、“应交税费”、“未分配利润”项目的金额。

第九章　会计工作组织

学习目标

通过本章的学习，掌握会计机构设置的基本原理，会计工作的组织形式，会计人员的岗位和职责；熟悉会计的主要法规，会计档案的归档；了解组织会计工作的意义和要求。

建议学时： **3 学时**

教师导读：

1. 案例

甲企业的经营业绩欠佳，已经连续两年亏损，今年的收入仍然下降，且费用上升，公司采取了一些措施仍然不能改变今年的亏损情况。于是公司总经理找到会计主管商量，将总经理名下的私人财产转到公司名下，并要求会计主管降低50万元的费用。

如果你是公司的会计主管，你会采取什么做法？为什么？

2. 本章与会计核算方法的关系

本章是对会计核算方法的支持。

3. 学习方法

(1) 通过预习，对本章的学习内容有初步了解。

(2) 采用循序渐进学习法，即按照教材的内容逐个学习会计机构、会计人员、会计法规、会计档案等知识点。

(3) 完成本章后面的思考题。

完成本章的学习之后，可以解决章前案例中提出的问题。

第一节　组织会计工作的意义和要求

一、组织会计工作的意义

从广义上讲，凡是与组织会计工作有关的一切事项都可以包括在会计组织之内。从狭义上讲，组织会计工作仅包括会计机构的设置、会计人员的配备、会计法规的制定与执行以及会计档案的保管。科学地组织会计工作对全面完成会计任务、充分发挥会计在经济管理中的作用具有重要意义。

会计工作是一项严密细致的经济管理工作。会计为经营管理所提供的会计信息，要经过会计凭证→会计账簿→财务报表等一系列方法及相应的手续和程序对数据进行记录、计算、分类、汇总、分析、检查等严密细致的工作，其中任何一个环节出现遗漏、差错，都会影响会计信息的质量，从而影响会计信息使用者的决策。科学地组织会计工作，使会计工作按照预先规定的手续和处理程序有条不紊地进行，可以有效地防止手续的遗漏、工作程序的脱节和数字的差错。一旦出现上述问题，也能尽快查出和纠正。

会计工作是一项综合性的经济管理工作，与其他经济管理工作有着十分密切的联系。它们在加强科学管理、提高效益的共同目标下，相互补充，相互促进，相互影响。科学地组织会计工作能使会计工作与其他经济管理工作更加协调，共同完成经济管理任务。

二、组织会计工作的要求

科学地组织会计工作，要遵循下述几项要求。

(一) 按国家的统一要求组织会计工作

会计所提供的会计信息，既要满足会计信息使用者了解会计主体财务状况、经营成果、现金流量情况的需要，又要符合国家宏观经济管理的要求。据此，会计工作要按照“统一领导，分级管理”的原则建立会计工作的管理体制。《中华人民共和国会计法》（以下简称《会计法》）明确规定国务院财政部门管理全国的会计工作，地方各级人民政府的财政部门管理本地区的会计工作，各企事业等单位组织会计工作必须符合国家会计工作的统一要求。

(二) 根据各单位生产经营管理的特点组织会计工作

国家对组织会计工作的统一要求只是一般的原则规定。每个会计主体的经济活动范围、业务内容不同，对会计信息的要求也有差别，各个单位必须结合实际情况和具体要求加以贯彻和落实。因此，对会计机构的设置和会计人员的配备，以及对统一会计法规的执行等，都要结合本单位业务经营的特点和经营规模的大小等具体情况，作出切合实际的安排和具体实施办法。

(三) 协调同其他经济管理工作的关系

会计工作以其特有方法对发生的经济业务予以反映和监督。它既有其独立的工作内容和范围，又与其他经济管理工作有着十分密切的联系，既有分工又有协作。在组织会计工作时，要同其他各项经济管理工作互相协调、互相配合，共同完成任务。

(四) 不断提高会计工作质量，讲求工作效率，节约费用

会计信息应当符合国家宏观经济管理的要求，满足有关各方了解本单位财务状况、经营成果和现金流量情况的需要。为了提供会计信息，会计人员要将日常发生的、大量的、错综复杂的经济业务，通过确认、计量、记录、报告等一系列程序和手续，转换为供有关各方利用的会计信息。因此，要求严密地组织会计工作，细致地规定和执行各项会计手续和工作程序。在保证会计工作质量的同时，要注意提高会计工作效率，尽量节约会计工作时间和费用，防止机构冗余、手续繁杂、重复劳动等不合理现象的发生。

第二节　会计机构

会计机构是直接从事和组织领导会计工作的职能部门。建立和健全会计机构是保证会计工作顺利进行的重要条件。

一、会计机构的设置

企业、事业等单位都要设置从事会计工作的专职机构。由于会计工作和财务工作都是

综合性经济管理工作，它们之间的关系非常密切，因此通常把两者合并在一起，设置一个财务会计机构。例如，企业设置的财务会计科（处）或称财务科（处）等。所以，会计机构通常是指财务会计部门。

为了保证会计工作顺利进行和充分发挥其作用，各企业、事业等单位应单独设置会计机构。在一些规模小、会计业务简单的单位，如果不单独设置会计机构，应在有关机构中设置会计人员并指定会计主管人员，以保证会计工作的正常进行。在一些规模大、会计业务复杂且量大的单位，可根据“统一领导，分级管理”的原则，在单位内部设置各级、各部门的会计机构。各单位可以根据会计业务量的多少，单独设置会计机构或会计人员。

基层单位的会计机构一般称为会计（财务）处、科、股、组等。各单位的会计机构在行政领导人员的领导下开展会计工作。在设置总会计师的单位，其会计机构由总会计师直接领导，同时也接受上级财务会计部门的指导和监督。

各级主管部门一般设置会计（财务）司、局、处、科。这些会计机构要负责组织、领导和监督下属单位的会计工作，其主要任务是：根据国家统一的会计法规、准则的要求，制定本系统适用的会计法规、实施细则；审核并批复下属单位上报的财务报表，同时汇总编制本系统的汇总财务报表；检查和指导下属单位的会计工作，帮助其解决工作上的问题；总结并组织交流下属单位会计工作的先进经验；核算本单位与财政机关以及上下级之间有关款项缴拨的会计事项等。

会计机构是一个综合的经济管理部门，它和单位内部其他各职能部门、各生产经营业务单位的工作有着十分密切的联系，会计机构要主动为各职能部门、各生产经营业务单位服务，并依靠各职能部门和生产经营业务单位共同做好会计工作，完成会计任务。

会计机构要接受上级管理机构以及国家财政、税务和审计等部门的指导与监督，并按规定向这些部门报送财务报表。

思考：有一个小型企业，其员工共有8人。请问该企业应如何设置会计机构？如何实现会计职责的分离？

二、会计工作的组织形式

独立核算单位会计工作的组织形式一般分为集中核算和非集中核算两种。

集中核算就是把整个单位的会计工作主要集中在会计部门进行。单位内部的其他部门和下属单位只对其发生的经济业务填制原始凭证或原始凭证汇总表送交会计部门。原始凭证或原始凭证汇总表由会计部门审核，然后据以填制记账凭证，登记有关账簿，编制财务报表。

非集中核算又称分散核算，是将会计工作分散在各有关部门进行，各部门会计负责本单位范围内的会计工作，单位会计部门负责本单位的经济业务综合核算。

在一个单位内部，对各部门和下属单位所发生的经济业务可以分别采取集中核算和非集中核算。实行集中核算还是非集中核算主要取决于经营管理的需要。如果该单位内部要实行内部经济核算制，需要实行分级管理、分级核算，应实行非集中核算，以利于各部门及时利用核算资料进行日常考核和分析，解决生产经营管理上的问题。如果该单位规模较小，经济业务不多，则实行集中核算可以减少核算层次，精简机构，减少会计人员。

在实行内部经济核算制的单位，各部门和下属单位都有一定的经营管理权，负有完成各项任务的责任，并可按照工作成果取得一定的物质利益。这些部门为了反映和考核各自的经营成果，可以进行比较全面的核算，但这些部门不能单独与外单位签订购销合同，也不能在银行开设结算户，同外单位发生的债权债务的结算要通过会计部门负责办理。因此，实行内部经济核算制单位的各部门和下属单位并不是独立核算单位。所谓独立核算单位，是对本身生产经营活动或业务活动过程及其结果进行全面、系统、独立会计核算的单位。这些单位通常拥有一定量的资金，在银行独立开户，对外办理结算，独立编制计划，单独计算盈亏，并具有完整的凭证、账户、账簿系统，完整、全面地进行记账、算账，定期编报财务报表，同时对经济活动进行分析与检查。而非独立核算单位，又称报账单位，是向上级机构领取一定量物资和备用金从事业务活动，定期报送日常业务资料，由上级机构综合进行会计核算的单位。这些单位取得的一切收入全数上交给上级机构，发生的各项开支则向上级机构报销，平时只进行原始凭证的填制、整理和汇总，负责现金账、实物明细账的登记工作，没有完整的会计核算体系，不独立计算盈亏，不单独编制财务报表。

会计机构对单位内部各个非独立核算单位的核算工作应加强指导和监督。

三、内部控制

科学的会计工作组织的标志是能否通过会计工作实现内部控制。内部控制是指一个单位的各级管理层，为了保护单位经济资源的安全、完整，确保经济和会计信息的正确可靠，协调经济行为，实现企业的经营目标，提高经营效率而进行的控制活动。其核心是利用单位内部分工而产生的相互制约、相互联系的关系，形成一系列具有控制职能的方法、措施、程序，并予以规范化、系统化，使之成为一个严密的、较为完整的体系。内部控制是一项管理活动，而不仅仅是会计系统的组成部分，但是本书仅说明会计工作组织中的内部控制。其内容包括：

(1) 会计人员的职业道德。内部控制只有在会计人员具有一定的职业道德的情况下才有效。

(2) 合理的分工。在良好的内部控制系统中，任何一项岗位职责都有一定的作用，并承担一定的责任，亦称为会计人员岗位责任制，即在会计机构内部按照会计工作的内容和会计人员的配备情况，将会计机构的工作划分为若干个岗位，并为每个岗位规定职责和要求的责任制度。各单位应本着有利于加强会计管理，改进工作作风，提高工作效率，以及有利于分清职责、严明纪律、考核干部的要求，建立健全会计人员岗位责任制。

实践证明，建立会计人员岗位责任制，可使每一项会计工作都有专人负责，每一个会计人员都有明确的职责，办事有要求，工作有检查。这样做可以加强会计管理，提高工作效率，保证会计工作有序地进行，并且有利于考核会计人员的工作成绩。

各单位建立会计人员岗位责任制，要同本单位的经济责任制相联系，遵循以责定权、

权责明确、严格考核、有奖有惩的原则。

各单位建立会计人员岗位责任制，要从本单位会计业务量和会计人员配备的实际情况出发，按照效益和精简的原则划分工作岗位。会计人员的工作岗位一般可分为：会计主管、出纳、财产物资核算、工资核算、成本费用核算、收入利润核算、资金核算、往来结算、总账报表、稽核等。这些岗位可以一人一岗、一人多岗或一岗多人，各单位可以根据自身特点具体确定。在规模较大的单位中，会计业务量大，会计人员较多，会计机构内部可以按经济业务的类别划分岗位，设立若干职能组，分别负责各项业务工作。如设立综合财务组、工资组、资金组、成本组、会计组等，并按分管的业务明确职责要求。有些单位按经济业务和会计方法相结合的原则进行分工，设置资金核算组、成本核算组、综合报表组、审核分析组和计划决策组等，以便发挥会计的职能作用。

(3) 职责分离。内部控制要求办理会计事务时要相互制约、相互联系，提高会计核算的准确性，避免会计舞弊。职责分离包括的内容有：第一，业务与会计相分离。会计职能部门应独立于业务部门，以保证会计核算的可靠性。第二，资产保管与会计相分离。如出纳保管现金，不得兼管稽核、会计档案保管及收入、费用、债权债务账目的登记工作。第三，业务授权与相关资产保管分离。如审批购买材料付款的人员与签发支票付款的人员不能是同一人。第四，会计责任的分离。基于会计人员岗位责任制实现会计责任的分离，如负责应付款岗位的人员不得负责授权审批工作。

思考：请为存货岗位设计职责分离措施。

(4) 凭证和账簿设置相关的控制栏目。如发票的连续编号、特种日记账的设置、定期对账等都是从具体的会计手段方面进行内部控制。

思考：以库存现金为例说明其内部控制。

四、会计监督体系

各单位应健全和完善与新形势要求相适应的三位一体的会计监督体系。三位一体的会计监督体系是指通过建立单位内部会计监督制度进行的单位内部监督，通过注册会计师进行的社会监督和以财政部门为主进行的国家监督。

《会计法》规定，各单位应当建立、健全本单位内部会计监督制度。单位内部会计监督制度应当符合下列要求：有关人员的职责权限应当明确，并相互分离、相互制约，即与会计事项相关人员的职责权限应当明确，将失误、舞弊等问题控制到最低限度；对会计资料定期进行内部审计的办法和程序应当明确。单位内部会计监督制度是一个单位为了保护其资产的安全完整，保证其经营活动符合国家法律、法规和内部规章要求，提高经营管理效率，防止舞弊控制风险等，而在单位内部采取的一系列相互联系、相互制约的制度和方法。单位内部会计监督制度的内容非常广泛，不同经济性质、经营范围、管理基础的单位的内部会计监督制度有着不同的内容和要求，各单位应根据本单位管理的需要和实际情况，将《会计法》的规定加以具体化。

通过注册会计师进行社会监督。有关法律、行政法规规定，须经注册会计师进行审计的单位，应当向受委托的会计师事务所如实提供会计资料以及有关情况。任何单位或者个人不得以任何方式要求或者示意注册会计师及其所在的会计师事务所出具不实或者不当的审计报告。财政部门有权对会计师事务所出具审计报告的程序和内容进行监督。

财政部门对各单位的下列情况实施监督：

（1）是否依法设置会计账簿；

（2）会计凭证、会计账簿、财务会计报告和其他会计资料是否真实、完整；

（3）会计核算是否符合《会计法》和会计准则的规定；

（4）从事会计工作的人员是否具备从业资格。

在对企业所列事项实施监督，发现重大违法嫌疑时，国务院财政部门及其派出机构可以向与被监督单位有经济业务往来的单位和被监督单位开立账户的金融机构查询有关情况，有关单位和金融机构应当给予支持。财政、审计、税务、人民银行、证券监管、保险监管等部门应当依照有关法律、行政法规规定的职责，对有关单位的会计资料实施监督检查。监督检查部门对有关单位的会计资料依法实施监督检查后，应当出具检查结论。有关监督检查部门已经做出的检查结论能够满足其他监督检查部门履行本部门职责需要的，其他监督检查部门应当加以利用，避免重复查账。

依法对有关单位的会计资料实施监督检查的部门及其工作人员对在监督检查中知悉的国家秘密和商业秘密负有保密义务。

各单位必须依照有关法律、行政法规的规定，接受有关监督检查部门依法实施的监督检查，如实提供会计凭证、会计账簿、财务会计报告和其他会计资料以及有关情况，不得拒绝、隐匿、谎报。

第三节　会计人员

会计人员是从事会计工作、处理会计业务、完成会计任务的人员。企业、事业等单位都应根据实际需要配备一定数量的会计人员，这是做好会计工作的决定性因素。

为了充分发挥会计人员的积极性，使全体会计人员更好地完成会计工作和任务，在《会计法》和有关会计人员管理的法规中，对会计人员的职责与权限、专业职务、任免和奖惩等都作了明确的规定。

一、会计人员的职责与工作权限

（一）会计人员的职责

会计人员的职责概括起来就是，及时提供真实可靠的会计信息，认真贯彻执行和维护国家财经制度和财经纪律，积极参与经营管理，提高经济效益。根据《会计法》的规定，会计人员的主要职责有以下几方面：

（1）进行会计核算。会计人员要以实际发生的经济业务为依据记账、算账、报账，做到手续完备、内容真实、数字准确、账目清楚、日清月结、按期报账，如实反映企业的财务状况、经营成果和财务收支情况，满足国家宏观经济管理、企业加强内部经营管理和有关各方决策的需要。进行会计核算，及时提供真实可靠的、能满足有关各方需要的会计信息是会计人员最基本的职责，也是做好会计工作最起码的要求。

（2）实行会计监督。各单位的会计机构、会计人员对本单位实行会计监督。会计人员对不真实、不合法的原始凭证不予受理；对记载不准确、不完整的原始凭证应予以退回，要求更正补充；发现账簿记录与实物、款项不符时，应当按照有关规定进行处理，无权自行处理的，应当立即向本单位行政领导人员报告，请求查明原因，作出处理；对违反国家统一的会计制度规定的收支不予办理。

（3）拟定本单位办理会计事务的具体办法。国家制定的统一会计法规只对会计工作管理和会计事务处理办法作出一般规定。各单位要依据国家颁发的会计法规，结合本单位的特点和需要，建立、健全本单位内部使用的会计事项处理办法。例如，建立会计人员岗位责任制、内部牵制和稽核制度；制定分级核算、分级管理办法和费用开支报销办法等。

（4）参与拟定经济计划、业务计划，考核、分析预算、财务计划的执行情况。各单位编制的经济计划或业务计划是指导该单位经济活动或业务活动的主要依据，也是会计人员编制财务计划的重要依据，会计人员参与经济计划、业务计划的制定，不仅有利于编制切实可行的财务计划，而且可以发挥会计人员联系面广泛、经济信息灵通的优势，在拟定经济计划、业务计划方面起到参谋作用。

会计人员通过会计核算和会计监督，可以考核、检查各项收支预算或财务计划的执行情况，提出进一步改善经营管理、提高经济效益的建议和措施。

（5）办理其他会计事务。发展经济离不开会计，经济越发展，社会分工越细，生产力水平越高，人们对经济管理的要求也就越高，作为经济管理重要组成部分的会计也就越重要，会计事务也必然越丰富多样。例如，实行责任会计、经营决策会计、电算化会计等。

会计人员的职责是考核会计人员工作质量的重要标准。会计人员应守职尽责，努力做好会计核算、会计监督、会计分析、会计检查等各项会计工作，为经济建设服务。

（二）会计人员的工作权限

为了保障会计人员能够顺利地履行自己的职责，国家对他们赋予了必要的工作权限，主要有以下几方面：

（1）有权要求本单位有关部门、人员认真执行国家批准的计划、预算，遵守国家法律及财经纪律和会计制度。如有违反法律、法规的情况，会计人员有权拒绝付款、拒绝报销或拒绝执行，并向本单位领导报告。对于弄虚作假、营私舞弊、欺骗上级等违法乱纪行为，会计人员必须坚决拒绝执行，并向本单位领导或上级机关报告。

会计人员对于违反制度、法令的事项不拒绝执行，又不向领导或上级机关、财政部门报告的，应同有关人员负连带责任。

（2）有权参与本单位编制计划、制定定额、签订经济合同，参加有关的生产、经营管理会议。对于单位领导和有关部门提出的关于财务开支和经济效益方面的问题和意见，会计人员要认真考虑，对合理的意见要采纳。

(3) 有权监督、检查本单位有关部门的财务收支、资金使用和财产保管、收发、计量、检验等情况。有关部门要提供资料，如实反映情况。

为了保障会计人员行使工作权限，各级领导和有关人员要支持会计人员行使工作权限。本单位领导、上级机关和执法部门对会计人员反映的有关损害国家利益、违反财经纪律等问题，要认真及时地调查处理。如果反映的情况属实，但未及时采取措施加以纠正，由领导和上级机关负责。如果有人对会计人员坚持原则、反映情况进行刁难、阻挠或打击报复，上级机关要查明情况，严肃处理，情节严重的，要给以党纪国法制裁。确立上述法律责任，就能从法律上保护并鼓励会计人员为维护国家利益、维护财政制度和财务制度、保护公共财产、加强经济管理、提高经济效益而坚持原则，履行自己的职责。

思考：会计职业道德在会计工作中的作用。

二、会计人员的条件

从事会计工作的人员必须取得会计从业资格证书。

担任单位会计机构负责人的，除取得会计从业资格证书外，还应当具备会计师以上专业技术职务资格或者从事会计工作 3 年以上经历。

会计人员从业资格管理办法由国务院财政部门制定。

会计人员应当遵守职业道德，提高业务素质。

为了合理使用会计人员，充分发挥会计人员的积极性和创造性，企业、事业等单位的会计人员依据学历、从事财务会计工作的年限、业务水平和工作成绩，并通过专业职务资格考试后，可以确定专业技术职称。目前，会计专业技术职称分为：会计员、助理会计师、会计师、高级会计师。会计员和助理会计师为初级职称，会计师为中级职称，高级会计师为高级职称。

（一）会计员的基本条件和基本职责

会计员的基本条件为：初步掌握财务会计知识和技能，熟悉并能遵照执行有关会计法规和财务会计制度，能担负一个岗位的财务会计工作，大学专科或中等专业学校毕业，在财务会计工作岗位上见习 1 年期满，并通过会计员专业技术职称资格考试。

会计员的基本职责为：负责具体审核和办理财务收支业务，编制记账凭证，登记会计账簿，编制财务报表和办理其他会计事务。

因有提供虚假财务会计报告，做假账，隐匿或者故意销毁会计凭证、会计账簿、财务会计报告，贪污、挪用公款，以及职务侵占等与会计职务有关的违法行为并被依法追究刑事责任的人员，不得取得或者重新取得会计从业资格证书。

（二）助理会计师的基本条件和基本职责

助理会计师的基本条件为：掌握一般的财务会计基础理论和专业知识，熟悉并能正确执行有关的财经方针、政策和财务会计法规、制度，能担负一个方面或某个重要岗位工作。取得硕士学位或取得第二学士学位，或研究生班结业证书，具备履行助理会计师职责的能力；或大学本科毕业，在财务会计工作岗位上见习 1 年期满；或大学专科毕业并担任

会计员职务 2 年以上；或中等专业学校毕业并担任会计员职务 4 年以上，并通过助理会计师专业技术职称资格考试。

助理会计师的基本职责为：负责草拟一般的财务会计制度、规定、办法；解释、解答财务会计法规、制度中的一般规定；分析、检查某一方面或某些项目的财务收支和预算的执行情况。

（三）会计师的基本条件和基本职责

会计师的基本条件为：较系统地掌握财务会计基础理论和专业知识，掌握并能正确贯彻执行有关的财经方针、政策和财务会计法规、制度，具有一定的财务会计工作经验，能担负一个单位或管理一个地区、一个部门、一个系统某个方面的财务会计工作。取得博士学位，并具有履行会计师职责的能力；或取得硕士学位并担任助理会计师职务 2 年左右；或取得第二学士学位或研究生班结业证书，并担任助理会计师职务 2～3 年；或大学本科或大学专科毕业并担任助理会计师职务 4 年以上，掌握一门外语，并通过会计师专业技术职称资格考试。

会计师的基本职责为：负责草拟比较重要的财务会计制度、规定、办法；解释、解答财务会计法规、制度中的重要问题；分析、检查财务收支和预算的执行情况；培养初级会计人员。

（四）高级会计师的基本条件和基本职责

高级会计师的基本条件为：较系统地掌握经济、财务会计理论和专业知识，具有较高的政策水平和丰富的财务会计工作经验，能担负一个地区、一个部门或一个系统的财务会计管理工作。取得博士学位，并担任会计师职务 2～3 年；或取得硕士学位、第二学士学位或研究生班结业证书，或大学本科毕业并担任会计师职务 5 年以上，较熟练地掌握一门外语。

高级会计师的基本职责为：负责草拟和解释、解答在一个地区、一个部门、一个系统或在全国施行的财务会计法规、制度、办法；组织和指导一个地区、一个部门、一个系统的经济核算和财务会计工作；培养中级以上会计人员。

确定专业职务对学历和从事财务会计工作年限都有相应的要求，但对确有真才实学、成绩显著、贡献突出、符合任职条件的人员，在确定其相应专业职称时，可以不受学历和工作年限的限制。

三、总会计师

1990 年底，为了确定总会计师的职权和地位，发挥总会计师在加强经济管理、提高经济效益中的作用，国务院发布施行了《总会计师条例》。该条例明确规定，总会计师是单位行政领导成员，协助单位主要行政领导人员工作，直接对单位主要行政领导人员负责；总会计师组织领导本单位的财务管理、成本管理、预算管理、会计核算和会计监督等方面的工作，参与本单位重要经济问题的分析和决策，并具体组织本单位执行国家有关财经法律、法规、方针、政策和制度，保护国家财产。2000 年施行的《会计法》规定国有的和国有资产占控股地位或者主导地位的大中型企业必须设置总会计师。

总会计师是一个行政职位，而不是会计人员专业技术职务。但总会计师必须是取得会计师任职资格后主管一个单位或者单位内一个重要方面的财务会计工作时间不少于 3 年的会计人员。

（一）总会计师的基本职责

（1）负责组织本单位的下列工作：编制和执行预算、财务收支计划、信贷计划，拟定资金筹措和使用方案，开辟财源，有效地使用资金；进行成本费用预测、计划、控制、核算、分析和考核，督促本单位有关部门降低消耗、节约费用，提高经济效益；建立、健全经济核算制度，利用财务会计资料进行经济活动分析；承办单位主要行政领导人员交办的其他工作。

（2）负责设置本单位财会机构和配备会计人员、设置会计专业技术职务和提出聘任方案；组织会计人员的业务培训和考核；支持会计人员依法行使职权。

（3）协助单位主要行政领导人员对企业的生产经营、业务发展以及基本建设投资等问题作出决策；参与新产品开发、技术改造、科技研究、商品（劳务）价格和工资奖金等方案的制定；参与重大经济合同和经济协议的研究、审查。

（二）总会计师的工作权限

（1）对违反国家财经法律、法规、方针、政策、制度和有可能在经济上造成损失、浪费的行为，有权制止或者纠正；制止、纠正无效时，提请单位主要行政领导人员处理。

（2）有权组织本单位各职能部门、直属基层组织的经济核算、财务会计和成本管理方面的工作。

（3）主管审批财务收支工作。除一般的财务收支可以由总会计师授权的财会机构负责人或者其他指定人员审批外，重大的财务收支需经总会计师审批或者由总会计师报单位主要行政领导人员批准。

（4）预算与财务收支计划、成本和费用计划、信贷计划、财务专题报告、会计决算报表需经总会计师签署；涉及财务收支的重大业务计划、经济合同、经济协议等需经总会计师会签。

（5）会计人员的任用、晋升、调动、奖惩应当事先征求总会计师的意见；财会机构负责人或者会计主管人员的人选应当由总会计师进行业务考核，依照有关规定审批。

企业的总会计师由本单位主要行政领导人员提名，政府主管部门任命或者聘任；免职或者解聘程序与任命或聘任程序相同。

实践证明，不断完善总会计师制度，有利于协调企业内部的各项管理工作，改善经营管理，提高经济效益。

四、会计人员的法律责任

《会计法》规定会计人员的法律责任主要有下述几个方面。

（一）违反《会计法》的法律责任

会计人员违反《会计法》的行为主要有：

（1）不依法设置会计账簿；

（2）私设会计账簿；

（3）未按照规定填制、取得原始凭证或者填制、取得的原始凭证不符合规定；

（4）以未经审核的会计凭证为依据登记会计账簿或者登记会计账簿不符合规定；

（5）随意变更会计处理方法；

（6）向不同的会计资料使用者提供的财务会计报告的编制依据不一致；

（7）未按照规定使用会计记录文字或者记账本位币；

（8）未按照规定保管会计资料，致使会计资料毁损、灭失；

（9）未按照规定建立并实施单位内部会计监督制度，或者拒绝依法实施监督，或者不如实提供有关会计资料及有关情况；

（10）任用会计人员不符合《会计法》的规定。

会计人员如果有上述行为之一，由县级以上人民政府财政部门责令限期改正，可以对单位并处 3 000 元以上 5 万元以下的罚款；对其直接负责的主管人员和其他直接责任人员，可以处以 2 000 元以上 2 万元以下的罚款；属于国家工作人员的，还应当由其所在单位或者有关单位依法给予行政处分。

（二）违反《刑法》的法律责任

（1）伪造、变造会计凭证、会计账簿，编制虚假财务会计报告，构成犯罪的，依法追究刑事责任。不构成犯罪的，由县级以上人民政府财政部门予以通报，可以对单位并处 5 000 元以上 10 万元以下的罚款；对直接负责的主管人员和其他直接责任人员，可以处以 3 000 元以上 5 万元以下的罚款；属于国家工作人员的，还应当由其所在单位或者有关单位依法给予撤职直至开除的行政处分；对其中的会计人员，由县级人民政府财政部门吊销其会计从业资格证书。

（2）隐匿或者故意销毁依法应当保存的会计凭证、会计账簿、财务会计报告，构成犯罪的，依法追究刑事责任。不构成犯罪的，由县级以上人民政府财政部门予以通报，可以对单位并处 5 000 元以上 10 万元以下的罚款；对直接负责的主管人员和其他直接责任人员，可以处以 3 000 元以上 5 万元以下的罚款；属于国家工作人员的，还应当由其所在单位或者有关单位依法给予撤职直至开除的行政处分；对其中的会计人员，由县级人民政府财政部门吊销其会计从业资格证书。

（3）授意、指使、强令会计机构、会计人员及其他人员伪造、变造会计凭证、会计账簿，编制虚假财务会计报告或者隐匿、故意销毁依法应当保存的会计凭证、会计账簿、财务会计报告，构成犯罪的，依法追究刑事责任。不构成犯罪的，可以对单位并处 5 000 元以上 5 万元以下的罚款；属于国家工作人员的，还应当由其所在单位或者有关单位依法给予降级、撤职、开除的行政处分。

第四节　会计法规

会计法规是管理会计工作的各种法律、法令、条例、规则、章程、制度等规范性文件的总称。它是以一定的会计理论为基础，根据国家的财经方针、政策，将会计工作所应遵循的各项原则和方法用法规的形式确定下来，保证会计工作按照一定的规范进行。

一、会计法规的意义和种类

为了保证会计工作的顺利进行和会计任务的全面完成，会计工作必须做到有法可依、有章可循。制定和执行会计法规可以使会计工作符合预定的目标，有利于在经济活动中具体贯彻财经方针和政策，执行财经纪律；有了完善的会计法规，便能保障会计人员依法行使职权，充分发挥会计人员的作用；有了完善的会计法规，会计工作才能有法可依、有章可循，从而保证会计工作有组织、有秩序地进行。

我国会计法规按各法规之间的相互关系可分为三个层次：第一个层次是基本法，即《会计法》，它是会计工作的最高层次的规范，是指导会计工作的根本法，是制定其他会计法规的依据。该法由全国人民代表大会常务委员会制定，以国家主席令颁布。第二个层次是由国务院颁布的有关会计工作的行政法规，它是根据《会计法》的要求制定、对所有设在中华人民共和国境内的单位的会计核算工作均有约束力的规范，如《总会计师条例》、《会计专业职务试行条例》、《企业会计准则》等。第三个层次是会计准则指南，是指导会计人员进行具体工作的依据，包括设置的会计科目、每一个会计科目的核算内容等。

会计法规按其内容可分为四类：第一类是关于会计核算方面的法规，如《企业会计准则》、《小企业会计准则》等；第二类是有关会计监督方面的法规；第三类是有关会计机构和会计人员方面的法规，如《会计人员职权条例》、《会计专业职务试行条例》和《总会计师条例》等；第四类是会计工作管理方面的法规，如《会计档案管理办法》、《会计电算化管理办法》等。

二、《会计法》

《会计法》是为了加强会计工作，保障会计人员依法行使职权，维护社会主义市场经济秩序，发挥会计工作在维护国家财政制度和财务制度、加强经济管理、提高经济效益中的作用而制定的，是我国会计工作经验和会计理论研究成果的概括和总结。《会计法》是一项重要的经济法规，是会计工作的基本法，是制定其他一切会计法规、制度、办法、手续、程序等的法律依据，它涉及会计工作的各个方面。1999 年 10 月 31 日，第九届全国人民代表大会常务委员会第十二次会议对《会计法》进行了修订，修订后的《会计法》自 2000 年 7 月 1 日起施行。现行的《会计法》主要包括下列内容。

（一）总则

（1）明确指出《会计法》的立法目的是规范会计行为，保证会计资料真实、完整，加强经济管理和财务管理，提高经济效益，维护社会主义市场经济秩序。

（2）明确了《会计法》的适用范围是国家机关、社会团体、企业单位、事业单位、个体工商户和其他组织。

（3）规定了单位负责人对本单位会计工作和会计资料的真实性、完整性负责。

（4）指出了会计工作的管理体制，如总则中规定国务院财政部门管理全国的会计工作，地方各级人民政府的财政部门管理本地区的会计工作。

（5）国家实行统一的会计制度，由国务院财政部门制定并公布。

（二）会计核算

《会计法》规定了会计核算的基本内容。如款项和有价证券的收付；财物的收发、增减和使用；债权债务的发生和结算；收入、费用、成本的计算等。为了保证会计信息的质量，《会计法》规定了对填制会计凭证、登记会计账簿、编制财务报表等会计核算全过程的基本要求。这是保证会计信息符合国家宏观经济管理的要求，满足有关各方了解企业财务状况和经营成果的需要，满足企业加强内部经营管理需要的重要条件。

（三）公司、企业会计核算的特别规定

主要针对公司、企业会计核算的特殊性和重要性，强调了公司、企业会计核算中对会计要素确认、计量、记录的基本要求和公司、企业会计核算的禁止性规定。

（四）会计监督

健全和完善与新形势要求相适应的三位一体的会计监督体系。三位一体的会计监督体系是指通过建立单位内部会计监督制度进行的单位内部监督、通过注册会计师进行的社会监督和以财政部门为主进行的国家监督。

（五）会计机构和会计人员

《会计法》规定了会计机构的设置、总会计师的设置、会计机构内部稽核制度和内部牵制制度、会计人员从业资格、会计机构负责人的任职资格、会计人员业务培训、会计人员工作交接等内容。

（六）法律责任

《会计法》规定了单位领导人员、会计人员违反《会计法》应负的法律责任。其特点是对各种违法行为作了明确具体的界定，便于在实际执行时认定违法行为，并对违法行为及时惩处；扩大了惩治对象的范围；加重了所规定的各种违法行为的责任，特别是加大了对伪造、变造会计凭证、会计账簿，编制虚假财务会计报告，以及隐匿、销毁应当保存的会计凭证、会计账簿、财务会计报告及其他会计资料等行为的打击力度；加重了单位负责人的法律责任。

（七）附则

规定了《会计法》中某些用语的含义及《会计法》的施行日期等。

三、会计准则

（一）《会计法》与会计准则

《会计法》作为基本法，概括性地规范了会计核算的内容和要求、会计监督的原则等内容。但根据《会计法》还难以具体规范会计人员的行为，必须依据《会计法》制定会计准则。

会计准则是会计人员从事会计工作的规则和指南。会计准则按使用单位的经营性质可分为营利组织的会计准则和非营利组织的会计准则。会计准则按其所起的作用可分为基本准则和具体准则，基本准则应概括组织会计核算工作的基本前提和基本要求，说明会计核算工作的指导思想和基本依据、一般原则和一般程序。企业会计的账务处理程序、方法等都必须符合基本准则的要求。基本准则还是制定具体准则的主要依据和指导原则。具体准则涉及会计核算的具体业务，必须体现基本准则的要求才能保证各具体准则之间的协调性、严密性及科学性。会计准则按其构成可分为企业会计准则、会计准则讲解、企业会计准则——应用指南。

（二）基本准则

我国颁布的《企业会计准则——基本准则》主要包括以下几方面的内容。

1．总则部分

总则部分说明了《企业会计准则——基本准则》的性质、制定的依据、适用范围、会计工作的前提条件、记账基础以及会计核算基础工作的要求等。如总则中规定了会计核算的基本前提是会计核算工作赖以存在的前提条件，是企业设计和选择会计方法的重要依据。这些基本前提尽管没有规定会计核算的具体方法，但在会计工作中起着重要作用。会计核算的基本前提是在长期的会计实践中，人们不断认识和总结的结晶。只有规定了会计核算的前提，会计核算才能正常顺利地进行。

2．关于会计核算的一般原则的规定

《企业会计准则——基本准则》把对会计信息的质量的要求筛选出 8 条，即可靠性、相关性、可理解性、可比性、实质重于形式、重要性、谨慎性和及时性。这些要求是对会计核算的基本要求，是我国会计核算规范化建设的重要内容，不仅是衡量会计信息质量的基本要求，而且是注册会计师审计会计报告公允性的一个参照标准。

3．关于会计要素准则的规定

会计要素准则是指企业在会计核算中对各项会计要素进行确认、计量、记录和报告时应当遵循的基本要求。《企业会计准则——基本准则》将会计要素划分为六项，即资产、负债、所有者权益、收入、费用和利润。

4．关于会计计量的规定

企业在将符合确认条件的会计要素登记入账并列报于财务报表及其附注时，按照规定的会计计量属性进行计量，确定其金额。会计计量属性包括历史成本、重置成本、可变现净值、现值、公允价值。

5．关于财务报表体系的规定

《企业会计准则——基本准则》要求财务报表除满足企业主管机关和财政、税务机关等国家政府部门的需要外，还应该满足企业有关投资者、债权人的需要，要能够向他们提供反映企业的经营状况、产权关系、偿债能力和利益分配的各种会计信息。针对上述要求，《企业会计准则——基本准则》对全国范围内的企业财务报表作了统一规定，规定企业必须编制和对外报送四种主要财务报表，即资产负债表、利润表、现金流量表、所有者权益变动表。

（三）具体准则

具体准则是按照基本准则的内容要求，针对各种经济业务作出的具体规定。它的特点是操作性强，可以根据其直接组织该项业务的核算。例如，固定资产、存货、借款费用等准则。

思考：会计法、会计准则在会计处理中的作用。

第五节　会计档案

会计档案是指会计凭证、会计账簿和财务报表等会计核算专业资料，它是记录和反映经济业务的重要史料和证据。会计档案是国家档案的重要组成部分，也是各单位的重要档案之一。各单位必须加强对会计档案的管理，建立和健全会计档案的立卷、归档、保管、调阅和销毁等管理制度，切实把会计档案管好。

会计档案是会计事项的历史记录，是总结经验、进行决策所需利用的重要资料，也是进行财务检查、审计检查的重要资料。因此，各单位的会计部门必须认真做好会计档案的管理工作。

各单位的会计人员要按照国家和上级关于会计档案管理办法的规定和要求，对本单位的各种会计凭证、会计账簿、财务报表、财务计划、单位预算和重要的经济合同等会计资料定期收集、审查核对、整理立卷、编制目录、装订成册。具体的归档要求如下所述。

一、定期整理归类

会计凭证是重要的经济资料和会计档案。任何单位在完成经济业务手续和记账之后，必须将会计凭证按规定的立卷归档制度形成会计档案资料。

会计部门在记账之后，应定期（每天、每旬或每月）对各种会计凭证加以分类整理，将各种记账凭证按照编号顺序，连同所附的原始凭证折叠整齐，加具封面、封底装订成册，并在装订线上加贴封签。在封面上应写明单位名称、年度、月份、记账凭证的种类、起讫日期、起讫号数以及记账凭证和原始凭证的张数，并在封签外加盖会计主管的骑缝图章。如果采用单式记账凭证，在整理装订凭证时，必须保证会计分录的完整。为此，应按凭证号顺序装订成册，不得按会计科目归类装订。

对各种重要的原始凭证以及各种需要随时查阅和退回的单据应另编目录，单独登记保管，并在有关的记账凭证及原始凭证上相互注明日期和编号。某些记账凭证所附的原始凭证数量过多，可以单独装订保管，但应在封面上注明所属记账凭证的日期、编号、种类，同时在有关的记账凭证上注明“附件另附”字样及原始凭证的名称和编号，以便查考。

会计凭证、会计账簿以及财务报表都是重要的会计档案。各单位会计人员在年度终了应将已更换的各种活页账簿、卡片账簿以及必要的备查账簿连同账簿使用登记表装订成册，加上封面，统一编号，由有关人员签章后，与订本账簿一起归档保管。将全年编制的财务报表按时间先后顺序整理，装订成册并加具封面，归档保管。

二、造册归档

每年的会计凭证、会计账簿、财务报表都应由财会部门按照归档的要求，负责整理立卷或装订成册；当年的会计档案，在会计年度终了后，可暂由本单位财务会计部门保管1年，期满后，原则上应由财务会计部门编造清册移交本单位的档案部门保管。财务会计部门和经办人员必须将应归档的会计档案全部移交档案部门，不得自行封包保存。档案部门必须按期点收。档案部门接收会计档案时原则上要保持原卷册的封装，个别需要拆封重新整理的，应由财务会计部门和经办人员共同拆封整理，以明确责任。对会计档案必须进行科学管理，做到妥善保管、存放有序、查找方便，严格执行安全和保密制度，不得随意堆放，严防毁损、丢失和泄密。

三、制定使用及借阅手续

各单位对会计档案必须进行科学管理，做到妥善保管、存放有序、查找方便，以便本单位使用。调阅会计档案应有一定的手续。各单位应设置“会计档案调阅登记簿”，详细登记调阅日期、调阅人、调阅理由、归还日期等。本单位人员调阅会计档案需经会计主管人员同意。外单位人员调阅会计档案要有正式介绍信，经单位领导批准。向外单位提供会计档案时，档案原件原则上不得借出。如有特殊需要，需报经上级主管单位批准，并应限期归还。调阅人员未经批准不得擅自摘录有关数字。遇特殊情况需要影印复制会计档案的，必须经过本单位领导批准，并在“会计档案调阅登记簿”上详细记录会计档案影印复制的情况。

思考： 公司办公室需要借阅本公司上年的会计账簿，请问应办理什么借阅手续？

四、严格遵守保管期限和销毁手续

会计档案的保管期限分为永久、定期两类。定期保管期限分为3年、5年、10年、15年、25年五种。会计档案保管期限和销毁办法，由国务院财政部门会同有关部门制定。目前，规定的企业会计档案保管期限见表9—1。

表9—1 企业会计档案保管期限

会计档案名称	保管期限	备注
一、会计凭证类		
1. 原始凭证、记账凭证和汇总记账凭证	15年	
其中：涉及外事和其他重要的会计凭证	永久	
2. 银行存款余额调节表	5年	
二、会计账簿类		
1. 日记账	15年	
其中：现金和银行存款日记账	25年	
2. 明细账	15年	

续前表

会计档案名称	保管期限	备注
3. 总账	15年	包括日记总账
4. 固定资产卡片		固定资产报废后保存5年
5. 辅助账簿	15年	
6. 涉及外事和其他重要的会计账簿	永久	
三、财务报表类		
1. 月、季度财务报表	3年	
2. 年度财务报表（决算）	永久	
四、其他类		
1. 会计移交清册	15年	
2. 会计档案保管清册	永久	
3. 会计档案销毁清册	永久	

会计档案在保管期满后需要销毁时，必须严格执行会计档案保管的规定，任何人不得随意销毁。按规定销毁会计凭证时，必须开列清单，报经批准后，由档案部门和财务会计部门共同派员监销。各级主管部门销毁会计凭证时，应由同级财政部门、审计部门派员参加监销。各级财政部门销毁会计凭证时，由同级审计机关派员监销。在销毁会计凭证前，监销人员应认真清点核对，销毁后应在销毁清册上签名或盖章并将监销情况报本单位负责人。

本章小结

会计工作组织的内容

	构成	内容
会计工作组织	会计机构	会计工作组织形式
		内部控制
		会计监督体系
	会计人员：会计员、助理会计师、会计师、高级会计师	会计人员的职责
		会计人员的工作权限
		总会计师
		会计人员的法律责任
	会计法规	会计法
		会计准则
	会计档案	定期整理归类
		造册归档
		制定使用和借阅手续
		严格遵守保管期限和销毁手续

思考题

1. 会计工作组织包括哪些内容？科学地组织会计工作有何意义？

2. 会计人员的职责和权限是什么？其关系如何？会计人员应承担哪些法律责任？

3. 企业、事业等单位应如何设置会计机构？

4. 简述会计法规的内容及分类。

5. 何谓会计档案？如何对会计档案进行管理？

6. 2013 年 8 月份，A 股份有限公司成立并招收了 4 名财会专业毕业的大学生和 2 名其他企业的会计人员作为财务部的会计人员，其中 1 名大学毕业生任会计主管。但 2014 年企业年检时发现：（1）4 名大学毕业生没有会计从业资格证书，因此有关部门认为其编制的财务会计报告没有法律效力。（2）2013 年公司成立之初，业务量较少，账簿记录的内容较少，因此公司的总分类账没有更换，2014 年沿用 2013 年的账簿。你认为该公司在哪些方面违反了我国的会计法规？

参考文献

[1] 朱小平，徐泓编著．初级会计学．北京：中国人民大学出版社，2012.

[2] [美] 财务会计准则委员会编．论财务会计概念（第5辑）．北京：中国财政经济出版社，1996.

[3] 财政部会计司编写组．企业会计准则讲解（2010）．北京：人民出版社，2010.

[4] 中华人民共和国财政部制定．企业会计准则指南．北京：中国时代经济出版社，2007.

后　记

经全国高等教育自学考试指导委员会同意，由经济管理类专业委员会负责高等教育自学考试经济管理类专业教材的组编工作。

《基础会计学》自学考试教材由中国人民大学徐泓教授担任主编。

参加本教材审稿讨论会并提出修改意见的有北京工商大学欧阳爱平教授、中国人民大学赵宇斌。

对于编审人员付出的辛勤劳动，在此表示一并感谢！

全国高等教育自学考试指导委员会
经济管理类专业委员会
2014 年 8 月